Musikalische Kritiken

Arthur Johnstone

(Mitwirkende: Oliver Elton, Henry Reece)

Writat

Diese Ausgabe erschien im Jahr 2024

ISBN: 9789359940243

Herausgegeben von
Writat
E-Mail: info@writat.com

Nach unseren Informationen ist dieses Buch gemeinfrei.
Dieses Buch ist eine Reproduktion eines wichtigen historischen Werkes. Alpha Editions verwendet die beste Technologie, um historische Werke in der gleichen Weise zu reproduzieren, wie sie erstmals veröffentlicht wurden, um ihre ursprüngliche Natur zu bewahren. Alle sichtbaren Markierungen oder Zahlen wurden absichtlich belassen, um ihre wahre Form zu bewahren.

Inhalt

VORWORT.

Die Herausgeber möchten den Eigentümern des *Manchester Guardian* für ihre Erlaubnis zum Nachdruck der in diesem Band enthaltenen Artikel danken .

Sie möchten sich außerdem bei der Familie des verstorbenen Arthur Johnstone und bei seinen Freunden für die Unterstützung bedanken, die sie bei der Zusammenstellung der Memoiren erhalten haben. Insbesondere sind sie Professor Sidney Vantyn für die lange Korrespondenz zu Dank verpflichtet, die er ihnen zur Verfügung gestellt hat.

Die zitierten Briefe waren größtenteils an Herrn Oliver Elton gerichtet.

MEMOIR.

ARTHUR GIFFARD WHITESIDE JOHNSTONE wurde am 3. Dezember 1861 als vierter Sohn von Rev. Edward Johnstone und Frances Mills geboren. Sein Vater übernahm damals den Dienst in Colton in Staffordshire, akzeptierte jedoch im folgenden Jahr den Lebensunterhalt in Warehorne in Kent; Er trat 1866 davon zurück und zog nach St. Leonards , um dort zu leben . Herr Johnstone starb 1870 und die Leitung von Arthurs Ausbildung oblag vollständig seiner Mutter. Mrs. Johnstone widmete ihr Leben guten Werken und der Fürsorge für ihre Kinder, von denen eines eine Invalide war. Arthur betrachtete sie als eine Heilige, und dieser Gedanke hielt seinen Glauben an die Menschheit während des ziemlich langen Kampfes aufrecht, als seine Kräfte und Ziele ungewiss waren und er übermäßige Dumpfheit , Tristesse und Gemeinheit aus nächster Nähe beobachten musste. Er war ihr auch für das Geschenk verpflichtet, das letztendlich seine Karriere bestimmen sollte. Sie war eine gute Musikerin, und von ihr erbte Johnstone seinen feinen Geschmack und erhielt seinen ersten Musikunterricht. Später studierte er bei Herrn W. Custard, einem örtlichen Organisten. Die Atmosphäre in seinem Zuhause war religiös – extrem anglikanisch, fast römisch-katholisch. Obwohl Johnstone durch Reaktion antiklerikal wurde, schätzte er weiterhin den Wert der Religion, hauptsächlich durch Kunst und Musik, wie seine Briefe und Kritiken zeigen. Aber seine Neigung war sowohl weltlicher als auch künstlerischer Natur; Eine hohe anglikanische Schule und ein hohes anglikanisches College waren daher kein Umfeld, auf dem er erfolgreich sein konnte. Sein Geist war ihnen fremd. Es spricht viel für seine Geistesstärke, dass diese Institutionen ihm die Möglichkeit gaben, bestimmte Formen christlicher Kunst zu bewundern.

1874 ging er nach Radley und blieb dort vier Jahre lang, ohne dass es ihm gut oder schlecht ging, er fühlte sich in der kirchlichen Atmosphäre der Schule eher erstickt, kümmerte sich wenig um Spiele und hatte kein Verständnis für den Geist der öffentlichen Schule . Er lebte daher sein eigenes Leben, lernte, sich durch raffinierten Takt und Zurückhaltung zu schützen und las unregelmäßig, was ihm gefiel. Obwohl er nicht speziell für die Leichtathletik gebaut war, mangelte es ihm keineswegs an Körperkunst und Geschicklichkeit. Schon in jungen Jahren war er ein erstklassiger Billardspieler, ein guter Schlittschuhläufer und lag im Rasentennis weit über dem Durchschnitt. Seine größte Leistung war eine seltsame, die ihn nie verließ. In diesen frühen Jahren machte er sich das Zaubern zu einem ständigen Zeitvertreib und widmete ihm einen Großteil seiner Freizeit und einen Teil seiner Geschäftsstunden. Ab seinem vierzehnten Lebensjahr veranstaltete er sogar aufwändige öffentliche Unterhaltungen. Einmal, als er erst siebzehn war , gelang es ihm, seine Fähigkeiten in einem wirklich praktischen Einsatz anzuwenden. Er fuhr mit dem Zug, um eine Aufführung zu geben, und betrat zufällig ein Abteil, in dem sich eine Bande von Kartenspielern befand. Sie lockten ihn dazu, mit ihnen „Nap" zu spielen; Bald begann er zu verlieren und wusste, dass er betrogen wurde. Sie benutzten gewöhnliche Zaubererkarten mit schlichter weißer Rückseite, von denen er einen Vorrat in seiner Tasche hatte. Bald fand er eine Gelegenheit, ihr Gepäck durch eines aus seinem eigenen zu ersetzen, gewann seine Verluste mit der Genugtuung eines Schulkindes wieder wett, wechselte am ersten Haltepunkt den Wagen und überließ es den Experten, das Rätsel selbst zu lösen. Seine Selbstbeherrschung in der Öffentlichkeit und im Privatleben, das reife und leicht eingeweihte Auftreten, das mit zunehmendem Alter weniger ausgeprägt war, waren wahrscheinlich auf diese Auftritte zurückzuführen. Sie dienten seiner eigentlichen Ausbildung. Ihn reizte die intellektuelle Seite der sonst üblichen Schaustellerkunst. Die Psychologie des belustigten und wütenden Opfers des Beschwörers, das all seinen Verstand an der falschen Stelle anstrengt; die festliche Atmosphäre oder *Stimmung* unaufmerksamer Jugend und guter Laune, die für den Erfolg notwendig sind, die wirkliche Armut komplizierter mechanischer Geräte im Vergleich zu Können und Geschwätz – von diesen Dingen würde er in seiner Jugend mit einer Edgar-Poe-ähnlichen Ausführlichkeit und Feierlichkeit sprechen, nein Zweifel so gut wie jeder andere Mann in England. Der beste dieser Auftritte war, als Johnstone vorgab, ein paar Freunden einen Trick zu erklären, den er selbst gemacht hatte. Zuerst kam in langen und gut geschnittenen Sätzen eine Art Metaphysik des Beschwörens; ein Bericht über die Prinzipien der Täuschung, die im vorliegenden Fall nicht anwendbar waren; Enthüllung der vulgären und offensichtlichen Methoden, die der Menge genauso vorkamen wie die subtileren, die lediglich das Gewissen des Künstlers befriedigten; und schließlich, am Rande der „Erklärung", eine lange Klammer oder ein Hauch von Kälte und Abstraktion, die nicht unterbrochen werden sollte und die, wenn überhaupt, nicht in irgendeiner Erklärung, sondern in einer letzten Ausführung des Tricks endete. Johnstone legte großen Wert darauf, Bekanntschaft mit den wichtigsten Professoren für manuelle Illusion zu machen, die England besuchten. Er kannte sich natürlich gut mit den Signalmethoden aus, um Hellsehen vorzutäuschen; und in einem Fall, dem von „Little Louie", dessen Show im Westminster Aquarium das beste öffentliche Wunderwerk seiner Art war, war er davon überzeugt, dass die Darsteller nur durch Signalisierung und andere Tricks das Versagen einer wirklich übernatürlichen Macht überdauerten „telepathischer" Art, die sie selbst nicht vollständig verstanden. So viel sagen wir über das Taschenspiel, denn es war lange Zeit der urige und malerische Ersatz für die weniger originellen Formen der Unterhaltung junger Männer für unsere Freunde. Es bereitete anderen Menschen große Freude, und er brauchte Unterhaltung, denn sein Leben sollte nicht einfach sein.

Johnstone verließ Radley am Ende des Sommersemesters 1878 und arbeitete die nächsten zwei Jahre unter den Herren Wren und Gurney für den indischen Staatsdienst. Die Zulassungsfrist betrug damals 19 Jahre. Es muss zugegeben werden, dass er keinen ernsthaften Versuch unternahm, erfolgreich zu sein, und dass hier, wie später in Oxford, die Aussicht auf eine Prüfung das Gegenteil eines Arbeitsanreizes war. Vielleicht war es für ihn ein Glück, dass er scheiterte, denn obwohl er großes Interesse an den Eingeborenen gefunden hätte (und sein *Repertoire* an Tricks erweiterte), wäre er vom durchschnittlichen Anglo-Inder abgestoßen worden; außerdem lagen seine Fähigkeiten nicht im Bereich der juristischen und politischen Verwaltung. Im Oktober 1880 kam Johnstone an das Keble College in Oxford und hatte schnell einen kleinen Kreis um sich. Zu seinen Freunden zählten RA Farrar, Sohn des bekannten Dekans, und GH Fowler, der Biologe seines eigenen Colleges; Winter von St. John's, der beste Musiker unter den Studenten; seine Biographen; und später Prof. York Powell, der sofort seine Fähigkeiten und seine Naturgewalt erkannte. Unter den Dozenten von Keble kümmerte sich Johnstone um zwei. Der eine war der Rektor, der Ehrw. ES Talbot, heute Bischof von Southwark, der sich taktvoll verhielt und, so gut er konnte, einen Geist ohne Muster förderte, der dem College keine regulären Auszeichnungen einbringen würde ; der andere war der Ehrw. JR Illingworth, der beste Schriftsteller der Schule und seitdem als philosophischer Prediger bekannt. Asketisch, aber durch und durch menschlich, zog Mr. Illingworth Johnstone durch seine Ehrlichkeit und sein feines Gemüt an. Aber diese Geistlichen lebten schließlich in ihrer eigenen Welt, nicht in seiner. Bis er York Powell traf, hatte Johnstone keinen älteren Mann gefunden, von dem er ohne Vorsicht und Vorbehalte lernen konnte und der ihm als Genie und vollkommen freier Geist erschien. Die beiden Männer schätzten die Unterhaltung des anderen außerordentlich; Sie hatten viele feine Eigenschaften gemeinsam – die Art von Feingefühl, die man nur bei erfahrenen Bohemiens findet, die ihre Wahrnehmung auf der feinsten Spitze halten. Powell half Johnstone mehr als einmal wesentlich, indem er einflussreiche Personen wissen ließ, was er von seinem jüngeren Freund hielt. Selbst in Powells Lebenslauf gibt es kaum eine Freundschaft, die völlig ungestörter war.

In seiner Jugend, als Student, war Johnstone fahl, aber gesund, ziemlich schlank und leicht, mit einem großen und wohlgeformten Musikerkopf, wie der von Beethoven oder noch mehr von Rubinstein, im Umriss der überhängenden Stirn. Man kann sich leicht an sein ernstes Gesicht, dieses entzückende Lächeln, das immer für ihn charakteristisch war, und vor allem an die Faszination seines Klavierspiels erinnern. Seine Stimme war klar und gut getragen, mit einem scharfen metallischen Klang, wenn er empört war, war aber normalerweise tief gestimmt, als wollte er nicht belauscht werden. Seine Art war formvollendet und seine Rede war von Anfang an das, was sie blieb: energisch, nachdrücklich und zweifellos zuweilen übertrieben, geschnitten in urig ausgearbeitete, aber perfekt gebaute Sätze, die für ihn so selbstverständlich waren, dass wir ihn einen davon sprechen hörten sie im Moment, nachdem er morgens die Augen geöffnet hatte. Sie lassen sich am besten durch seinen vertrauteren Stil in seinen Schriften und Briefen veranschaulichen; Letztere geben tatsächlich eine ziemlich genaue Wiedergabe seiner Rede wieder. Als *Flaneur* der besten Sorte beobachtete er aufmerksam und neugierig; Trotz längerer Phasen scheinbarer Untätigkeit zeigte die Wachsamkeit seines Geistes nie die geringste Spur von Nachlässigkeit. Er beschrieb es anschaulich und genau; und er hatte eine bemerkenswerte Gabe, seinen Zuhörern jedes Thema oder jeden Standpunkt zu erklären, mit dem er nicht vertraut war, und achtete darauf, dass ihnen nicht die kleinste Einzelheit entging. Und im Gegenzug holte er die Ideen seiner Freunde schnell ein und entwickelte sie weiter, egal wie vage angedeutet oder unzureichend durchdacht. Johnstone bekannte sich zu radikalen Prinzipien und war Mitglied des Russell Clubs, wo sich die fortgeschrittenen Liberalen zu Vorträgen und Debatten trafen; aber sein Radikalismus war eher sozialer als politischer Natur, und nach den Auslandserfahrungen seiner späteren Jahre tendierten seine Ansichten in Richtung einer starken Regierung und des Imperialismus. Zu dieser Zeit amüsierte es ihn, sich eher exzentrisch zu kleiden, obwohl er später schlank und ziemlich modisch wurde. Im Jahr 1882 war der intellektuelle Student in der Lage, einen hellbraunen Schutzhelm mit breiter Krempe zu tragen, der bis über Ohren und Augen reichte, und langes Haar in Penthouse-Manier zu tragen. Er ließ eines davon „für mich bauen, Grundriss und Projektion" im Sondermaßstab. Er hatte auch eine Krawatte, die in fünfundzwanzig verschiedene Aspekte oder Muster gefaltet werden konnte, von denen einige auffällig waren; es war ein Mosaik aus Quadraten und das Ergebnis einer langen Suche; Fünfundzwanzig Krawatten in einer. Seine Halsbänder waren ultra-byronisch. Ansonsten war seine Kleidung nicht besonders seltsam; obwohl die wirkliche Diskrepanz zwischen diesen Kleidungsfehlern und dem scharfen, entschlossenen grauen Glanz seiner Augen und dem Ausdruck unterdrückter Vehemenz und Sensibilität bestand.

Wozu neigte diese Sensibilität, wonach verlangte sie? Nicht in erster Linie nach definitivem Lernen oder Bücherwissen oder abstrakter philosophischer Wahrheit. Johnstones Natur und Begabung waren nicht auf Gelehrsamkeit (außer später auf musikalische Gelehrsamkeit) oder reine Spekulation ausgerichtet. Er wollte zweifellos schreiben, aber er wollte Stil nie als bloßes Handwerk ausüben ; „geben Sie uns", sagte er, „etwas mit Blut darin." Er bat nicht um religiöse Lösungen oder Trost. Da er fast nur musikalische Themen druckte, können nur seine Briefe und unsere Erinnerungen einen Eindruck davon vermitteln, was er wollte. Es war ein ziemlich seltener Ehrgeiz unter den jungen Oxfordern unserer Zeit, obwohl er oft genug erklärt wurde. Er wollte Kunst und Schönheit. Dieser Wunsch war natürlich bei anderen oft Heuchelei; es gab Gelehrte und Versdichter – mehr oder weniger vom „ästhetischen " Typ –, die im Grunde sentimental und hart waren wie die meisten dieser Personen, die Schönheit kultivierten und es normalerweise zu nichts außer Wohlstand gebracht haben. Johnstone gehörte einer anderen Rasse an als diese; sie hatten nie von ihm gehört; er kümmerte sich nicht um die Hauptsache; er war zutiefst ernst. Nur wenige junge Männer betrachteten das Leben mit einem so entschiedenen Streben, Anmut, Freude und Schönheit daraus zu ziehen, und einer so entschiedenen Überzeugung, dass nicht viel davon erreichbar ist. Für solche Geister, die dazu bestimmt sind, zu leiden und zu warten, erscheint die Gesellschaft zunächst als ein irrationales Durcheinander, aus dem wie durch ein Wunder bezaubernde Inseln der Anmut, des Witzes und der Heiterkeit hervorgehen. Der Wunsch, Schönheit in Dingen oder Personen zu finden, und der Wunsch, Seele und Menschlichkeit zu finden, sind die unverfälschten, intensiven und meist enttäuschten Leidenschaften der auserwählten Jugend, die ihre Rechte einfordert. Es ist die zweite von ihnen, die einen jungen Mann vor der Eitelkeit und der ausschließlichen Torheit bewahrt, die den ersten befallen kann. Johnstones Vorlieben, seine Lektüre, seine Liebe und seine Freundschaften wurden von diesen beiden Leidenschaften geleitet, und von einer dritten, die sich von der Belastung durch diese beiden absetzte und ebenso gebieterisch war – dem Wunsch, die Welt zu studieren und vernünftig unterhalten zu werden. Für ihn gab es keine Klassen, außer dass er oft das Gefühl hatte, dass er eher in der Lage war, mit Männern und Frauen zusammenzukommen und ihnen zu helfen, die in der Welt benachteiligt waren. Bei solch widerstreitenden Elementen und einem Geist, der so schwer zu befriedigen war, war es kein Wunder, dass seine frühen Jahre planlos schienen und es teilweise auch waren. Der Instinkt für Reisen und ungewöhnliche Erfahrungen hielt lange an. Niemand außer seinen engen Freunden hatte viel Wissen über diese komplexe, aber im Wesentlichen einzigartige Natur. Für sie schien in einer solchen Jugend, die Eltern, Erziehungsberechtigte und Hochschullehrer äußerlich so enttäuschte, mehr als nur ein Samenkorn von Adel und gutem Beispiel zu stecken. Daraus entwickelte sich allmählich ein Charakter voller Feuer und Ehrgeiz, im Grunde streng und kompromisslos in Loyalität und künstlerischem Gewissen, aber durch eine gewisse Zurückhaltung maskiert. Dies soll jedoch um mehrere Jahre verzögert werden.

ALT .

Johnstone war in einer Zeit großen intellektuellen Aufruhrs nach Oxford gekommen. Rückblickend können wir nun erkennen , dass die Revolutionsflut in den Jahren um 1880 ihren Höhepunkt erreichte. Die Autorität von Darwin und Huxley wurde von vielen der jüngeren Generation nicht in Frage gestellt und war allumfassend. Das vage Christentum und der sentimentale Optimismus von Tennyson wurden neben der größeren Toleranz, der subtilen Analyse und der unaufhörlichen Neugier von Browning kaum geschätzt. Vor allem „der Barde", wie Swinburne bewundernd genannt wurde, war der Dichter der jungen Männer. Einen weiteren sehr wichtigen Faktor für die geistige Entwicklung unserer Generation – und für Johnstone vielleicht den stärksten von allen – lieferte die französische Literatur des Jahrhunderts, beginnend mit der Schule der Romantik. Es ist daher kein Wunder, dass die Reaktion der hochkirchlichen Einflüsse und seines Umfelds in seiner Jugend heftig und umfassend war und dass seine äußerst ästhetische Natur die größte künstlerische und intellektuelle Freiheit erforderte. Die sogenannte „ ästhetische Bewegung", wie wir bereits angedeutet haben, ließ ihn unberührt. Er wollte nichts mit dem Versuch zu tun haben, eine völlig untergegangene Zivilisation zu symbolisieren und wiederzubeleben , noch mit der bewussten Vernachlässigung der modernen Welt und ihrer intensivsten und lebendigsten Kunst – der Musik. Johnstone hatte nicht viel Gespür für das Mittelalter und war sparsam in seiner Wertschätzung für Rossetti, dem gegenüber er ungerecht wurde. Was ihm am besten gefiel, war „Jenny", auch wenn er die unzuverlässigen Züge in der Rhetorik zu Recht kritisierte. Es wurde ihm, wie auch anderen seiner Gruppe, zum ersten Mal bewusst gemacht, als er mit einer einzigartigen, klirrenden Stimme seinen besten Keble-Freund, CW Pettit, gekonnt und dramatisch vortrug: einen jungen Mann von hohem und melancholischem Charakter, der ertrunken aufgefunden wurde. wahrscheinlich zufällig, im Frühjahr 1882 im Upper River, in der Nähe von Oxford. Ein Gedenkstein mit Pettits Initialen markiert den Ort, in einem selten besuchten Bereich des Baches, und die Inschrift ist, wenn sie nicht gelöscht wird, heute ein Rätsel, außer um einige wenige, die sich an ihn erinnern.

„Jenny" berührte auch die Saite, die heute als die tiefste Saite in Johnstones Sympathie bezeichnet werden kann; sie ist in den unten zitierten Briefen zu hören, die die Geschichten von Ruth, Fantine und Tess von den D'Urbervilles wiedergeben. Seine Haltung in dieser Angelegenheit war frei von konventioneller Ethik und daher im Wesentlichen christlich; und die Beziehungen der Gesellschaft zu technisch fehlgeleiteten Frauen, die sogar einmal aus Versehen einen Fehler gemacht hatten, beschäftigten ihn bitter, und das nicht auf theoretische oder isolierte Weise. In seiner eigenen Zigeunererfahrung war er Zeuge von mindestens einem Fall, in dem die Sache nur knapp einer Katastrophe entging. Die Geschichte verfolgte ihn, wie De Quincey die seiner verlorenen Gefährtin in der Oxford Street. Das Mädchen, mit dem Johnstone, obwohl er im Allgemeinen in Not war, auf seine heimliche, ritterliche und wirksame Art Freundschaft schloss, heiratete schließlich jemanden Anständigen und Respektablen. Er verschwieg Ort und Umstände und fasste den Vorfall der „Fantine von Shotover " (wir verschweigen natürlich auch den Namen des Dorfes) später in eine Art Prosaskizze oder *Gedicht* zusammen, die er mit etwa 26 Jahren fertigstellte, zweimal umschrieb und an den Druck dachte. Leider ist sie heute nicht mehr zu finden. Ihre musikalische, erhabene Prosa, wenn auch formlos, versprach viel für diese Art von Komposition; aber unseres Wissens nach verfolgte er diese Richtung nie, und die Prosa, in der er Experte wurde, war, abgesehen von seinen Briefen, rein kritisch und erklärend. Dennoch wurde genug gesagt, um die Kraft und ungewöhnliche Neigung von Johnstones menschlichem Mitgefühl zu zeigen. Es ist klar, dass die Instinkttreue und die Geistesstärke eines jungen Mannes nie stärker auf die Probe gestellt werden, als wenn er mit einer konkreten Geschichte dieser Art konfrontiert wird. Er kann auf entgegengesetzte Weise töricht werden, besonders wenn er auch Künstler ist und ein starkes Temperament hat. Er kann durch seine Sympathien persönlich verstrickt werden und das Übel noch schlimmer machen. Er kann überlegen sein und durch plumpe, missionarische Güte und harte Hand alles verderben. Es ist schon etwas, wenn er hinter die gewöhnlichen, blinden, verdammenden Formeln der Gesellschaft blicken kann. Dies ist jedoch für einen freien Geist nicht so schwer. Schwieriger ist es, dies zu tun und dennoch die Tatsachen zu sehen, ohne bloß zu theoretisieren , ohne die Last rhetorischer und literarischer Gefühle, die sie verdunkeln. Ein schottisches Gehirn ist an dieser Stelle nützlich. In unserer Erinnerung war Johnstone der sich bietenden Gelegenheit gewachsen und handelte und urteilte mit Ausgeglichenheit. Aber jetzt interessiert uns mehr der Weg, auf dem er zu seiner Sympathiekraft gelangte. Der Ästhetizismus der wurzellosen, akademischen Art hatte, das ist offensichtlich, keine Macht über ihn; er war zu wütend, um wertvoll zu sein; aber im Grunde war seine treibende Kraft die eines Künstlers und sicherlich nicht die eines radikalen Theoretikers oder philanthropischen Organisators ; obwohl es, um es genau auszudrücken, keineswegs weniger menschlich war als ihres. Was hier am Werk war, war sein Sinn für Schönheit; in erster Linie für körperliche Schönheit oder Anmut bei der betroffenen Person als Zeichen und Gewand einer ursprünglich gesunden und einfachen oder heiteren und unschuldig festlichen Natur; Schönheit, die angeboren und dann durch grobe Berührung getrübt und dann durch gesellschaftliche Bestrafung noch mehr getrübt wurde und selten wiedererlangt wurde, nicht einmal teilweise – wie in diesem besonderen Fall – durch ein glückliches und endgültiges Entkommen. All dies widert das tiefste menschliche Gefühl an, das uns von den meisten Tieren unterscheidet, nämlich das ästhetische Gefühl, das in diesem Punkt zufällig eng mit dem religiösen zusammenfällt. Zu dem schlichten guten Gefühl und der Freundlichkeit des Mannes kam also eine gewisse Tiefe und Seltenheit hinzu; und wir können diese Fakten aus dem eifersüchtigen Versteck der Vergangenheit hervorholen, ohne der Schüchternheit, in die er sie gehüllt hatte, unnötige Gewalt anzutun, da sie seinen persönlichen und besonderen Weg der Annäherung an die menschliche Tragödie zeigen und vielleicht sogar ähnlichen Geistern in einem entsprechenden Stadium der Unzufriedenheit auffallen und als Ermutigung dienen. Wir können jetzt in seine frühe Jugend zurückgehen, als er die Hälfte seines Studiums in Oxford hinter sich hatte und einige dieser Ideen zu notwendigerweise groben Ausdrücken heranwuchsen, die dennoch interessant sind. In einem Brief von 1881 schreibt er:

„Wie können wir Swinburne entkommen? Treibt einen die moderne Gesellschaft nicht in seine Schule, zumindest nicht die Art von Gesellschaft, in der ich aufgewachsen sein soll, deren moralische Atmosphäre eine Art ewiger Nachmittagstee ist, wo alle *Männer* sind blasse junge Pfarrer und die weiblichen Bezirksbesucher, ihre Erregungen vulgäre rituelle Teekannenstürme, die doktrinäre Bedeutung von Birettas, Purifikatoren ... Ihr Geist ist immer auf der Hut, um den kleinsten Ausdruck jeglicher Freude an natürlicher Schönheit zu unterdrücken – „Schönheit". ist nur oberflächlich, die verdammteste Lüge, die jemals formuliert wurde (vergleiche Brownings Paracelsus. Ich wünschte mit Gautier, ich wäre in den Tagen des Römischen Reiches geboren, als Askese fast unbekannt war und alles, was davon existierte, völlig spezialisiert war). , bevor jemals eine so erstaunliche Klassifizierung wie die Welt, das Fleisch und der Teufel vorgenommen wurde oder jede natürliche Schönheit sich wie der göttliche weibliche Torso im angeklagten Griff der Mode krümmte. Dies sind die Äußerungen eines sehr jungen Mannes von gerade einmal zwanzig Jahren. Man kann mit Fug und Recht sagen, dass Johnstone persönlich immer ein weitaus größerer Asket war, als er jemals zugab, und die Artikel über Bach und Sir Edward Elgar beweisen deutlich die religiöse Geisteshaltung, die durch die Ausbildung und den Umgang mit ihm in seinen frühen Jahren hervorgerufen wurde. Ein Jahr später waren seine Ansichten ausgewogener, wie der folgende Auszug aus einem Brief zum gleichen Thema zeigt.

"Ich habe den größten Teil der *Apologia* vor ein oder zwei Monaten gelesen. Wie Sie sagen, ist Newman in seiner Aufrichtigkeit und spirituellen Kraft ganz einzigartig, der einzige orthodoxe Denker, der kein Beispiel für Selbsttäuschung durch wiederholte Unwahrheit ist. Alle reinsten und schönsten Aspekte des alten Glaubens scheinen sich um ihn zu scharen. Aber auf der Bühne, auf der er so großartig posiert, sind die Lichter fast aus, eine raue Menge verdirbt die ganze szenische Illusion und grelle Sonnenstrahlen fallen durch das Dach.

„Vorgestern war ich zu Tränen gerührt, als an diesem Ort [Tunbridge Wells] ein hübsches Gesicht auftauchte.

„Da war sie, eine strahlende und triumphale Rechtfertigung der menschlichen Natur inmitten der unzähligen Verleumdungen der menschlichen Gestalt.

„Ich liebe den wundervollen menschlichen Körper. Wie absolut das Schönste, was man sich vorstellen kann, in seinem seltsamen Dualismus; perfekte Form, die mit unendlicher Subtilität in zwei sich gegenseitig ergänzenden Phasen ausgedrückt wird. Die eine – groß, geschmeidig und athletisch, mit ihrem sich verändernden Muskelnetz unter der klaren braunen Haut, kühn gemeißelten Gesichtszügen und kurzem, krausem Haar – Sinnbild von Stärke und Schnelligkeit und göttlichem Schutz, lebhaft und furchtlos; die andere – eine Harmonie exquisiter Kurven, weiß und empfindlich und gekrönt von wallendem Haar, erfüllt von zartem Leben und wundersamer Anmut – lebendige Art von Fruchtbarkeit. Zu sagen, dass einer von beiden von der abstrakten Perfektion der Form abweicht, bedeutet lediglich, dass die Idee des Geschlechts selbst eine solche Abweichung ist; und steckt nicht eine gewisse göttliche Suggestivität in dieser Tatsache? Ihre Vereinigung ist vollkommene Schönheit – Schleier des großen menschlichen Sakraments. Und all dies ist aus dem modernen Leben verschwunden. Der Glaube an den Körper ist tot. Ich glaube, dass einige von uns leben und sterben, ohne jemals das Abbild der menschlichen Form zu kennen, so wie einige von uns ohne sie auskommen müssen. jemals den Sonnenaufgang sehen.

„Der ‚bleiche Galiläer' hat die Schönheit verbannt; und nur hier und da, fast bis zur Unkenntlichkeit verkleidet, hat sie es mit unendlicher Entschuldigung gewagt, zurückzukehren … Doch lasst uns dem bleichen Galiläer und seinen Lektionen des Leidens nicht undankbar sein; es gibt zu viele von uns, die in ihren eigenen Instinkten den Stempel der Unmöglichkeit erkennen, befriedigt zu werden, die mit einer gewissen Bitterkeit nicht , *il faut mourir* ', sondern , *il faut vivre* ' nachdenken müssen und unsere Brosamen zusammensammeln und herumschleichen, vielleicht in der Hoffnung, eines Tages einen bescheidenen Platz in irgendeinem Hof im Haus des Lebens zu bekommen, und sei es nur der eines Küchenjungen. Und dann sind diese Lektionen zu einem furchtbaren Preis Teil des Erbes der Welt geworden! Sicherlich kann es nicht umsonst gewesen sein."

Offensichtlich war dieser ganze Ausbruch, wenn man seine literarischen und intellektuellen Ursprünge nicht schwer zurückverfolgen kann, nichts als Pose; es war eine Stimmung, die Johnstone ehrlich und leidenschaftlich durchlebte, oder vielmehr, sie blieb als Hintergrund seiner Natur bestehen. Er war in dieser Zeit alles andere als glücklich. Er hatte viele Freunde und unterschiedliche Interessen, aber er hatte das Gefühl, sein Leben sei vergeudet; tatsächlich hatte er sich selbst noch nicht „gefunden" und sollte dies auch bis zu seinem Besuch in Deutschland nicht tun. Zweifellos war Keble nicht das richtige College für jemanden mit seinem Temperament , und das englische System des Unterrichts der klassischen Sprachen machte sie für ihn tatsächlich zu toten Sprachen; aber wenn ihre mündliche Verwendung gefördert worden wäre (wie es der verstorbene Professor Blackie tat), ist es möglich, dass er ein echtes Interesse an ihnen entwickelt hätte. Mit einem seiner Freunde sprach er ständig Latein.

In den nächsten Jahren war Johnstone hauptsächlich in der akademischen Arbeit tätig, und die Notwendigkeit, seinen Lebensunterhalt selbst zu verdienen, hinderte ihn daran, seinen Abschluss zu machen. In einem Brief vom September 1885 bedauert er, dass er „viel in ständiger völliger Rebellion gegen die äußeren Umstände leben musste. Am Morgen herrscht viel Streit und Weinen, am Abend Trost im Topf. Der Ruhetag bringt Einsamkeit in Massen." – „festgefahrene Ochsen und Hass." *Ca finira* .

Im Frühjahr 1887 erbte er eine kleine Schenkung, die ihn für eine Weile von der Plackerei des Unterrichtens befreite und es ihm ermöglichte, seinen lange aufgeschobenen Wunsch nach einem ernsthaften Musikstudium an einem ausländischen Konservatorium zu erfüllen. Zu dieser Zeit sprach er überhaupt kein Deutsch und hatte nur mittelmäßige Kenntnisse in Französisch. Er war sich seiner natürlichen Begabung für moderne Sprachen überhaupt nicht bewusst, die er später an der Edinburgh Academy und anderswo zu seinem Vorteil nutzen sollte. Im August ging er nach Kreuznach, um sich die Grundlagen der deutschen Sprache anzueignen, bevor er an das Kölner Konservatorium ging, wo er zu studieren beschlossen hatte. Die Familie, bei der er wohnte, konnte kein Englisch und nur wenig Französisch, also war er von Anfang an gezwungen, sich in einer fremden Sprache auszudrücken und sich zu behelfen, sie zu verstehen. Anfang Oktober trat er als Student in das Konservatorium ein und verpflichtete sich, den einjährigen Kurs zu belegen. Sein bester Freund war M. Sidney Vantyn , damals Professor für Klavier am Konservatorium in Lüttich und damals in seinem letzten Studienjahr. Sie lernten sich in der Klasse von Professor Eibenschütz kennen, einem der strengsten Lehrer dort, der keine Rücksicht auf Johnstones frühere Amateurausbildung nahm und eher hart und entmutigend war. Er konnte kein Englisch und Johnstones Deutsch war noch rudimentär, also fungierte Vantyn , der Englisch sehr gut beherrschte, als Dolmetscher zwischen ihnen. In seinen Erinnerungen an diese Tage schrieb M. Vantyn: schreibt:—

"Es war offensichtlich, dass er vor seiner Ankunft in Köln nie eine musikalische Ausbildung genossen hatte. Johnstones Finger waren steif und er musste fast ganz von vorne beginnen. Und er hatte den Mut dazu. Damals war ich einer der fortgeschrittenen Schüler, ich bot meine Hilfe an und einige Monate lang übten wir jeden Tag zusammen, vor allem im Hinblick auf die Entwicklung der Finger. Im April 1888 zeigte er mir eine Skizze eines *Valse de Concert* . Diese Komposition war genau das, was man von Johnstone erwartet hätte – hell, originell, gründlich. Auf meine Bitte hin vollendete er den *Valse* , den ich kurz darauf bei einem Konzert spielte, wo er einen durchschlagenden Erfolg hatte. Wenig später wurde er an einen Musikverleger in Lüttich verkauft. Er verließ Herrn Eibenschütz bald und ging zu Dr. Klauwell , bei dem er Klavier und Harmonie studierte." Zu den anderen Professoren am Konservatorium gehörten Humperdinck, der später als Komponist von *Hänsel und Gretel berühmt wurde* , und Gustav Jensen, der Bruder des bekannteren Liedermachers.

Schließlich lebte Johnstone in einer Welt, die seine besten Qualitäten hervorbrachte und seine größten Interessen weckte. Doch nun erkannte er , dass er zehn Jahre zu spät gekommen war, um irgendeine herausragende Stellung zu erlangen, sei es als Interpret oder als Komponist, und begnügte sich damit, sein allgemeines Musikwissen erheblich zu erweitern. Er beschränkte seine Aufmerksamkeit auch nie nur auf die Musik; aber er bemühte sich , so viel wie möglich von deutschen Arbeitsmethoden zu sehen, insbesondere was den Sprachunterricht anbelangte. Wenn man das Kölner Urteil über Johnstones frühe Ausbildung liest, muss man bedenken, dass in seiner Jugend das Klavierspielen in England nicht gut unterrichtet wurde, wo

die Prinzipien und die Bedeutung einer guten Technik gleichermaßen
unbekannt waren. Natürlich mochten ihn der Rektor und alle seine Lehrer
persönlich, doch ihr Hauptinteresse galt natürlich den jungen Schülern, die
versprachen, sich in der Welt der Musik einen Namen zu machen. Der
Jahreskurs am Konservatorium endete im Juli und über diese Zeit schreibt
er:

„Was meine Absichten angeht, bin ich jetzt fest entschlossen (und sehr
zufrieden), auf Lebenszeit Lehrerin für moderne Sprachen zu werden. In
diesem Jahr habe ich einige Einblicke in den Musikberuf gewonnen, mit dem
Schluss, dass für alle, bis auf die ganz wenigen, ganz ... Erstens ist es ein
elendes Leben, also werde ich doch meinen Abschluss machen und im
nächsten Semester als Mitglied von Balliol leben ... Ich könnte jetzt von der
Musik leben, aber das würde bedeuten, in einem zu versinken Plackerei ist
noch schlimmer als alles, was ich bisher tun musste. *Außerdem* kann ich in
einem anderen Beruf viel besser leben.

Johnstone kehrte Ende August 1888 bester Laune und besserer Gesundheit
als jemals zuvor nach England zurück, voller Ideen und Begeisterung für alles
Deutsche. Es war Gullivers Heimkehr nach der Reise zu den Houyhnhnms,
und seine Freunde mussten sich Kritik ähnlicher Art anhören. Es besteht
kein Zweifel, dass dieses Jahr Johnstone echte Reife gebracht hat. Er gewann
an Selbstvertrauen und nahm das Leben in den Griff, was ihn selbst dann,
wenn die Aussichten am hoffnungslosesten schienen, davor bewahrte, jemals
wieder in seine alten Stimmungen der Verzweiflung zu verfallen. Im Oktober
kehrte er nach Oxford zurück. Vor einigen Jahren hatte er seinen Namen aus
den Büchern von Keble gestrichen und war nach New Inn Hall
ausgewandert. Die Halle war kürzlich von Balliol übernommen worden, und
so wurde Johnstone schließlich Mitglied des Kollegiums, das ihm von
Anfang an Schutz hätte bieten sollen. In Balliol fühlte er sich einigermaßen
zu Hause, obwohl er nun den Männern um ihn herum überlegen war. Er traf
sich mit Farmer, der gerade Harrow nach Balliol verlassen hatte, und
organisierte mit der Unterstützung des Meisters jeden Sonntagabend ein
Konzert in der Halle. Einmal gab er auf Bitten von Farmer eine Zaubershow.
Jowett schrillte in engelhafter Heiterkeit, ließ Johnstone rufen und lauschte
seiner Unterhaltung, die leichter verlief als die der meisten
Studentenbesucher von Jowett und von anderer Art war; und behandelte ihn
weiterhin höflich. Johnstone, dessen Klassiker während seines Aufenthalts
in Deutschland etwas eingerostet waren, las mit Mr. St. George Stock, dem
philosophischen Schriftsteller, damals und heute ein bekannter Privatlehrer
in Oxford. Im Dezember bestand er die erforderlichen Schulen und machte
seinen Abschluss; Seine letzte Erfahrung in der alten, beunruhigenden Stadt
war angenehm, wenn auch kurz – eine Zeit der *Erholung* , bevor er die neue
Karriere begann, die er gewählt hatte.

Im darauffolgenden März 1889 erhielt er das Angebot, als Hauslehrer für den kleinen Sohn des Fürsten Abamélek nach Podolien, einer Provinz im Süden Russlands, zu gehen. Der folgende Bericht über seine Reise ist interessant:

„Ich verließ Berlin am Donnerstagmorgen um 8.30 Uhr; die Etappe durch Galizien, Oswiecim, Krakau, Lemberg, Podwoloczyska dauerte schlimme 24 Stunden. Direkt an der Grenze war der Schnee immens hoch und bildete auf beiden Seiten des Zuges eine Mauer. Es war, als ob man durch die Arbeiten einer großen Schneebefestigung nach Russland gelassen würde. Der schlimmste Fehler, den ich machte, war, keine Lebensmittel mitzunehmen. Bei der Grenzkontrolle bemerkte ich, dass mein Koffer der einzige war, der nicht halb voll mit Lebensmitteln war. Die Restaurants an den großen Kreuzungen sind ausgezeichnet, da sie alle von Tataren geleitet werden, einer Rasse, die über ein Genie der Kochkunst verfügt, aber wenn Sie wie ich mehr als 24 Stunden an einem abgelegenen Landbahnhof warten müssen, finden Sie möglicherweise nichts anderes als Tee. Reisen in Russland ist in jedem Fall ermüdend; die Entfernungen sind endlos und jede Reise muss als eine Art Pilgerfahrt betrachtet werden. Als wir von Osipoffka hierher kamen, mussten wir gegen zehn Uhr abends losfahren, um den gewünschten Zug.

„Der Aufbruch war recht amüsant, denn wir waren eine ansehnliche Karawane mit Kindern, Dienern, Pferden und Hunden. Die ganze Nacht hindurch zogen wir durch die Steppe, begleitet von mehreren berittenen Männern mit Fackeln, die sie anzündeten, wenn der Weg schlecht war.

„Ich hatte einen Platz draußen und war etwas benommen und zerzaust von Wind und Staub, als wir am Bahnhof ankamen. Bahnreisen sind interessant, wenn man den Mut hat, nicht in der ersten Klasse zu fahren. Die Waggons sind nach amerikanischem Vorbild gebaut und in der Mitte offen. Statt adretter Handlanger findet man Juden in langen Mänteln und langen Haaren, neben Soldaten und Studenten in merkwürdigen Kostümen, während ganze Familien, die zusammen reisen, den Eindruck eines Auswandererkonvois erwecken. Jeder zieht sich mit völliger *Gelassenheit aus* .

„Die Familie kommt im Sommer immer auf dieses Anwesen. Es liegt in einem waldreichen Bezirk von Podolien, einige hundert Meilen nördlicher als die Region, in die ich zuerst kam. Das Haus ist sehr groß und der Garten prächtig. Es liegt an einem Fluss und es gibt primitive Boote und einen ausgezeichneten Badeplatz. Sie haben auch ein Dampfboot englischer Herstellung, das in Kürze flott gemacht wird.

„Die Gegend ist ein Paradies für Zigeuner . Der Fluss hat endlose Windungen und Arme, und der Boden dazwischen ist sehr uneben und mit Unterholz bedeckt. Hier lagern die Zigeuner . Man sieht sie abends mit ihren Pferden baden, und so hatte ich Gelegenheit, etwas zu beobachten, dessen eigentümliche und suggestive Angemessenheit Darwin in seiner ‚Reise der

Beagle' bemerkt, nämlich einen nackten Mann auf einem nackten Pferd. Das ist der wahre Zentaur; sie werden eins. Ich bin jetzt davon überzeugt, dass die Zigeuner die körperlich schönste aller Rassen sind. In England sind sie erbärmliche Bettler, aber hier sind sie etwas wohlhabender als der Durchschnitt der Bevölkerung; denn sie sind nicht wie die Bauern, die durch kirchliche Vorschriften mehr als halb verhungert sind, und offensichtlich geht es ihnen in einem Land, in dem sich Russland derzeit befindet, besser. Es gibt viele riesige Gebiete, in denen sie ganz ungestört Fallen stellen und fischen können, und das Klima begünstigt ihre Lebensweise – doppelt, würde ich mir vorstellen, da der Winter einen kurzen Rückschlag erleidet. von mangelhafter Konstitution. Ich nehme an, sie sind Diebe, aber für den flüchtigen Beobachter sind sie absolut bewundernswert. Gruppen prächtiger kleiner brauner Kinder ziehen abends singend oder kreischend und schrill lachend umher. Ihre Musik wird übrigens in Russland geschätzt. Es gibt mehrere Gruppen, die große Summen für die Teilnahme an verschiedenen Festlichkeiten erhalten.

"Mir ist allmählich klar geworden, dass das Klima dieser Gegend nahezu ideal ist. Der Himmel ist tiefblau und weit weg, doch die Hitze ist nie wirklich drückend, da eine ständige Brise Balsam aus den Wäldern bringt. Einen schöneren Kontrast zur südlichen Steppe, die wie der angebrannte und abgekratzte Boden eines Topfes aussieht, könnte man kaum finden. Natürlich hat sie ihren ganz eigenen Charakter. Da man normalerweise in allen Richtungen bis zum ebenen Horizont sehen kann, erinnert sie an das Meer , während im Sommer die erhitzte und zitternde Luft, die vom Boden aufsteigt, wunderbare atmosphärische Effekte erzeugt; aber es weht immer ein Wind, der die Haut austrocknet und alles andere als gesund ist. Hier hingegen sind wir gut bewässert und von tiefen und herrschaftlichen Wäldern umgeben, und das ganze Land hat einen *herrlichen Anblick* .

„Ich habe noch nicht viel von den *kirchlichen Wesen gesehen* . Der Priester in Osipoffka ist, wie ich gehört habe, ein Mann, der so oft zur Messe muss, wie er nüchtern genug ist. Die Abaméleks empfangen ihn nicht und gehen nie in die Kirche, wenn sie dort sind. Jedenfalls glaube ich nicht, dass die Prinzessin besonders *fromm ist* . Sie ist polnischer Abstammung, und ihre Familie hat den westlichen Katholizismus aufgegeben und war, nehme ich an, nie so begeistert wie die russische Orthodoxie.

„Von den Kindern ist der Junge bei weitem das interessanteste. Das älteste Mädchen, obwohl nicht ohne Aussicht auf Schönheit, befindet sich derzeit in einem etwas klaffenden und schwerfälligen Stadium. Die jüngere ist viel kleiner, wenn auch nur ein wenig jünger als ihre Schwester, ebenfalls intelligenter, wenn auch schlechter gestimmt. Sie lacht mit einer merkwürdigen *Unbekümmertheit* und ist voller *Krämpfe* und ist zwei völlig verschiedene Personen, wenn sie erfreut oder gelangweilt ist.

„Meister Paul hat nicht die geringste Ähnlichkeit, die ich mit einem von ihnen feststellen kann. Er ist ein außergewöhnlich rundlicher und gut gebauter Junge mit niedriger Stirn und Haaren wie totes schwarzes Fell, durch das sich dazwischen eine tote weiße Haut zeigt, die dazu neigt Stehen Sie auf, obwohl vollkommen sanft und immer mit einem Rückwärtsschwung, als hätte er kürzlich einem starken Wind gegenübergestanden, seine klaren braunen Augen, seine zarte kleine Nase und sein Kinn und ein Mund wie eine Kirsche machen ein Gesicht aus, das ist kein falsches Versprechen seiner Lebhaftigkeit. Es ändert sich im Hundertstel einer Sekunde von sprudelndem Lachen zu einer Art Ernsthaftigkeit des Jüngsten Gerichts.

„Er wedelt mit seinem kleinen *Tête de Polichinelle* über seinem Essen und unterhält sich mit ihnen in mehreren Sprachen. Manchmal unterbricht ihn seine Mutter und fragt, ob er weiß, was er sagt, wenn er schwört, dass er seit einer Viertelstunde nicht gesprochen hat. *Pauvre petit bijou* nennt sie ihn."

Im Herbst 1889 endete sein Engagement als Hauslehrer und er verbrachte den Winter in Odessa, um die Sprache zu lernen. Er befand sich, wie üblich, in einer Situation, in der es unmöglich war, eine andere Sprache zu sprechen; trat in eine russische Familie ein; bereitete seine Fragen beim Einkaufen auf Russisch vor; und sprach auf Russisch den Beamten an, der mit seinen notwendigen Papieren so lange wartete, bis er schweigend ein Bestechungsgeld in Höhe von zwei Rubel hinterlegt hatte , und der ihm dann herzlich die Hand schüttelte. Er war voller Geschichten; er erzählte von dem englischen Journalisten, der so aggressiv und bewusst englisch war, dass er nicht vor dem Porträt des Zaren in einem Friseursalon aufgedeckt werden wollte; des Prinzen Abamélek , der immer davon sprach, ihn zum Schießen mitzunehmen, es aber nie tat; der Prinzessin, die befürchtete, dass ihr kleiner Paul „trop jeune encore pour profiter de son esprit eminemment " sei cultivé "; von der sozialen Tyrannei der russischen Orthodoxie, die frei denkende und angesehene Personen des Landes zur Kirche und zum Sakrament bei allen christlichen Festen trieb; und schließlich von seiner Geldknappheit, die ihn zwang, den Weg nach Hause zu finden bescheidener Stil.

Als englischer Liberaler war Johnstone natürlich ein gern gesehener Gast in der Gesellschaft der Reformpartei; und bei seiner Rückkehr nach England sollte er Stepniak im Haus ihres gemeinsamen Freundes York Powell treffen und sich in die Liste der Freunde der russischen Freiheit einschreiben. Aber er sympathisierte mehr mit den Mitgliedern der Reformbewegung als mit ihren Zielen. Während seines Aufenthalts in Russland sicherten ihm solche Verbindungen eine milde Überwachung seitens der Beamten, und er hatte ein wenig Schwierigkeiten, den für die Ausreise erforderlichen Pass zu erhalten; Diese Verärgerungen hielten ihn jedoch nicht davon ab, zu der Auffassung zu gelangen, dass in Russland eine väterliche Regierung erforderlich sei und dass seine Landsleute als Ganzes für ihr hartes Urteil über eine Zivilisation verantwortlich seien, nur weil diese ihren eigenen politischen Idealen zuwiderlaufe. Der verstorbene Bischof Creighton kam nach seinem Besuch in Russland anlässlich der Krönungsfeier im Jahr 1896 zu genau derselben Schlussfolgerung.

JAHRE ALT .

Auf dem Heimweg verbrachte er einige Monate in Buda- Pesth , Wien und Tirol und machte seinen ersten Besuch in Bayreuth und den Passionsspielen in Oberammergau.

Kurz nach seiner Rückkehr nach England nahm Johnstone einen Masterstudiengang in modernen Sprachen an der Edinburgh Academy an, wo sein älterer Bruder einige Jahre lang klassischer Lehrer gewesen war. Er zog im September 1890 in die Akademie ein und Edinburgh war sein Zuhause, bis er die Stadt im Januar 1896 verließ, um nach Manchester zu ziehen. Im Großen und Ganzen war er dort glücklich; denn obwohl es eine eher undankbare Aufgabe ist, Jungen Fremdsprachen beizubringen, freute ihn von Zeit zu Zeit der Erfolg seiner Schüler bei Prüfungen anderswo, vor allem bei denen für die Aufnahme in Woolwich und Sandhurst. Er konnte sogar gestehen, dass er nach einem langen Sommerurlaub auf dem Kontinent „wieder ganz und gar von der Atmosphäre des alten, grauen, langgesichtigen Sawbath -haltenden Edinburgh durchdrungen war". Schließlich war Johnstone, obwohl er sich selbst als Engländer betrachtete, wie man aus seinem Namen schließen kann, väterlicherseits Schotte; auch seine Mutter hatte einen Hauch schottischen Blutes. Vielleicht hat er also diese ruhige, selbstbeherrschte Art und alles, was sie impliziert, von nördlich des Tweeds bekommen.

Etwa zu dieser Zeit wurde er von dem hervorragenden Ziel durchdrungen, seine körperlichen Nerven zu trainieren. Er wusste, dass er mit seinem leichten Körperbau und seiner hohen Anspannung nie auffällig muskulös oder mehr als drahtig sein würde. Aber er sagte: „Wir sollten in der Lage sein, zu sehen, wie ein Mann zerschunden von einem hohen Gerüst auf den Bürgersteig fällt, direkt vor unseren Füßen, und alles Notwendige zu tun, ohne mit der Wimper zu zucken." Obwohl er selbst sehr empfindlich auf Schmerz und dessen Anblick reagierte, freundete er sich daher mit den jungen Ärzten und Chirurgen an, die er traf, begleitete sie zu Operationen, beobachtete die schlimmsten Dinge und half sogar, was aufgrund seiner Geschicklichkeit und Sorgfalt im Umgang mehr als einmal erbeten wurde. Auf diese Weise überwand er jede Nervenschwäche. In Edinburgh gelang es ihm auch, etwas Unterhaltung zu finden. Er war ein Ausländer, was seine Anpassungsfähigkeit an das Restaurantleben betraf, und fand ein ruhiges französisches Café nach seinem Geschmack, in das er seine Besucher mitnahm. Die seltsame Schichtung der Edinburgher Gesellschaft in die verschiedenen Aristokratien des Landes, die Universität, die Berufe und den Handel sowie ihr breites schottisches demokratisches Gefühl amüsierten ihn. Einmal wurde er als französischer Dolmetscher vor das Polizeigericht gerufen und war froh, sich selbst und den Richter zufriedengestellt zu haben, da der Fall etwas heikel war und eine feine Ausdrucksweise erforderte. York Powell schrieb im Juni 1893 an einen Freund und sprach von Johnstone als

„ein feiner Kerl, sehr interessant; ein Musiker, der für die Sünden anderer verdammt ist (denn er ist kein großer Sünder) und als Pfarrer in Edinboro arbeiten muss, wo er von einem alten Franzosen getröstet wird, der sprechen und verstehen kann; und sie haben, mit ein oder zwei anderen, einen kleinen französischen Club. Jeder zahlt sechs Pence pro Abend für die Spesen, und man bekommt einfache Erfrischungen und gute Unterhaltung."

Vor allem seine musikalischen Möglichkeiten waren gut und vielfältig und er nutzte sie voll aus. Die Musik in Edinburgh hatte über viele Jahre hinweg einen hohen Standard aufrechterhalten. Die Orchesterkonzerte waren nach denen von Hallé und Richter unübertroffen; Letzterer brachte gelegentlich seine eigene Band mit, und jeder bedeutende Solospieler kam von Zeit zu Zeit dorthin. Er fand viele sympathische Freunde und war ein häufiger Gast in den Häusern von Mrs. Sellar, der Witwe des Professors für Humanwissenschaften in Edinburgh, und Dr. Berry Hart, dem berühmten Chirurgen, wo sich ständig musikalische Amateure trafen; und er war Mitglied des „Rhyme and Reason Club", wo literarische und künstlerische Fragen diskutiert wurden.

Sein bemerkenswertester Beitrag für den Club war ein Aufsatz über die „Beziehung von Musik zu den Worten in Liedern", den er anschließend am Manchester College of Music las und der hier (und einigen Auszügen) eine Zusammenfassung verdient. Es zeigt, wie sein Geist stetig in Richtung Musikkritik arbeitete. Sein Ursprung war eine Aussage in einem Aufsatz über Tennysons Lieder, dass Poesie, wenn sie wahre Poesie sei, sich selbst genügt und dass das Hinzufügen von Musik , wie schön die Musik an sich auch sein mag, ein Eindringen und eine Störung darstellt für den wahren Liebhaber der Poesie.

Der erste Teil seiner Arbeit beschäftigt sich mit einer Untersuchung der Natur der Musik und ihrer Stellung innerhalb der Künste. Anschließend beklagt er die Trennung zwischen der Musik und den Liedern moderner englischer Dichter, von denen keines gesungen werden kann, und führt diese Divergenz auf die Zeit zurück, als der Puritanismus die Musik aus der Kirche und auf dem Dorfplatz verbannte. Burns, fügt er hinzu, habe echte Lieder geschrieben; aber er ist der einzige Liedermacher seit den Tagen Elisabeths und verdient es, mit Heine gleichgesetzt zu werden. Abschließend behauptet er für die Musik, „dass sie keine minderwertige Kunst ist, eine bloße Dienerin der Poesie, sondern eine direkte Offenbarung des Prinzips der Schönheit und auf der Grundlage einer ehrenvollen Gleichstellung mit der Poesie. Die Lieder aller wirklich großen Lyriker." Dichter sind offensichtlich und strahlend singbar und dazu bestimmt, gesungen zu werden, und zu Lebzeiten ihrer Autoren wurden sie gesungen. Weit davon entfernt, dass die beste Lyrik durch die Verbindung mit Musik beeinträchtigt wird, ist es nur die verstümmelte Poesie der Dekadenz, die dies nicht zulässt einer solchen Assoziation, ein untrügliches Zeichen einer Lyrik von höchster Qualität ist, dass sie die wahre Gesangsqualität erreicht." In der folgenden Passage legt Johnstone das Ideal dar, das der Komponist von Liedern anstreben sollte:

„Die großen deutschen Liedkomponisten wie Schubert, Schumann, Franz und Brahms, die in tiefer Sympathie mit dem ‚Volkslied‘ arbeiteten, gelangten zu einer Auffassung des Liedes, die unendlich reicher, raffinierter und genialer ist, als man sie anderswo findet." Bei Franz und Schumann stellen wir fest, dass die Musik im besten Fall eine Art literarische Kritik am Text liefert, mit solch exquisiter Genauigkeit würdigt der Komponist den Text und liefert das entsprechende musikalische Gegenstück.

„Wir hören oft davon, dass die Musik mit den Texten eines Liedes *verbunden ist*, und es ist sehr seltsam, eine so wunderbar saubere und perfekte Metapher zu finden, die von Menschen verwendet wird, die weit davon entfernt sind, ihre Perfektion zu ahnen. Genau das ist es, was man braucht." Ort, an dem ein gutes Lied komponiert wird – die Musik ist mit dem Vers *verbunden* , obwohl der Ausdruck oft von denen verwendet wird, die denken, dass die Musik nichts anderes zu tun hat, als noch einmal, vielleicht eindringlicher, das Gefühl auszudrücken, das der Vers zum Ausdruck bringt, die mit anderen Worten denken, dass die Musik der Poesie versklavt und nicht mit ihr verbunden ist.

„Aber Musik beschränkt sich nicht auf den Ausdruck des Gefühls bestimmter Verse oder eines anderen Gefühls oder Gefühls. Die Poesie und die Musik haben jeweils ihren unabhängigen Charakter und ihr Maß an unabhängiger Schönheit, und diese unabhängige Schönheit und dieser unabhängige Charakter haben keinen Sinn Die Musik hat weit mehr zu tun, als nur das Gefühl, das der Vers ausdrückt, noch einmal auszudrücken oder zu betonen . Sie kann den Vers begleiten, den Vers schmücken, den Charakter des Verses neu hervorheben Wenn es der Musik jedoch an eigenständiger Schönheit mangelt, kann sie durch die *Bindung* an etwas niemals schön werden.

„Es wird nun klar geworden sein, was nach der von mir zu erklären versuchten Auffassung von Musik die Aufgabe eines Liedkomponisten ist. Er hat weit mehr zu tun, als das Gefühl des Liedes wieder in Tönen auszudrücken. Das hat er." eine Komposition zu schaffen, die in erster Linie Leben hat, und im Bereich der Kunst bedeutet Leben zu haben, Schönheit zu haben.

„Zweitens darf es keine Unvereinbarkeit des Temperaments mit dem Text aufweisen, sondern muss so beschaffen sein, dass es ein für alle Mal mit glücklichen Ergebnissen mit dem Text verbunden werden kann."

„Es versteht sich von selbst, dass ein Komponist, der diese Ansicht vertritt oder die Tatsachen, auf denen diese Ansicht beruht, unterbewusst erkennt, sich, wenn ihm sein Text am Herzen liegt, nicht mit dem ersten abgenutzten Unsinn zufrieden geben wird, der ihm in die Hände fällt , musikalisch wird er alles bereuen, was ihm an Natürlichkeit und Frische fehlt.

"Er wird nicht wie der Komponist von Salonballaden irgendeine elende, durch häufigen Gebrauch abgenutzte Kadenz aufgreifen und sie aufmotzen, indem er die Melodie in lange, hohe Töne schleppt und kräht und schreit, als hätte er Amerika entdeckt, während er in Wirklichkeit nur einen alten Schuh entdeckt hat, der am Straßenrand liegt und vielleicht einmal einem Prinzen gehörte, aber nachdem er vom Diener gestohlen wurde, einem Bettler gegeben wurde und so weiter und so weiter, bis der letzte ihn am Rand der Hauptstraße liegen ließ."

Johnstones Interesse an Musik wurde immer intensiver. In den Pausen seiner Schularbeit komponierte er eine Gavotte, die einen kuriosen Ursprung hatte. Eines Tages war er im Laden eines Musikverlags in Edinburgh, als er auf dem Tresen eine Gavotte sah, die einen Preis von 5 oder 10 Pfund gewonnen hatte, den die Firma für die beste eingereichte Komposition in Gavotte-

Form ausgelobt hatte. „Und ist das Ihre Preisgavotte?" sagte Johnstone: „Nun, wenn ich in der Zeit, die ich brauche, um sie aufzuschreiben, keine bessere Gavotte komponieren könnte, würde ich *noch schlechter von mir* denken, als ich es tue." „Warum dann", sagte der Vertreter der Firma, „gehen Sie nach Hause und verfassen Sie Ihre Gavotte. Wir werden sie veröffentlichen, wenn wir sie nehmen und Ihnen das gleiche Geld geben, wie dieser Preisträger." Johnstone ging nach Hause und komponierte es, und die Firma hielt ihr Versprechen.

Seine wenigen Kompositionen wurden fast immer unter plötzlichem Druck von außen tatsächlich produziert und fertiggestellt. Sich selbst überlassen, war sein kritischer Impuls immer stärker als sein produktiver; er wurde unzufrieden und ließ die Arbeit, an der er arbeitete, fallen. Sein Freund, der bekannte Sänger Fritz Hedmondt, hatte von ihm das Versprechen erhalten, ein bestimmtes Lied zu arrangieren, ließ die Sache aber ruhen, bis der Konzerttermin festgelegt und die Programme mit der Ankündigung „arrangiert von Mr. Arthur Johnstone" gedruckt waren. Dann schickte er das Programm an Johnstone mit der Bemerkung, dass die Sache natürlich gemacht werden müsse. Und es war fertig, innerhalb von 24 Stunden, und es war ein wunderschönes und originelles Stück Harmonisierung. Er vertonte auch mehrere Lieder, die wie die Gavotte die Zustimmung von Prof. F. Niecks fanden und die Hauptthemen einer ziemlich regelmäßigen Korrespondenz mit Vantyn waren . In einem dieser Briefe würdigt er das Klavierstück, das er am meisten bewunderte.

„Über Schumanns Etudes Symphoniques kann ich nur Folgendes sagen: Ich bin seit langem der Meinung, dass es sich bei diesem Werk im Großen und Ganzen um die beste Komposition für Pianoforte-Solo handelt, die es gibt. Das wird Ihnen zweifellos übertrieben erscheinen, aber so ist mein Gefühl dabei. Der außergewöhnliche Reichtum an fantasievoller Schönheit in diesen Variationen ist meiner Meinung nach einzigartig. Denken Sie nur an die letzte Variation vor dem Finale. Es gibt nichts anderes in der Musik, das auch nur die geringste Ähnlichkeit damit hat.

Jeden Sommer verbrachte er mehrere Wochen auf dem Kontinent, und bei einem dieser Besuche lernte er erstmals Nietzsches Philosophie kennen, die damals in England kaum bekannt war, in Schottland jedoch unter dem Einfluss von Dr. Tille ins Gespräch kam von Glasgow.

Im Dezember 1903 schreibt er an Miss Sellar:

„Der Autor von *Schopenhauer als Erzieher* ist Friedrich Nietzsche. Ich nehme an, Sie werden diesem Standpunkt ebenso wenig zustimmen wie dem von Sudermann; denn tatsächlich sind die Standpunkte der beiden Autoren praktisch identisch, aber ich glaube nicht, dass Sie die außerordentliche

Originalität und Kraft und vor allem die großartige Ehrlichkeit Nietzsches übersehen können.

„Ist Ihnen nicht aufgefallen, dass die meisten ernsthaft denkenden und wohlmeinenden Menschen unserer Zeit mit einer überarbeiteten Tabelle der Tugenden herumlaufen und ‚Wahrheit' sagen, wenn sie eine bestimmte Gruppe optimistischer Wahnvorstellungen meinen; ‚Mut' sagen sie, wenn sie bereit sind, solche Wahnvorstellungen zu akzeptieren und mit Energie zu wiederholen, und beharrlich die Augen vor all jenen Tatsachen des Lebens verschließen, die nicht mit ihnen harmonieren .

„Soweit ich es erlebt habe, sind die einzigen Menschen unserer Zeit, die nach bestem Wissen und Gewissen die Wahrheit sagen und zugeben, die Schüler Schopenhauers – Ibsen, Tolstoi, Zola, Sudermann und Nietzsche.

"Zweifellos werden Sie diese Aussage mit meiner 'persönlichen Gleichung' in den Vordergrund stellen. Ich meine, Sie werden meinen, es steckt nichts weiter darin, als dass dies die Lehrer sind, mit denen ich zufällig übereinstimme. Aber es würde mich überraschen, wenn Sie Nietzsches Ehrlichkeit und den außerordentlich tiefgründigen und leuchtenden Charakter seines Denkens nicht anerkennen würden."

Ehrenschule namens „Greats" gegangen , hätte er Nietzsche gegenüber vielleicht hochmütig taub bleiben können. Da er jedoch keine philosophische Ausbildung hatte, aber für jede neue, artikulierte und gewagte Stimme sehr empfänglich war und sich in der deutschen Sprache vollkommen zu Hause fühlte, fand er in Nietzsche eine befreiende und erfrischende Kraft. Und dann veranlassten ihn seine persönlichen Erfahrungen, die Hauptthese von Nietzsches Philosophie zu akzeptieren, dass die Menschheit aufgrund der Lehren des Christentums die Zukunft der Rasse geopfert habe, um sich zu sehr um die schwächeren Brüder zu kümmern. Gleichzeitig behielt er einen kühlen Kopf und unterzeichnete kein Gelübde der Unterwerfung unter Nietzsche. Die Rezension von Tilles Übersetzung verdient es, in diesem Band teilweise erneut abgedruckt zu werden, da sie scharfsinnig ist und auch eine recht frühe Skizze des Nietzscheschen Systems in der englischen Presse darstellt. Es handelte sich um einen der ersten Artikel, die Johnstone für den *Manchester Guardian schrieb* , und er lässt uns – zweifellos unklugerweise – bedauern, dass sich sein Geist immer mehr der Musik zuwandte.

Trotz dieser Vertiefung interessierte er sich nach wie vor für Literatur und Drama, wenn es um die ernstesten Themen und Probleme des Lebens ging. Die rein technische und ausführende Seite dieser Künste gefiel ihm weniger, und so verlor er, um ein Beispiel zu nennen, bald seine anfängliche Begeisterung für Swinburne, fragte sich, „ob er es jemals wirklich schaffen würde", und war sogar zu sehr von Abscheu erfüllt. Absichtliche Unklarheiten irritierten ihn. Mallarmé und seine Schule wollte er nicht verstehen. Seine Vermutungen waren in der Tat begründet, denn zuletzt war Mallarmé in seiner Vorlesung über „ La Musique et les Lettres " dazu gekommen, eine neue Zukunft für die Musik vorherzusagen, in der der Klang und Rhythmus der Worte die plumperen und materielleren Töne der Instrumente ersetzen würden.

Browning und Meredith stießen ihn wegen ihres Stils ab, obwohl sie ihn wegen ihrer Themen und Behandlungsmethoden anzogen. Einige seiner Briefe über Literatur können hier zitiert werden, da diese Seite seiner Begabung in Rezensionen kaum vertreten ist. Man wird sehen, dass er weniger über Stil und Form spricht als über das Temperament und die Einsicht der drei großen Romanautoren Meredith, Hugo und Hardy. Er ist immer noch, wie sie, auf die spezielle Art von Thema konzentriert, „die Unmenschlichkeit des Mannes gegenüber Frauen", die ihn, wie wir gesehen haben, in ihren Bann gezogen hat. Meredith wurde in den frühen Achtzigern in Oxford von den jüngeren Männern nicht viel gelesen, obwohl er dort seit 1870 immer ein kleines und leidenschaftliches Publikum gehabt hatte. In unserer Zeit wurde er selten zitiert. Er war zu stark für die zarte Jugend; und jeder „Gelehrte" oder Verehrer der reinen Form oder Schiedsrichter der Eleganz könnte über Merediths Härte und Eigentümlichkeit predigen und sich wünschen, er wäre rücksichtsvoller und schwacher. Der Tonfall, in dem Johnstone 1886, als er mit 25 Jahren, über Meredith schrieb, war ziemlich entschieden, auch wenn man seine Worte heute als Wiederholung des Offensichtlichen auffassen würde.

„Rhoda Fleming", schreibt er, „verwunderte mich noch mehr darüber, dass sein Autor nicht eine allgemein anerkanntere Position einnimmt. Er ist der einzige lebende englische Prosaautor mit einem wirklichen eigenen Geistesreich. Die Geschichte bewegt sich wie das Schicksal – so zwangsläufig, so grausam (das weiße Opfer!), aber es fehlt ihm einfach, ein Theaterstück zu schreiben. Er könnte vielleicht etwas Besseres schreiben, als es seit Jahrhunderten getan wurde.

Ein Jahr zuvor hatte er geschrieben: „Wenn Sie sagen, Hugo sei ‚so falsch‘, meinen Sie wohl, er sei nicht ganz praktisch. Mrs. Gaskells ‚Ruth‘ ist ‚falsch‘, wenn Sie so wollen, und auch irrelevant. Seine wirkliche Tendenz ist das Gegenteil der angeblichen Absicht der Autorin. Die Frau wird Partnerin in einer vollkommen unbefleckten und menschlichen, aber unerlaubten Verbindung , und selbst dies wird unvermeidlich gemacht. Das Quäker-Element macht daraus dann eine Tragödie, und der Höhepunkt wird von einer Person bewirkt , die ein hinreichend bemerkenswertes Beispiel für eine Figur ist, die von einem Apostel von milder Anständigkeit geschaffen wurde. Er hätte den ganzen Plan der Erlösung durcheinandergebracht, wenn er die Sünde des guten Jesus zur Sünde des Hasses gemacht hätte. Dieser würdige, aber ziemlich pharisäische Methodist – dieser großknochige Mann von

Substanz, der lauter antwortet als jeder andere – dieses namenlose Monster, dessen vulgäres Gezeter bei der Entdeckung der Vergangenheit der Frau, während sie unter ihm als Gouvernante arbeitete, zur Beleidigung gemacht wird, als Antwort darauf ihr Beschützer die *Bitte vorbringt* (was der Zweck von das Buch); der vielleicht seinen Platz als bester Typus der verhasstesten Figur in der Literatur einnimmt, die die unterschiedlichen klimatischen und religiösen Bedingungen jemals auf dieser, Gottes blühenden Erde hervorgebracht haben – bekommt am Ende seinen Anteil an der umfassenden Waschbürste. Durch den einfachen Trick, sein Haar von schwarz auf weiß zu färben, ist er für den Dienst am friedlichen Grab der Heldin qualifiziert, wo er sich anschließt, die barmherzige Träne zu vergießen.

„Die schönen Züge dieses Werks sind das Siegel seiner Sinnlosigkeit, da sie sich aus der Figur Ruths ergeben – einer unmöglichen Verkörperung aller Tugenden und Gnaden – einer Art jungfräulicher Mutter, die schließlich tatsächlich eine gekrönte Heilige ist; und ich kann ihre Geschichte nicht glauben, vielleicht weil ich zu jung bin. Es kann sein, dass mich die Erinnerung an Ruth und andere derartige Werke beim Lesen von Fantine in die Irre geführt hat; dass die Flucht vor dem hohen Kirchenbank- und Sitzkissengeschmack des Methodismus hin zu Hugos ‚prophetischer Seele der weiten Welt‘ geblendet hat. Doch wenn ein Werk wie ‚Les Misérables‘ mit der erstaunlichen Aktivität seines dramatischen Impulses die Geschichte von Fantine in seinen Bann zieht, kann man sicherlich etwas erwarten, wenn ein Autor jemals einem solchen Thema angemessen sein soll, und ich kann nur denken, zu Recht. Die ‚ewige Priesterin der Menschheit, die für die Sünden des Volkes gefoltert wird‘ – Fantine ist genau der dramatisierte Gedanke .

„Im Grunde hoffnungslos und unerbittlich, übersteigt die in der Kunst zulässige Grenze des Schreckens ... Und dennoch sind die namenlosen Qualen des Märtyrertods für den Engelssegen an ihrem Grab vergessen. Und ist es nichts, was dieser Segen erreicht haben sollte?“ war nach so einem Leben noch möglich?...

„Ja, „Les Misérables“ erscheint mir trotz gelegentlicher Unmöglichkeiten, wenn auch immer in Extremen, als unvergleichlich das Größte in der Belletristik, mit dem ich vertraut bin, und je länger es her ist, seit ich es gelesen habe, und je mehr ich lese, Je stärker dieser Eindruck wird, desto beängstigender erscheint es mir, wenn in diesem „falschen“ Werk eine Bande von Sträflingen vorbeigefahren wird und „ihre Köpfe aneinanderstoßen“. .‘ Er erzeugt die physischen Wirkungen der tatsächlichen Präsenz bei dem, was er beschreibt. Natürlich verstößt es gegen jeden möglichen Kanon von den „Einheiten“ an, tatsächlich könnte es fast zur Grundlage eines neuen Gesetzes der Vielheiten gemacht werden.

Einige Jahre später, im Jahr 1892, schrieb er seinen Eindruck beim Lesen von Hardys Meisterwerk nieder: „Ich habe gerade ‚Tess of the D'Urbervilles‘ beendet." Sie haben vielleicht eine Passage in Band I bemerkt, die wie folgt lautet (Kap. xvi.): „Lange strohgedeckte Schuppen erstreckten sich rund um das Gehege, ihre Hänge waren mit leuchtend grünem Moos bedeckt und ihre Dachvorsprünge wurden von Holzpfosten gestützt, die zu einer glänzenden Glätte gerieben waren." durch die Flanken unzähliger Kühe und Kälber vergangener Zeiten, die *nun in eine in ihrer Tiefe fast unvorstellbare Vergessenheit geraten sind* .'

„Wenn ein Mann so über *Vieh spricht* , wie muss er dann gegenüber seinen menschlichen Brüdern und Schwestern empfinden! Wie stark muss in ihm die tiefste aller poetischen Leidenschaften sein, das Gefühl von „ *carent quia vate sacro* "! Denn zweifellos manchmal in diesem ruhigen Land Ein so goldenes Herz wie das von Tess pocht in völliger Dunkelheit über die ihm zugeteilte Anzahl von Impulsen. Unser Temperament hat sich seit der Zeit, als dieses Gefühl mit einem „Lasst den Ehrgeiz nicht ihre nützliche Arbeit verspotten" usw. abgetan wurde, verändert, und Hardy hat es völlig getan Er erkannte die schrecklichen Folgen solcher Tragödien in einem bescheidenen Leben. „Dieses Mal", scheint er gesagt zu haben, „lassen Sie die verächtlichen Lächelnden und die anderen, die alle Verantwortung auf die Vorsehung abwälzen, auf sich selbst blicken."

„Es gibt Passagen von unendlichem Pathos in dieser Geschichte: das ‚zu späte‘ Treffen von Tess mit Angel Clare in der Unterkunft am Meer und die grandiose Szene unmittelbar danach, als Angel weg ist und sie zurückgelassen wird, um ihre Verwirrung auszuweinen; wo Tess zu Angel sagt: ‚Warum bist du nicht geblieben und hast mich geliebt, als ich sechzehn war, mit meinen kleinen Schwestern und Brüdern?‘; – der lange Brief, den sie etwa ein Jahr schreibt, nachdem Angel sie verlassen hat, und wo sie die Balladen übt , die ihm am besten gefallen hatten, während sie auf dem Feld arbeitete, ‚die Tränen liefen ihr die ganze Zeit über die Wangen bei dem Gedanken, dass er vielleicht doch nicht kommen würde, um sie zu hören, und die albernen Worte der Lieder erklangen in schmerzhafter Verhöhnung des schmerzenden Herzens des Sängers.‘ Und davor die Taufe ihres eigenen Kindes durch Tess und – vielleicht am nächsten an der Quelle der Tränen – diese flüchtigen Einblicke in ihre frühe Unschuld. „Tess‘ Stolz erlaubte es ihr nicht, den Kopf noch einmal umzudrehen, um zu erfahren, was ihr Vater meinte, falls er überhaupt etwas meinte, und so ging sie mit dem ganzen Körper weiter zu dem Gehege, wo auf dem Rasen getanzt werden sollte" … wenn man weiß, welches Schicksal das arme Mädchen erwartet! Aber ist das nicht alles ein bisschen zu grausam? Eine solche entzückende Güte, Süße und Treue mit dem *Galgen zu belohnen* – ist das nicht ein bisschen hart, sogar für die Vorsehung? Das schonungslos tragische Ende ist nicht das Einzige und nicht einmal das Wichtigste, was diese Geschichte von anderen Geschichten mit ähnlichen Themen unterscheidet.

„In George Eliots Hetty haben wir es offensichtlich mit einer ganz anderen Figur zu tun als der von Tess. Der Vorwurf der Verderbtheit, der der Tatsache zugeschrieben wird, dass Hetty, als sie kaum mehr als ein Kind war, lange in den Spiegel schaute und dachte, wie schön es wäre, eine Dame zu sein – dies scheint mir ein äußerst jämmerlicher Beweis für den etwas groben Charakterfehler zu sein, durch den trotz George Eliots immensem Genie ihre Sympathie für die Einfältigen in bestimmten Fällen getrübt oder zerstört wurde. Aber Hettys Charakter muss so gesehen werden, wie er sich in Taten und Absichten offenbart, und sie gibt ihr Kind auf, während Tess' Seele in einem qualvollen Bemühen um die Erhaltung ihrer eigenen Seele ausgeht und sich lange nach ihrem Tod dem Spott aussetzt, indem sie das Grab ihrer Ausgestoßenen pflegt. In Hettys Träumen und Plänen ist wiederum kein Gedanke an ihre Eltern und ihr Volk oder die Hoffnung auf eine Verbesserung ihres Schicksals vorhanden, während Tess im dunkelsten Moment ihrer *via dolorosa* – im Stonehenge, kurz bevor Gott sie endgültig verlässt – denkt an ihre Schwester Liza-Lu und sorgt für einen Beschützer für die, die sie zurücklässt.

„Scott hat natürlich keine Spur von George Eliots Defekt und behandelt Effie Deans immer wie einen Gentleman. Auch durch bestimmte Berührungen zeigt er, wie tief seine Sorge um sie ist, wie zum Beispiel die Menge von Schurken und Bengeln um die Aber abgesehen von der Tatsache, dass Scott kein wirkliches Gespür für den weiblichen Charakter hat, macht er Jeanie zu seiner Heldin und unternimmt es nie wirklich, Effies Geschichte zu erzählen, nachdem er Hetty entledigt hat Eile, bietet uns tatsächlich an, uns für die Liebesaffären dieser Predigerin zu interessieren, vielleicht sind es unerträglichere Details als diese Geschichte von Hardy, aber die allgemeine Wirkung ist weniger stark, denn teilweise misstrauen wir Hugos Rhetorik , werden wir am Ende, wie unvernünftig es auch sein mag, durch sein „Zum Glück weiß Gott, wo man nach Gräbern suchen muss" verführt und getröstet, während in „Tess" die abschließenden Ereignisse mit blitzschneller Unvermeidlichkeit einhergehen und am Ende nichts mehr zwischen uns und dem steht abscheuliche Schmach, die völlige Vergesslichkeit, die völlige Nacktheit. Aber auch wenn ihr Leben verwirkt ist, wäre die Schmach des eigentlichen Galgens vielleicht erspart geblieben. Auf jeden Fall bleibt am Ende einer solchen Geschichte nichts anderes zu sagen als:

" Müde von all dem schreie ich nach einem erholsamen Tod,
* * * * * * * Und jungfräuliche Tugend stolzierte grob zur Schau !"

Doch wollen wir niemanden bemängeln, denn so schrecklich es auch ist, einem Mann gegenüberzustehen, der die Überlieferung missachtet, dass es die Aufgabe der Dichter ist, ihre Mitgefangenen mit hübschen Fabeln und Geschichten über die Wohltätigkeit des Gouverneurs zu besänftigen und zu unterhalten – einem Mann, der diese fast universelle Tradition ablehnt und seine Zuhörer mit einem Bericht über die bösartigen Verrätereien dieses Gouverneurs in Schrecken versetzt –, so habe ich doch Verständnis für die Stimmung, die zu diesem Verhalten führt, und glaube, dass diese Stimmung in einem echten und männlichen Gefühl wurzelt, dem Gefühl, das ich eingangs anzudeuten versuchte.

„Hardy ist ein starkes Beispiel für den merkwürdigen, umgekehrten Manichäismus, der für unsere Zeit so charakteristisch ist – eine Art mittelalterlicher Horror vor der Grobheit der Materie, ausgeglichen durch ein höchst unmittelalterliches Gefühl für den völligen Wahnsinn, Materie zu beleidigen und zu verachten, angesichts der Tyrannei von es ist absolut.

„Er ist vielleicht der erste Brite, der als wahrer Mann des Volkes über ein solches Thema schreibt, das heißt, der es ganz ernst nimmt. Seine Geschichte wird mit einer solchen Leidenschaft erzählt, dass fast jeder Funke doktrinärer Affektiertheit oder einfacher Muster funktioniert." wird verzehrt und verfeinert, und er hat in Tess die unaussprechlich erbärmlichste Figur geschaffen, die ich in der Literatur kenne.

Über Zola schreibt er in einem Brief vom Juli 1893:

„Vielleicht haben Sie ‚Le Rêve' gelesen. Es und „La Debâcle " sind die einzigen beiden längeren Romane von Zolas, die einer Dame empfohlen werden könnten, und selbst Letzteres kann ich mit einigen Bedenken nicht für eines von Zolas besten Werken halten Sicher, dass der französische Kritiker, der sagte: „Nous préférons Monsieur Zola à quatre pattes ", nicht recht hatte. Dennoch gibt es darin Passagen, die von Zolas einzigartiger Größe geprägt sind. Zu seinen Mängeln möchte ich derzeit lieber nichts sagen. bis auf eines – das Ende kommt mir absurd vor, *franchement mauvais et du placage litteraire* – ein Wiederaufleben von etwas, das wir weit hinter uns gelassen haben, etwas Totes, das man hätte begraben sollen. Trotzdem gibt es, glaube ich, wirklich Tolle Dinge in dem Buch.

Über Marie Bashkirtseff schreibt er im September 1891 :

„Was Marie Bashkirtseff betrifft , so scheint es mir, dass sie fast alle Gaben hatte, außer zwei, nämlich Vorstellungskraft und Herz. Vor allem eine Art kritische Intuition, die sie daran hinderte, sich jemals mit etwas Zweitklassigem zufrieden zu geben. Sie war ein typisches kleines Mädchen Russen, kleinwüchsig, dunkelhäutig; vom Temperament her sensibel, romantisch, vielseitig; sie sind überwiegend groß und blond und haben eine gewisse Verachtung für fast alle russischen Volkslieder und verwandten Schätze kommt aus dem Süden, von Kosaken und kleinen Russen, die wahre

Moskauerin, die fast ein gesangsloser Vogel ist, muss in hohem Maße die unvergleichliche Anmut und Vornehmheit ihrer Landsfrauen gehabt haben, mit dieser wunderbaren Lebhaftigkeit und dem „Lebensfieber", das sie ausmacht Was Ihre Aussage betrifft, dass „einige ihrer Fehler, wie ihre Liebe zum Luxus und ihr Wunsch, um jeden Preis versorgt zu werden, reine Eitelkeit und Wermut sind", bin ich immer dabei geblieben Wir befürworten dieses barbarische Element und glauben, dass die ungeheure Gestaltungskraft eines *freien weiblichen Einflusses weitgehend davon abhängt* — etwas, das so selten ist, dass es in unserer puritanischen Gesellschaft fast nicht existiert. Ich erkenne auf den ersten Blick einen Mann, der jemals darunter gelitten hat.

Er bezieht sich auf die Bemerkung seines Korrespondenten, dass die Russen religiöse Fragen wie intelligente Kinder zu betrachten scheinen, und schreibt:

„Haben Sie jemals von den Soo- ré -yevites gehört , der Sekte, der Leo Tolstoi angehört?

„ Soorayeff war ein Bauer, der weder lesen noch schreiben konnte. Er hatte in der Kirche gelesen: „Gott ist ein Geist, und die ihn anbeten, müssen ihn im Geiste und in der Wahrheit anbeten", und aus reinem Mitgefühl und ohne fremde Hilfe kam er zu dem Schluss, dass Jesus Christus meinte, was er sagte. Denken Sie an die erstaunliche Frische der Natur und die Verheißung, die sie zeigt.

„Es gibt die fünfhundert Sekten Großbritanniens, die alle die gleichen grundlegenden Absurditäten akzeptieren, und doch ist dieser einfache Mann, der noch nie von Kritik gehört hat, in der Lage, den blinden Schleier zu durchdringen, den die Jahre und die Kirchen über das Gesicht des Sohnes gewoben haben." des Menschen, um zu verstehen, dass Christus tatsächlich meinte, dass Gott ein Geist sei.

„Angenommen, ein Missionar geht zu einem wilden Stamm und versucht, ihnen beizubringen, was Gerechtigkeit ist; er sagt ihnen, dass er selbst ein Sohn der Gerechtigkeit ist und dass Gerechtigkeit in ihm manifestiert wird; und schließlich, dass Gerechtigkeit ein Geist ist. Angenommen, er kommt danach zurück." eine Abwesenheit und stellte fest, dass die Menschen lehrten, dass Gerechtigkeit aus drei Personen bestehe, und diejenigen bei lebendigem Leibe verbrannten, die diese Ansicht nicht akzeptierten!"

In England, außer in London, fühlte sich Johnstone selten zu Hause; in Schottland noch weniger. Er liebte es, von einer einfachen, bunten, fremden Stadt in eine andere zu wandern, wo gute Musik und gute Theaterstücke schnell zugänglich sind und britische Konventionen nur eine Figur in den Comic-Zeitungen sind. Er schätzte seine Freunde in Edinburgh, aber der Ort gefiel ihm nicht. Er würde auf Arthurs Sitz sitzen und das moderne Athen hassen, das dort unter ihm dampfte. Die merkwürdigen alten, moosigen Schichten der beruflichen und akademischen Kultur konnten ihn kaum befriedigen, und er gelangte schnell durch das Moos zum Stein. Der Eifer der jungen „keltischen" Schriftsteller und Maler schien nachzulassen. Er gewöhnte sich weder an die gelegentlich rücksichtslosen Manieren der Lowland Scotch, noch konnte er sich dazu durchringen, sie dauerhaft in gleicher Weise zurückzuzahlen. Einige der Beamten, mit denen er zu tun hatte, schienen in Gath geboren worden zu sein, wo sie auch sterben würden. Er würde kaum zustimmen, aber er konnte die unqualifizierte Bemerkung seines alten französischen Kollegen verstehen: „Il n'y a pas d'amour dans ce pays." Wahrscheinlich war er Edinburgh gegenüber ungerecht; aber obwohl seine Vorfahren teilweise Schotten waren, war er nicht wie Stevenson ein geborener Schotte, und er sah den einheimischen Charakter nie wirklich von innen heraus. Der Unterricht war vielleicht nicht der beste Einstieg in das Thema. Er lehrte gut, mit der richtigen Art des Vortrags und der beharrlichen Methode. Aber es ist für einen Künstler widerlich, für Brot etwas zu lehren, außer vielleicht sein eigenes Handwerk. Die harte Arbeit, die Strapazen und die Geduld können Johnstones Gesundheit kaum gestärkt haben.

Tatsächlich war überall, wo er lebte, ein Hauch von Exil spürbar. Er lebte in einer Region, die überhaupt nicht von dieser Erde war, wo die Meister der Musik in ihrem Walhalla sitzen, wo die harte Abfallmasse, die den größten Teil unseres Lebens ausmacht, beseitigt wird, während die Essenz seines Schmerzes und Vergnügens durch die Kunst destilliert und in erhabener Reinheit der Form präsentiert wird. Der Heilige hat seine Vision von persönlicher Güte, der Philosoph seine von systematischer Wahrheit, der Reformer seine von einer neuen Gesellschaft. Der Künstler – denn der Begriff muss auf diejenigen ausgedehnt werden, die wahrnehmen, ebenso wie auf diejenigen, die produzieren – hat seine ideale Vision, die in ihrer Form mit seiner speziellen Kunst variiert. Daraus folgt, dass der wertvolle Teil des wirklichen Lebens für eine solche Gemütsart aus solchen vereinzelten Stunden lebhafter Erfahrung und Intelligenz besteht, die zusammengenommen eine Vorstellung von dieser anderen Welt vermitteln. Wir hatten „Momente" statt „Stunden" geschrieben, aber das erstere Wort wäre irreführend und würde den falschen Eindruck einer flüchtigen passiven Empfindung erwecken, für die Walter Pater oder vielmehr diejenigen, die ihn falsch interpretieren, die Verantwortung tragen müssen. Jede Erfahrung, ob moralisch, sinnlich oder intellektuell, also von echtem Wert, trägt in Wahrheit zum Traum des Künstlers bei. Johnstone stellte sich so wenig vor und lebte so natürlich und unabsichtlich nach diesem Prinzip, dass man ihn nicht als Doktrinär bezeichnen könnte . Aber nur wenige Menschen bewahren ihre Lebenseindrücke von allem so sorgfältig auf, prägen sie geduldig ins Gedächtnis ein und ignorieren die große Menge an Erfahrung, die uns nichts sagt. Daher wurde Johnstone nie richtig in eine Wohnstätte eingebürgert , obwohl er es schaffte, gesellig und festlich zu sein, wenn sich die Gelegenheit dazu bot. In Edinburgh blieb er jedoch aus den genannten Gründen lange, und wir können bedauern, dass er nicht früher von der Lehrtätigkeit an der Schule entbunden wurde.

Praktisch gab es eine Entschädigung für die so späte Flucht. Die Haltung des Lehrers als jemand, der das Gesetz klar festlegt, blieb in vielen seiner Pressearbeiten erhalten, und das zu seinem Vorteil. Die Öffentlichkeit als Ganzes ist, auch wenn das nicht gesagt werden darf, wie eine große, ungeduldige, murrende, halb unwissende Klasse von Schuljungen. Rezensenten sind daher Aufklärungsarbeit. Nicht, dass der Dominie -Ton gewollt wäre; denn das ist der schlimmste Fehler, selbst im Schulunterricht! Aber der Lehrer führt seine Klasse nicht in das Geheimnis seiner eigenen Zweifel, Zögern oder Abscheu ein; Er gibt seine Ergebnisse bekannt, er gibt an, was er für die Wahrheit hält. Oder wenn eine Figur aus einem anderen Beruf bevorzugt wird, *operiert der Kritiker* , wohltätig, wenn auch oft ohne Betäubungsmittel . Darüber hinaus spricht einiges für die späte Spezialisierung von Johnstones Führungstalent. Seine Natur war reich; Seine Artikel haben den Stil eines Mannes, der gelebt hat und sein Handwerk versteht. Kein noch so kluger Jugendlicher hätte sie erschaffen können. Er betrachtet Musik als ein Mittel, mit dem alle Emotionen, ob groß und feierlich, oder leicht und fröhlich, oder düster oder pervers, oft unkenntlich in ihre klanglichen Gegenstücke umgewandelt werden; so dass die Arten von Freude und Schmerz, die die Musik hervorruft, wie diejenigen, die das große Drama, aber in seltenerem Maße, hervorruft, von jedem stechenden persönlichen Bezug befreit werden, während sie in ihrer Kraft nicht abgeschwächt werden. Dem Hörer wird auf diese Weise, wie Rossetti sagt, auf geheimnisvolle Weise der „Weg gezeigt, den er gekommen ist", und doch hat er vorerst nichts mehr mit sich selbst zu tun, außer insofern, als er einer von tausend Männern ist, denen die Musik interpretiert wird ihre Erfahrung umfassend und tiefgreifend. Um Musik zu verstehen, muss ein Mann daher gelitten haben. Johnstone hatte einiges von dem Leid erlebt und überstanden, das eine intensive Natur, selbst unter einfacheren Bedingungen als seinen, auf dieser Erde unbedingt ertragen muss, und muss entweder nachgeben und untergehen oder darüber hinwegkommen und sich aneignen – es gibt keine Wahl ! Da er stark genug war, entschied er sich für den letzteren Weg und wurde so ein besserer Musikkritiker.

Außerdem wurde seine Neigung zur Musik in den letzten Jahren in Edinburgh immer deutlicher. Seinen Freunden war klar, was sein Beruf sein sollte, und Ende 1895 bot sich ihm die Chance, ihn zu übernehmen. Der Musikkritiker des *Manchester Guardian* , Mr. Fremantle, starb; und es war schwierig, in der Musikhauptstadt im Norden Englands einen Nachfolger zu finden, der seinen eigenen Stempel aufdrücken und die kritischen Urteile der

Zeitung zu einer Macht machen würde. Johnstone hatte bereits verschiedene Artikel für den *Manchester Guardian geschrieben;* eine Rezension der Nietzsche-Übersetzung, die teilweise in diesem Buch abgedruckt ist, und eine Notiz über Tolstoi; sowie zu musikalischen Themen. York Powell war der erste, der seinen Freund dem Herausgeber als einen Mann von Wert und besonderem Talent lobte. Johnstone wurde ein Angebot zugesandt, das er noch stärker abwägte als seine übliche Überlegung. Er spürte den Bruch mit seinen Freunden in Schottland und hegte Bedenken hinsichtlich seiner Fähigkeit, unter journalistischen Bedingungen zu arbeiten, da er ein langsamer Schriftsteller war und seine Feder nicht mochte. Wie schon seine Briefe zeigen, verfasste er sorgfältig und war ein Meister des exakten Ausdrucks; Daher verspürte er eine gewisse Angst davor, unter Zeitdruck arbeiten zu müssen, und das noch dazu zu später Stunde. Daher sandte er eine würdevolle Antwort, die einen Eindruck von seiner Qualität vermittelte, ohne das Angebot in irgendeiner Weise als Flucht vor dem Platzdienst zu nutzen. Für seine Freunde war es nicht leicht, ihn mit der nötigen Eile zu einer Entscheidung zu bewegen. Zu ihrer großen Erleichterung nahm er schließlich den Vorschlag an und kam im Januar 1896 nach Manchester. Dort blieb er für den Rest seines Lebens.

In Manchester änderten sich Johnstones Leben und Ansichten völlig. Er musste nicht warten, bis die tägliche Arbeit vorbei war, bevor er sich der Musik zuwenden konnte, die nun seine Kraft und Zeit für den Arbeitsteil des Jahres in Anspruch nahm. Er hatte gut unterrichtet, aber das hätten auch andere tun können. Jetzt widmete er sich neun Jahre lang der Arbeit, für die er geschaffen war und die nur wenige so gut konnten. Sicherlich tat es niemand ganz auf seine Weise. Die Verbindung von Temperament, Wissen und Stil gab ihm einen ganz eigenen Akzent. Sein Wissen und seine Sensibilität wuchsen und bereicherten sich gegenseitig. Er beschränkte sich nicht ausschließlich auf die Musik, und bevor er zu dieser seiner Hauptbeschäftigung überging, können wir seine Aktivitäten anderswo erwähnen. Es war zu viel verlangt, zu hoffen, dass er große Ablenkungsinteressen haben würde. Musik ist genug und mehr für einen Mann. Aber er nahm sich etwas Zeit für die Literatur. Schon als Junge hatte er eine starke Vorliebe für alles, was im modernen Drama und in der modernen Belletristik frisch, heftig und seltsam war. Er war überhaupt nicht wie der selbstgefällige, junge, moderne College-Tutor, der die neuesten exotischen Schriftsteller liest, aber unverändert bleibt. Johnstone war, wenn ihm ein Stück oder eine Geschichte überhaupt gefiel, ergriffen und erschüttert; eine Art Enthusiasmus, der ein besseres Vorwort zu einem wahren Urteil ist als jede Menge kultivierter und ausgewogener Kälte oder die pseudo-„richterliche" Geisteshaltung. Er war nicht so sehr an Poesie interessiert oder so sicher in seiner Wahrnehmung davon, da er sich zu wenig um rein verbale Texte im Gegensatz zu begleiteter oder wortloser Musik kümmerte. Wir haben oben jedoch einen Teil seiner Vorlesung über die wissenschaftliche Grenze zwischen den beiden Künsten abgedruckt. Er fand auch Zeit, wenn die Presse der Saison vorbei war, für einige Nebenbeschäftigungen als Rezensent. Er schrieb in eindrucksvollem Stil über Bücher über Zauberei, Billard und Kochen. Er pflegte zu sagen, dass Kochen seine wahre Begabung sei. In ein bestimmtes Café zu gehen und Mr. Johnstones Namen zu nennen, bedeutete, einen respektvollen und sogar verängstigten Service sicherzustellen; und der gut gedrillte Kellner lobte eine bestimmte Soßenflasche als jene, die sein angesehener Kunde benutzt hatte. Aber er erinnerte sich mit mehr Freude als an Bankette daran, mit den kretischen Rebellen in den Bergen auf Regalen geschlafen und ihren extrem getrockneten Fisch geteilt und verdaut zu haben. Er schrieb auch über gewichtige Themen außerhalb der Musik; die wichtigsten davon waren englische und deutsche Theaterstücke. Die Truppen, die aus dem Vaterland in die germanische Stadt des Britischen Empire reisten und in der Schiller-Anstalt spielten, spielten oft Stücke, in denen echter Dialekt vorkam. Johnstones Vertrautheit mit der deutschen Sprache sowie seine natürliche Sympathie für Schriftsteller wie Hauptmann (und in geringerem Maße Sudermann) zeichneten ihn als den richtigen Rezensenten aus. Theaterstücke müssen, wie Konzerte, in höchster Eile noch am selben Abend beachtet werden; oder, wenn sie am Samstag stattfinden, am nächsten Abend; denn so viel Eile soll das Minotaurus-Publikum einer Tageszeitung verlangen. Die unter solchen Bedingungen geleistete Arbeit ist inhaltlich nicht immer die schlechteste, obwohl nur langes Üben die gewünschte Endbearbeitung oder Lackierung liefern kann. Die gleiche Bemerkung gilt für Musikkritiken; aber Johnstones Misstrauen gegenüber sich selbst war unnötig. Das Ergebnis entsprach eher den Erwartungen seiner Freunde als seinen eigenen. Viele seiner Artikel wurden in großer Geschwindigkeit geschrieben, und wie einer seiner Kollegen sagte, hätte er die meisten davon nie geschrieben, wenn er hätte warten können, bis er das Gefühl hatte, dem Thema gerecht werden zu können.

Haupttätigkeiten als Journalist übergehen , können wir hier zur Veranschaulichung einen Teil der Notiz zitieren, die er über das *Johannisfeuer* von Sudermann verfasst hat. Unsere Nachdrucke in diesem Buch befassen sich fast ausschließlich mit Musik, und wie wir bereits sagten, betrachtete er Musik als einen Kommentar zu Leben und Erfahrung, mit mehreren Entfernungen und nach seltsamen Destillationen. Aber auch das Drama, das eine Kopie des Lebens ist, allerdings nicht direkt, sondern den Gesetzen der Theaterkunst unterworfen, fesselte ihn, besonders wenn es gleichzeitig modern in der Form und gleichzeitig heimelig und leidenschaftlich im Thema war.

Noch immer springen die bayerischen Bauern und ihre Mädchen am Vorabend des Johannisfestes durch die erlöschende Glut ihrer Freudenfeuer : –

„Denn die Wahrheit ist, Herr Parson, ein Überrest des Heidentums regt sich im Blut von uns allen. Er hat alle Jahrhunderte seit der alten germanischen Zeit überdauert und einmal im Jahr lodert er mit dem Feuer der Johannisnacht auf.“ Denn in dieser Nacht reiten die Hexen, statt mit ihnen geschlagen zu werden, von ihren Fesseln und ziehen unter spöttischem Gelächter durch den Wald Wünsche über unseren Herzen – all das ist am hektischsten und völlig zur Nichterfüllung verurteilt , ganz gleich, wie die Ordnung sein mag, die derzeit in der Welt herrscht, damit der Wunsch eines einzigen Herzens verwirklicht wird und uns etwas zum Leben gibt Dann müssen tausend andere zugrunde gehen, nicht nur für das Unerreichbare, sondern auch für andere, denen es erlaubt ist, einer Hand zu entkommen, die sie zu leichtfertig festhält. Wissen Sie, was sie sind? Gespenster unserer Herzenswünsche, die rotflügeligen Paradiesvögel, die wir vielleicht ein Leben lang bei uns behalten hätten, denen wir aber entkommen durften, die Gespenster der alten Ordnung, des Heidentums, das in uns ist. Wie zufrieden wir auch im Licht des Tages und unter der Herrschaft von Recht und Ordnung sein mögen, dies ist der Johannisabend in der Nacht, der dem Mittsommerwahnsinn heilig ist. Ich trinke auf deine alten heidnischen Feuer. Lass sie hoch lodern! Wird niemand mit mir anstoßen?“ – (Akt. iii., sc. 3.)

„ Daher muss der Titel ‚ Johannisfeuer ‘ mit seiner doppelten Bedeutung, wörtlich und symbolisch, ins Englische übertragen werden – je nachdem, wie wir ersteres oder letzteres betonen wollen – ‚The Bonfires of St. John's Eve‘ oder ‚Midsummer Madness‘ .' Wenn man die bemerkenswert gute Aufführung dieses Stücks sieht, könnte sich der nicht-deutsche Zuschauer, beeindruckt von der allgemeinen Wertlosigkeit des deutschen Dramas seit der augusteischen Zeit (das heißt der Zeit Goethes und Schillers), fragen, wie das für einen deutschen Schriftsteller möglich ist So etwas zu produzieren – ein Stück, einfach und unprätentiös im Design, aber durch und durch voller poetischer Schönheit, geschrieben mit nordischer Schärfe des Charakters und gleichzeitig mit italienischer Wärme, Beredsamkeit und Schärfe des Mitgefühls; die Stimmungen der Natur; ein Stück, das in seiner Struktur und weitgehend auch im Stil deutlich an Ibsen erinnert , aber dennoch düster ist Farbe , nicht verstört und entsetzt, wie fast alle Produkte des dämonischen Geistes der Skandinavier. Die Szene spielt auf einem Bauernhof in Ostpreußen, in einem Viertel mit einer gemischten Bevölkerung aus Deutschen, Polen und Litauern. Der Name der Bauernfamilie ist Vogelreuther . Marikke, ein litauisches Zigeunermädchen, ist ein Pflegekind in ihrem Haus, das im Hungerwinter 1867 von Herrn und Frau Vogelreuther mit ihrem Schlitten abgeholt und nach Hause getragen wurde. Im Haus ist sie bekannt als Heimchen (die Grille) und in der Nachbarschaft als „Hungersnotkind“. Im Bauernhaus lebt ein junger Mann namens George, ein verwaister Neffe von Vogelreuther , dessen Erziehung er der Hungersnot zu verdanken hat. Zu Beginn des Stücks hatte George einen guten Start ins Leben, nachdem er bei einem Architekten in Königsberg in die Lehre gegangen war und gute Arbeit geleistet hatte. Er ist mit der Bauerntochter Gertrude verlobt, doch einige Jahre zuvor hatte es eine Liebesbeziehung zwischen ihm und Heimchen gegeben , die ihn hastig abgewiesen hatte, nicht weil sie sich nicht um ihn kümmerte, sondern weil sie nicht an seine Ehrlichkeit glaubte Intentionen. Während Heimchen mit den Vorbereitungen für die bevorstehende Hochzeit ihrer Pflegeschwester beschäftigt ist, entdeckt sie ein Manuskriptbuch von George, das Verse und ein Tagebuch enthält. Sie kann der Versuchung zum Lesen nicht widerstehen und entdeckt so, dass George sie trotz der unterschiedlichen Stellung innig und ernsthaft geliebt hat. Heimchens Mutter – eine verliebte und diebische alte Frau – treibt ihr Unwesen in der Nachbarschaft und wurde von ihrer Tochter erkannt . Heimchen wurde gesagt, dass ihre Mutter tot sei, aber sie weiß es besser. Begegnungen mit der schrecklichen alten Frau erwecken in Heimchen die Zigeunerinstinkte wieder . George liebt sie immer noch im Herzen und die Umstände führen die beiden zusammen. Die Krise erreicht ihren Höhepunkt in der Nacht des Johannisabends, als nach einem Abend, an dem das ganze Viertel , beleuchtet von Lagerfeuern, dem Punschtrinken, Tanzen und Aufregung überlassen ist. Der ahnungslose Bauer bittet George, Heimchen zum Bahnhof zu begleiten, da sie einen Nachtzug nach Königsberg nehmen muss. Das Ende ist stark ibsenesk geprägt. George ist am Tag seiner Hochzeit mit Gertrude bereit, mit Heimchen zu fliegen , doch im Bewusstsein der enormen Verpflichtungen, die beide gegenüber der Bauernfamilie binden, besteht er darauf, dass es zumindest eine Erklärung gibt. Heimchen , der instinktiv den Unterschied zwischen der Liebe eines Mannes und einer Frau erkennt, ahnt das Bedauern, das aus der Vereitelung von Georges Plänen resultieren würde. Sie ändert ihre Einstellung und verbietet ihm, mit dem Bauern zu sprechen. Die St.-John-Feuer sind ausgebrannt. Der Mittsommerwahnsinn ist vorbei. Jetzt ist es an ihr, zu Pflicht, Langeweile und der Last eines ausgehungerten Herzens zurückzukehren . Ihr ganzes Leben lang muss sie mit der einen Nacht voller Glückseligkeit am Vorabend von St. John zufrieden sein. So steht sie alleine da und beobachtet den Abgang des Hochzeitszuges von George und Gertrude.

„Die großartige Szene des Stücks, in der Heimchen und George allein gelassen werden, ist mit wunderbarer Bühnenkunst umgesetzt. Bis zum letzten Moment scheinen sie an ‚guten Vorsätzen' festzuhalten, doch es kommt zu einer Reihe von Vorfällen, die alle völlig natürlich sind." um die Aufmerksamkeit abzulenken und Verzögerungen zu verursachen, bis sie das Pfeifen des Zuges hören und wissen, dass es zu spät ist. Die Freudenfeuer, das Punschtrinken und vor allem Georges Rede, aus der das Zitat am Anfang dieser Notizen stammt genommen, haben ihr Blut vergossen, und Heimchen ist erschüttert von der schmerzhaften Begegnung mit ihrer verrufenen Mutter früher am Tag, als sie gezwungen war, Dinge zurückzukaufen, die ihre Mutter gestohlen hatte. Schließlich wirft sie sich vor George auf die Knie sagt: „Du! Küss' mich nicht! Ich will alles auf mich stehlen' – und der Vorhang fällt.

Um auf das Datum von Johnstones Ankunft im *Guardian-* Büro in Manchester zurückzukommen, wo er willkommen geheißen wurde. Er fand Freunde in der Belegschaft und behielt sie trotz seiner mangelnden Sympathie für einige der politischen Ansichten der Zeitung. Über Politik schrieb er nie, außer als er Fakten über seine Mission im griechisch-türkischen Krieg aufzeichnete. Aber ganz zu schweigen von lebenden Personen: Er kam für einige Jahre in engen Kontakt mit einem der am besten ausgerüsteten und temperamentvollsten Journalisten unserer Zeit. William Thomas Arnold, der Sohn von Thomas und Neffe von Matthew Arnold, war einer der zwei oder drei älteren Männer in seinem persönlichen Umfeld, für die Johnstone sowohl als Mann als auch als Handwerksmeister große Wertschätzung hegte . Dieser Respekt war wohlverdient. Ein maßgeblicher Gelehrter in der Geschichte des frühen Römischen Reiches, ein Kritiker, der Keats und einige der jakobinischen Dichter auf originelle Weise beleuchtete, zu Hause in Dryden, in der französischen Literatur sowohl des großen Jahrhunderts als auch der Romantik, auch auf der Höhe der Kritik Arnold war in beiden Ländern tätig und verfügte über einen fundierten und scharfsinnigen Kenner der Schauspielerei und des Dramas. Er nahm sich die Zeit, die täglichen Lasten zu teilen und trug dazu bei, die hohen, kompromisslosen Standards einer Zeitung aufrechtzuerhalten, deren viele Feinde in den letzten zehn Jahren nie ihren konsequenten und eisernen Mut in Frage gestellt haben . Arnold stand Johnstone an diesem Abend oft als eigentlicher Redaktionsleiter zur Seite. Es ist abscheulich, redigiert zu werden, selbst wenn es nur um ein Komma geht, es sei denn, es handelt sich um sachliche Fehler oder die Gefahr einer Verleumdung. Politische Spenden sind eine andere Sache; an einer gemeinsamen Linie – der „Sicht des Papiers" – muss festgehalten werden, und Selbstaufopferung im Detail, in weiten Grenzen, ist einfach notwendig. Das ist Kriegsführung; Sie können von Ihrem Auftrag zurücktreten, müssen aber, wenn Sie dies nicht tun, Anweisungen annehmen. Aber in Kunst und Briefen! Der gegenseitige Respekt der beiden Männer lässt sich an der Freiheit messen, die Johnstone gelassen wurde, und an der Einstellung, mit der er, zu Recht der sensibelste aller Männer in solchen Angelegenheiten und von Natur aus reizbar, gelegentlich die Blaustiftlinge akzeptierte . Auch seine anderen Kollegen schätzten Johnstone, trotz der Vehemenz, mit der er seinen eigenen Weg ging. Manchmal kam er vom Konzert herein wie ein Instrument, dessen Saiten noch in voller Tonlage zittern, und das ist nicht die Stimmung für schnelle nächtliche Ausschussarbeit. Von Zeit zu Zeit könnte es eine gute

Erklärung geben, die die Luft klärt. Es war zu sehen, dass er an sein Thema dachte und nicht an seine eigene Eitelkeit, und dass er ungeheuer, empört und entzückend in dieses Thema vertieft war. Im Großen und Ganzen war es eine gute Ausbildung für ihn, und nur wenige starke Männer, die im Alter von vierunddreißig Jahren anfingen, hätten sich trotz gelegentlicher Berührungen als so einigermaßen anpassungsfähig erwiesen. Man kann auch sagen, dass nur wenige Zeitungen einem Schriftsteller so gut zur Seite gestanden hätten, der, wann immer er es für seine Pflicht hielt, den musikalischen Bienenstock sofort in Aufruhr versetzte, egal ob es sich um Drohnen oder Hornissen handelte. Herr John Morley, der es wissen sollte, hat einige Zweifel geäußert, ob der Journalismus zu einer besonderen Charaktererhöhung neigt. Es gibt Fälle, in denen der Zweifel nicht besteht. Wenn der Kritiker aus künstlerischen und damit öffentlichen Gründen und mit dem nötigen Wissensschatz durch seine Verurteilungen Wut hervorruft, und wenn der Herausgeber, der über seine Arbeit und deren Ansehen nachdenken muss, den Kritiker unterstützt und ihm glaubt wahrscheinlich richtig, das ist ein gutes Abendwerk. Der Handlungsspielraum, den sein Herausgeber Johnstone daher als Journalist einräumte, war ein Beweis für seine Scharfsinnigkeit, denn er wurde zu einer Macht in der Musikszene, nicht nur in Manchester, sondern in der gesamten Region, die der *Manchester Guardian* erreicht. Obwohl ihm bei der Äußerung seiner Meinung genauso freie Hand gelassen wurde wie allen anderen seiner Zunft, und zwar viel freier als die Mehrheit, wurde er zweifellos manchmal der notwendigen Einschränkungen der Position eines Journalisten und ihrer abstumpfenden Wirkung auf den Geist überdrüssig. Ein Ausbruch, Ausdruck einer tiefen und wiederkehrenden Stimmung, findet sich in einem Brief vom Januar 1902, den er anlässlich seiner Rückkehr nach Manchester schrieb und in dem er einen Tag beschreibt, den er mit York Powell in London verbracht hatte.

„Es gibt jetzt niemanden in dieser Nachbarschaft , mit dem ich *mich unterhalten kann* . Ich befinde mich ständig in der journalistischen Einstellung und betrachte es als Glück, wenn ich zwei Prozent meiner Gedanken über irgendetwas sagen kann; daher war das Treffen mit Powell ein ...“ Oase am Ende einiger sehr sandiger Monate.

Diese Beschwerde richtete sich nicht gegen die Zeitung, für die er arbeitete, sondern gegen die spärliche Gesellschaft, die ihm am besten gefiel. Um sie zu verstehen, müssen wir uns einige merkwürdige Aspekte des Lebens in Manchester in Erinnerung rufen. Er pflegte sich manchmal in einer kleinen Gesellschaft von Freunden zu treffen, die acht oder neun Jahre lang bestand und sich während des Geschäftsjahres etwa im Monatsabstand in den Wohnungen der Mitglieder zu freier Unterhaltung traf. Man erinnert sich, dass er dort mit seiner üblichen Energie und Ausführlichkeit über Tolstois Kunstkonzeptionen sprach. Die strenge Wahnsinnslogik des großen

Kunsthassers hatte ihn einst angezogen, doch schließlich widerte sie ihn an, und er erkannte, dass selbst Tolstois berühmte Romane mit ihrem Anschein göttlicher Gerechtigkeit in Wirklichkeit den Keim seiner späteren Vorurteile gegen Wissenschaft, Kunst und sexuelle Liebe enthielten. Aber solche Gelegenheiten, bei denen er frei sprechen konnte, schienen seltener zu werden. Der Fehler lag zweifellos zum Teil in seiner eigenen radikalen Einsamkeit, aber auch in den umgebenden Bedingungen.

Das riesige Manchester, fast eine Metropole, ist voller Kraft, voller geistiger und kommerzieller Aufregung; ist es nicht, nein, ist es nicht! eine *soziale* Stadt. Wenn es jemals lernt, sich zu amüsieren, wird es das wirklich sein; es wird eine Metropole sein. Die Ursachen des Mangels sind zum Teil physischer Natur. Es hat eine Luft, einen Niederschlag, ein Klima und einen Aspekt, die nicht für gute Laune sorgen. Die Vororte liegen weit voneinander entfernt in einem Ring um den Geschäftskrater, der nach zehn Uhr nachts dunkel und unheimlich wird und den wer nicht fahren kann, zweimal überqueren möchte. Außerdem gibt es eine unverfälschte Mischung von Rassen und Klassen. Neben Griechen und Armeniern, die sich voneinander und von anderen Nationen abheben, gibt es auf der einen Seite die Deutschen und andere Juden, auf der anderen Seite die Deutschen, die deutlich keine Juden sind. Es gibt die großen Lancashire-Geldverdiener des Bodens; die Ladenbesitzer und die große Menge der Angestellten; die Berufsklassen oder Kasten; und die Handwerker, rau, aber in grundlegender Bildung und Verstand vielleicht die gesündesten von allen. Für soziale Zwecke zählen viele dieser Elemente nicht. Es sind die Deutschen, die Juden und die Berufsschicht, vor allem aber viele der intelligenten Geschäftsleute, die Manchester im engeren Sinne des Wortes wahrscheinlich zivilisieren . Es ist eine so zivilisierte englische Stadt, wie man sie in England außerhalb Londons finden kann, wenn man die Presse, die Bibliotheken, die Universität, die Theater und die Musik zusammen berücksichtigt. Aber seine Neigung liegt kaum in der Gesellschaft, im Sinne von lautstarkem, kollektivem, intellektuell desinteressiertem Gerede, oder in der Fröhlichkeit der erträglicheren Art. Es gibt reichlich Essen, Tanzen und offizielle Unterhaltung, aber das reicht nicht für die Erlösung. Die große Zahl philanthropischer, erzieherischer, religiöser und politischer Organisationen, die ihre Freizeit mit Arbeit zum Wohle der Menschheit oder der Partei füllen, berechtigen dazu, die Stadt groß und fortschrittlich zu nennen, machen sie aber nicht gerade fröhlich. Sie flößen Respekt ein, und niemand, der nicht viele Jahre dort gelebt hat, kann ihre Zahl oder den anstrengenden, positiven Charakter des Ortes erkennen ; die südliche Natur wirkt im Vergleich weich und vage. Aber das freie Reden der wirklichen Hauptstädte und ihre Möglichkeiten für witzige Unterhaltungen implizieren eine große gemächliche Klasse, ein Element von *Flaneuren* in der Bevölkerung, was in einer großen nordenglischen Stadt kaum möglich ist. Es besteht in einem merkwürdigen Maße persönliche Isolation – ein Mangel an Sammelpunkten für Gespräche. Die Atome stoßen sich gegenseitig ab und fliegen auseinander. Männer gehen nach Hause zu ihren Familien oder Zimmern und bleiben dort stehen. Wenn sie ausgehen, geschieht dies häufig zu einem ernsthaften „Treffen", nicht um sich zu amüsieren; oder, wenn sie das wollen, gehen sie zur Musik, was ein etwas einsames Vergnügen ist. Reden aus Gründen der Befriedigung des Redens ist seltener. Es gibt Ausnahmen; aber das ist der Eindruck, den ein langer Aufenthalt in Manchester vermittelt. Die Deutschen haben mit ihrem Verein, ihrem Gesang und ihrer Fröhlichkeit ihr Bestes für ihre Wahlheimat getan. Aber für einen kosmopolitischen Menschen wie Arthur Johnstone, der sich zugleich zutiefst für Kunst und Schönheit aller Art interessierte und in den Arbeitspausen auch eine Art fröhliches, fremdes Leben verlangte, war es schwierig, sich in seiner neuen Bleibe schnell zurechtzufinden Die Meinung darüber, die wir oben aufgezeichnet haben, ist größtenteils seine eigene.

Eine Zeit lang empfand er Manchester daher eher als bewundernswert denn als erfrischend. Er hatte dort die Arbeit seines Lebens gefunden; bald wurde er zu einer Macht in seinem eigenen Beruf; er hatte dort Freunde, neue wie alte, und je mehr Zeit verging, desto mehr gefiel es ihm, und je mehr er dort die intelligente Festlichkeit fand, die er sich wünschte. Allmählich kam er in verschiedene ganz unterschiedliche Kreise, hauptsächlich zweifellos die der Musik, aber auch andere, Journalisten, Akademiker und Berufstätige. Abgesehen von einigen wenigen machte Johnstone seinen Weg in der Gesellschaft eher langsam. Er konnte freimütig, kompromisslos und sogar explosiv sein (obwohl er nie angriff, es sei denn, er hielt es für eine Provokation). Diese Eigenschaften und seine gewagte Haltung als Kritiker, sowohl in Wort als auch in Druck, führten dazu, dass er von einigen ansonsten intelligenten Personen unterschätzt wurde. Er hätte mit Saint-Simon sagen können, er sei kein „académique sujet". Er mochte Dozenten als Klasse nicht; in Oxford und anderswo machten sie ihn, natürlich zu Unrecht, unruhig. Er war nicht durch ihre Mühle gegangen, und sie mochten oder bemerkten seine neugierigen und originellen Gedankenspiele nicht immer. Ihre im Komitee geschulte Zurückhaltung bei der Formulierung wurde durch seine Betonung und seine stark abgedroschenen Superlative erschreckt, die seine Freunde lediglich amüsierten. Natürlich gab es auch welche unter ihnen, die ihn sehr mochten. In manchen Häusern hatte er, abgesehen von seinen musikalischen Talenten, den gewissen Ruf, „schlau und stachelig" zu sein. Letzteres Epitheton war nur teilweise wahr, denn er war einfältig und gutmütig, sobald sich die Gelegenheit dazu bot. „Seine Sympathie", schreibt Madame de Navarro (Miss Mary Anderson), „versagte nie, und auf seine ungekünstelte Liebe und Begeisterung für das Gute, das Wahre und das Schöne konnte man sich immer verlassen." Alle, die Augen hatten, sahen dies in Johnstone, aber nicht alle hatten Augen. Er war interessiert, vertieft, überwältigt von seinem Thema und dachte instinktiv mehr über Ideen und Zwecke als über Personen nach, so dass er Personen manchmal ignorierte und sie deshalb unzufrieden machte. Er sagte auch, was stimmt, dass in den Provinzen im Vergleich zur Hauptstadt „die beliebteste Sünde die Feigheit ist". Diese und jeden Anschein von Snobismus verachtete er offen. Er mochte Macht und Gewicht – und hatte Recht damit –, um gewisse musikalische Reformen durchzuführen. Aber er wies jeden sofort ab, der, wie er es ausdrückte, „sehr gut informiert sein mag, sich aber offensichtlich überhaupt nicht um Dinge an sich kümmert, sondern einfach und ausschließlich eine angesehene Person sein will". Außer als Musikkritiker wurde er daher aus guten Gründen nicht immer als Maßstab genommen. Er wusste diese Tatsache und empfand sie mit einer gewissen Schärfe, aber nicht aus enttäuschter Eitelkeit. Er dachte, es sei sein Schicksal im Leben, nicht frei und akzeptabel sprechen zu können, außer mit einigen wenigen Personen. Es tat ihm leid, aber er war überzeugt, dass er so beschaffen war. Das alte Oxforder Gefühl der Einsamkeit – und Oxford lässt für diese sensiblen Kinder einen Rest im Becher – lässt sein Opfer nicht leicht los. Das Glück und der Erfolg der letzten Jahre ließen ihn jedoch deutlich entspannter, ruhiger und kommunikativer werden. Er war tatsächlich gerade dabei, sein Leben völlig auf eigene Faust zu beginnen, als er starb. Doch in den letzten acht Jahren seines kurzen Lebens sollte ihm eine größere und vielfältigere Erfahrung als je zuvor zuteil werden, sowohl in Gedanken als auch auf Reisen.

Im April 1897 trat Johnstone in neuer Funktion auf. Der Streit zwischen Griechenland und der Türkei über die Behandlung der Christen auf Kreta hatte ein akutes Stadium erreicht und es wurde erwartet, dass jeden Moment ein Krieg ausbrechen würde. Der *Manchester Guardian* hatte sich mehr als jede andere englische Zeitung für die griechische Sache eingesetzt. Natürlich wollten die Eigentümer die besten und vollständigsten Berichte über die Vorgänge erhalten und diese vor anderen Dokumenten verschicken lassen. Herr JB Atkins wurde ausgewählt, um die Armee im Feld zu begleiten, und Johnstones Kenntnisse moderner Sprachen und seine Kenntnis Osteuropas machten ihn zu einem wertvollen Kollegen. Er wurde nach Athen entsandt, um Berichte von der Front entgegenzunehmen, alle Einzelheiten im Zusammenhang mit deren Übermittlung zu regeln und den Verlauf des Krieges zu überprüfen, eine Arbeit, die er sehr erfolgreich durchführte. Seine Begabung als Zungenrednerin, die ihm einst in Deutschland dafür gratulierte, dass er „so gut Englisch sprach", ermöglichte es ihm bald, sich praktische Kenntnisse des Neugriechischen anzueignen; Er hatte auch das Glück, einen griechischen Herrn zu finden, der, dankbar für die Haltung des *Manchester Guardian*, als sein Dolmetscher fungierte und ihm die Stadt zeigte. Derselbe Freund pflegte enge Beziehungen zur königlichen Familie und stellte Johnstone dem König und dem Herzog von Sparta vor. Am Ende seines

Aufenthalts in Athen fragte er zögernd, ob er für die verschiedenen Freundlichkeiten, die er erhalten hatte, eine Gegenleistung erbringen könne, als dieser Freund des Königshauses ein so bescheidenes Honorar nannte, dass Johnstone ins Staunen geraten war; „Es war das Pourboire eines Oberkellners", sagte er hinterher, als er den Vorfall beschrieb, und fügte hinzu, dass er bis dahin nie verstanden habe, was wahre Demokratie bedeute. Zu seinen Mitarbeitern gehörte der Korrespondent einer Wiener Zeitung, der sich irgendwie die Abneigung und das Misstrauen der Kriegspartei zugezogen hatte, aber, wie Johnstone meinte, zu Unrecht. Schließlich wurde sein Leben offen bedroht; Es gab keine Hoffnung für ihn, wenn es ihm nicht gelang, das Land sofort zu verlassen, und selbst dann bestand eine gute Chance, dass er das Schiff nie lebend erreichen würde. Johnstone, der mit der patriotischen Partei in gutem Einvernehmen stand, flehte um sein Leben und verpflichtete sich, ihn wegzuholen; Er radelte die vier Meilen von Athen bis zum Piräus hinter sich her , und als sie den Hafen erreichten , hielt er den Pöbel fern, bis er sicher an Bord eines Dampfers des Österreichischen Lloyd war. Die Fahrt war aufregend, da erwartet wurde, dass auf dem Weg zum Hafen ein Versuch unternommen werden würde, den widerlichen Korrespondenten zu erschießen. Einige Schüsse wurden tatsächlich abgefeuert, gingen aber daneben. Als sich der Krieg dem Ende näherte, waren Johnstones Dienste in Athen nicht mehr so notwendig, und er schloss sich Mr. Atkins im Lager an; aber er sah keine Kämpfe, denn am Tag nach seiner Ankunft wurde Frieden erklärt. Sein Kollege kehrte nach England zurück und Johnstone verbrachte einige Wochen auf Kreta, um die Geschichten über jene Gräueltaten zu untersuchen, die die unmittelbare Ursache des Krieges gewesen waren. Er ging wie JK Huysmans im Jahr 1870 *auf Sackgassen , meisterte sie aber im Gegensatz zu ihm mit guter* Laune und betrachtete Nöte dieser Art als hilfreiche und wertvolle Erfahrung. Als er ein Jahr später einem Freund, der ziemlich gewohnheitsmäßig war, zu seiner Heirat gratulierte, schrieb er: „Das Problem, seine Gewohnheiten zu ändern, ist nachdrücklich eines der Probleme, die *ambulando gelöst werden müssen* ." Die für diesen Zweck am besten geeigneten Formen des Umhergehens sind der Dienst an einem Feldzug, das gemeinsame Zeitverbringen und das Heiraten;" Allerdings muss man zugeben, dass Letzteres zwar weniger drastisch, aber in seiner Wirkung dauerhafter war.

Von seinem Aufenthalt auf Kreta sprach er immer als vom besten Urlaub seines Lebens. Er war von der Schönheit der Tiefebene und der Berge beeindruckt und sagte den Tag voraus, an dem die Insel einer der größten Ferienorte Europas sein würde. Die Bergbewohner waren für ihn ein Wiedergutmachungsobjekt für die moderne griechische Rasse, die er aufgrund seiner Erfahrungen in Athen völlig verachtet hatte. Er hielt die Bürger und die Beamtenklasse für verschlagen und verlogen, und seine Beinamen waren juvenalisch in ihrer Kraft . Die Bergbewohner gehörten körperlich und geistig einer anderen Rasse an, und er liebte es, ihr hartes Leben zu teilen. Es ist richtig hinzuzufügen, dass er den einfachen griechischen Soldaten auf dem Festland von der Verurteilung ausnahm, die er den Offizieren vorbehalten hatte. Er verbrachte einige Zeit auf dem Wasser und charterte einen kleinen Dampfer, um in der Nähe des Kriegsschauplatzes an der Küste entlangzufahren. Bevor er sich auf den Heimweg machte, fuhr er nach Konstantinopel, und der Anblick der türkischen Insel gefiel ihm jedenfalls von der Oberfläche aus sehr gut. Er kehrte bei ungewöhnlich bester Gesundheit und mit Schnurrbart nach Hause zurück, da er dem Einfluss der östlichen Vorurteile gegenüber Glattrasierten erlegen war.

Zu Beginn der Musiksaison im Oktober 1898 löste die Aktion der Garanten der Hallé-Konzerte in Manchester einen erheblichen Sturm aus, die Dr. Richter den Posten des Dirigenten angeboten hatten, anstatt Dr. Cowens Ernennung zu erneuern. Es oblag Johnstone, die beiden Leitartikel zu diesem Thema zu schreiben, die am 4. und 17. Oktober im *Manchester Guardian erschienen*. Seine klare und sachliche Zusammenfassung des Falles ließ keinen Raum, das Recht der Bürgen, so zu handeln, wie sie es getan hatten, in Frage zu stellen, während sein besonderes Wissen über Dr. Richters immense Verdienste um die Musikkunst es ihm ermöglichte, mit Autorität über die große Chance zu schreiben, die sich jetzt bietet offen für Manchesters Annahme. Kurz gesagt, der Streitpunkt lag zwischen sentimentalen Erwägungen und dem Wohl der Gemeinschaft, und Johnstone erklärte sich ganz selbstverständlich für Letzteres. Unser Hinweis auf diese Kontroverse ist absichtlich kurz, aber ihre Bedeutung war damals beträchtlich. Johnstone galt nun als führender Musiker in Manchester, eine Position und ein Einfluss, die in den folgenden Jahren erheblich ausgebaut wurden.

Es besteht kein Zweifel über die Art der Macht, die er ausübte. An der eigentlichen Verwaltung der Musik in Manchester, im College of Music, bei den Hallé-Konzerten oder anderswo hatte er keinen Anteil. Er beriet also nicht direkt bei der Auswahl der Programme , Spieler oder Sänger. Aber er ging zu jeder Aufführung auch nur des kleinsten Tons, ob populär oder nicht, und schrieb scharfsinnig und aufmerksam darüber, wobei er es immer vorzog, zu loben und zu interpretieren, aber auch sehr hart zuschlug, wenn er es für unabdingbar hielt. Er ging zu den Preisverleihungen der College-Schüler und rezensierte sie (ohne Namen zu nennen) mit offenem Ohr für vielversprechende Neuigkeiten. Er hielt oft sehr gute Vorlesungen bei Mr. Rowleys Sonntagsversammlungen in Ancoats und auch im History Theatre des Owens College. Man kann anmerken, dass er als Vorlesungsleiter manchmal darunter litt, zu viel zu sagen zu haben und es nicht perfekt zusammenzufassen schaffte. Aber er fesselte ein Publikum von laienhaften Zuhörern mit seinem scharfen und beißenden Stil; und in einer Hinsicht war er ein glücklicherweise unenglischer Dozent, denn seine Fähigkeit zur grafischen Geste war ganz bemerkenswert. Dies waren jedoch Gelegenheitstätigkeiten; die Pressearbeit nahm fast seine ganze Kraft in Anspruch. Er schrieb eine große Menge an Musikkritiken, und sein Zimmer war vollgestopft mit Veröffentlichungen, die zu kritisieren er einfach für sinnlos hielt . Aber die Kritiken über das eigentliche Singen und Spielen waren seine Hauptbeschäftigung , ebenso wie die Pionierartikel über unbekannte oder nicht ganz so geschätzte Werke. Diese waren von hohem Wert und enthalten einige seiner besten Texte, die er in voller Muße verfasste. Über die Qualität seiner veröffentlichten Äußerungen können wir nicht mehr sagen; die Artikel, die wir für dieses Buch aufgehoben haben, müssen für sich selbst sprechen. Aber ohne Zweifel war sein Urteil gefragt und wurde begrüßt oder gefürchtet. Er machte es schlechten Darstellern weniger leicht, wiederzukommen. Er war großzügig und zog sogar ein leichtes Übermaß aufstrebenden und unerkannten Talenten oder fernen und exotischen Talenten vor, die die modebewusste Masse ungeduldig machten. Er wurde die würdige und wortgewandte Stimme der musikalischen Meinung in und über eine der englischen Hauptstädte der Kunst hinaus.

Wir könnten die Art von Macht, die Johnstone ausübte, kaum besser veranschaulichen, als indem wir zitieren, was Canon Gorton über seine Verbindung zum Morecambe-Musikfestival schreibt :

"Unser Festival wurde 1891 geboren. Von Anfang an wurde es völlig ohne finanzielle Ziele organisiert ; es brachte uns wunderbare Musik, da wir unsere eigenen Teststücke aufstellten, und sein Ziel war im Wesentlichen pädagogisch. Unser Sonderkorrespondent vom *Manchester Guardian* erschien erst 1899. Wir hatten uns an uneingeschränktes Lob gewöhnt, die Juroren erschöpften alle Adjektive der Sprache, um die Vortrefflichkeit des Gesangs zu beschreiben, Komponisten sagten uns, sie hätten ihre mehrstimmigen Lieder noch nie so perfekt vorgetragen gehört. Wir dachten, wir wären perfekt. Dann kam eine Bombe vom Kritiker (27. April 1899). Er hatte weder Kontakt zu uns noch war er sich unseres Ziels bewusst , noch berücksichtigte er unsere Grenzen. Ein Großteil der Musik schien ihm unwürdig; das Wettbewerbs- oder Sportelement ärgerte ihn; er sah Felsen vor sich, Felsen, an denen andere zerschellt waren. Er schrieb: „Die Palette der Talente ist zweifellos beeindruckend, aber viel zu viel der Musik ist von minderwertiger Qualität. Man sollte nicht vergessen, dass Ziel und Zweck solcher Festivals ist es, einen Geschmack für Musik zu fördern. Aber der Geschmack für minderwertige Musik muss nicht gefördert werden. Wenn die Organisatoren dieser Festivals also zweitklassige Werke für die Wettbewerbe vorschreiben, zerstören sie einfach die *Existenzberechtigung* dieser Wettbewerbe. Es ist Musik als Kunst – nicht Musik als Sport oder Gewerbe – die gefördert werden muss. Es besteht die Gefahr, dass solche Konzerte zu einem vulgären Geschäft der

Geldjagd verkommen, und man möchte, dass sowohl hinsichtlich der vorgeschriebenen Musik als auch hinsichtlich der Durchführung des Festivals selbst alles getan wird, um dieser Gefahr vorzubeugen.' Ich behaupte nicht, viel über Musik zu wissen, aber ich erkenne gutes Englisch, wenn ich es sehe. Ich sah, dass ‚unser Sonderkorrespondent' ein Meister seines Fachs war. Ich antwortete sofort im *Manchester Guardian* und wies seine Interpretation unserer Motive zurück, und noch mehr der Motive, die Chöre zu unserem Festival brachten. Ich sagte, dass „keine Züchtigung Freude bereitet" und drängte den Kritiker, Geduld zu haben, da wir zu Fuß unterwegs waren und eines Tages laufen würden, und äußerte die Hoffnung, dass er vielleicht dort sein würde, um es zu sehen. Später besuchte ich ihn im Reform Club, und dies war der Beginn einer Freundschaft, deren Erinnerung ich immer mit Stolz bewahren werde. Von da an wurde er für uns „der Kritiker". Wir warteten nicht nur auf seine Ankunft, sondern Mr. Howson (der Chorleiter) legte bei der Auswahl der Musik sogar einen zusätzlichen Test an: „Dies wird den Chor auf die Probe stellen, aber wird es auch Mr. Arthur Johnstones Geschmack treffen?" Der Chor war sich seiner Anwesenheit immer bewusst. Die Juroren waren in der Loge und gaben ihre Auszeichnungen ab, aber „Mr. Johnstone ist im großen Kreis, was denkt er?" Ich hörte ihn einmal seine Frau fragen: „Bin ich nicht immer offen für Überzeugungen?" Mit Blick auf seinen ersten Artikel und im Wissen um das, was er später für uns getan hat, konnte ich nur davon ausgehen, dass er seinen Anspruch wahr gemacht hat, denn er wurde der standhafteste Verteidiger unseres Morecambe-Musikfestivals – „einer Bewegung", schrieb er 1903, „die zu den aufrichtigsten und hoffnungsvollsten Dingen im heutigen musikalischen England gehört." Wieder beklagte er sich, dass „die Musiklehrer in Manchester wenig oder gar nichts getan haben, um die musikalische Wiederbelebung zu fördern, die seit vielen Jahren im Norden Englands und insbesondere in Lancashire im Gange war." Später schrieb er einen bemerkenswerten Artikel als Antwort auf die Kritik von Mr. J. Spencer Curwen. Mr. Curwen hatte in Frage gestellt, ob unsere Festivals der Chormusik auf lange Sicht helfen, und beruhigte uns mit den Worten: „Wir begeben uns auf einen gefährlichen Weg. Je erfolgreicher man ist, desto näher kommt man dem Zustand, der in Wales herrscht." Auf diese verspätete Warnung antwortete Mr. Johnstone (5. Oktober 1903): „Die besonderen Übel, die Mr. Spencer Curwen als durch Wettbewerbe gefördert aufzählt, wurden schon vor vielen Jahren von denen bemerkt, die in Nord-Lancashire Treffen organisieren . Man könnte sogar sagen, dass die Beobachtung dieser Übel in Lancashire der Ausgangspunkt war, und wir sind daher dieser Kritik an den Chören, die sich zusammenfinden, um bestimmte Stücke zu lernen und sich gleich danach wieder auflösen, an fragmentarischen Aufführungen und an all den anderen schwarzen Sachen auf Mr. Curwens Liste ein wenig überdrüssig. Es ist offensichtlich, dass Mr. Curwen überhaupt keine Ahnung von den besten Chören in Lancashire hat, die durch den Einfluss von Wettbewerb in ihrer eigenen Nachbarschaft entstanden sind . Diese Chöre haben ein so starkes Zusammengehörigkeitsprinzip wie keine anderen auf der Welt. Ihr Repertoire ist außerordentlich umfangreich. Ihre Organisatoren zeigen enormen Unternehmungsgeist bei der Ausgrabung der Schätze der alten englischen und italienischen Madrigaldichter und der besten modernen Komponisten von mehrstimmigen Liedern. Möge Mr. Curwen im nächsten Frühjahr nach Morecambe gehen; seine Ideen zum Thema Musikwettbewerb werden ziemlich grundlegend revolutioniert werden .' Ja, Mr. Johnstone war offen für Überzeugungen, suchte nichts weniger als die Wahrheit, bemühte sich unendlich, sie zu erlangen – *O si sic omnes* . Aber wir schulden ihm nicht nur, weil er ein Kritiker war, der das Gute erkennen wollte, nicht nur, weil er sich als furchtloser Verfechter erwies. Er wurde ein Freund, der immer bereit war, Entwicklungsmethoden zu diskutieren und uns sein genaues und umfassendes Wissen zur Verfügung zu stellen, und nachdem wir unsere Pläne geschmiedet hatten , war es für Mr. Howson und mich ein großer Gewinn, ihre Weisheit anhand seiner Meinung zu testen. Er sprach häufig von der Fähigkeit zum Dirigieren, die das Festival offenbarte, und wetterte gegen das Starsystem, sei es unter Sängern, Instrumentalisten oder Dirigenten – und von letzteren hatte er mehrere im Auge, auf die wir uns seiner Meinung nach verlassen sollten. Es steht mir nicht zu, von ihm als einem Freund, einem entzückenden Gefährten, einem höflichen Gentleman zu sprechen – einem, den ich heiratete und einen, den ich leider auf dem Höhepunkt seiner Kräfte begrub."

Johnstone nahm seine so eingenommene Position mit zunehmender Ernsthaftigkeit ein und arbeitete während der Musiksaison in Manchester härter als je zuvor. Im Sommer ging er ins Ausland, aber nicht nur, um sich auszuruhen. Durch seinen Besuch der Festspiele in Bayreuth, Oberammergau, Düsseldorf und Wien erweiterte er sein Wissen und auch seinen musikalischen Ruf und den seiner Zeitung erheblich. Da wir uns entscheiden mussten, konnten wir innerhalb dieser Grenzen kaum aus den Beiträgen zitieren, die er nach Hause schickte. Die letzte seiner Auslandsreisen war anders als alle anderen, die er allein unternommen hatte. Die oben aus dem Brief vom Januar 1902 zitierten Worte sollten nicht länger stimmen, obwohl die ersehnte Gesellschaft spät kam. Ein einsames Leben in einer Unterkunft und das Fehlen häuslicher Bindungen zu jemandem von seiner liebevollen und häuslich-liebenden Natur (die hinter seinen Zigeunergewohnheiten steckte) konnten nicht einmal durch Scharen von Freunden kompensiert werden; aber es standen bessere Tage bevor. Im Juni 1902 verlobte er sich mit Miss Lucy Morris, einer Dame aus Manchester, die in Cambridge beträchtliche Auszeichnungen erworben hatte; und von nun an gaben ihm die menschlichsten Interessen neue Inspiration für sein Leben und Werk.

Ihre Hochzeit fand zwei Jahre später, am 28. Juni 1904, stillschweigend in Morecambe statt. Der Freund beider, Canon Gorton, heiratete sie, und ein anderer Freund, Mr. Howson, übernahm den musikalischen Teil der Zeremonie, die von der Morecambe Madrigal Society und dem Kirchenchor aufgeführt wurde. Es gab nie eine Hochzeit mit besserer Musik, und ausnahmsweise hätte die abgedroschene Beschreibung „Der Gottesdienst war vollständig chorisch" vielleicht eine echte Bedeutung gehabt. Die Flitterwochen verbrachten sie auf der Riffel Alp, anschließend besuchten die Reisenden die Bayreuther Festspiele und kehrten Ende August nach Manchester zurück, wo sie sich im Tarnhelm (benannt nach dem magischen Helm des „Rings") im Victoria Park niederließen. Johnstone blieben noch ein paar glückliche Monate. Am Donnerstag, dem 8. Dezember, erkrankte er schwer, besuchte aber trotz erheblicher Schmerzen abends ein Konzert und schrieb eine Notiz über die Aufführung. Am nächsten Morgen verschlechterte sich sein Zustand und am Samstag wurde er wegen einer Blinddarmentzündung operiert. Doch die Erleichterung kam zu spät und am Freitag, dem 16. Dezember, endeten seine Leiden. Er hatte gerade sein dreiundvierzigstes Jahr vollendet: Er war in der Fülle seiner intellektuellen Kräfte und hatte die glücklichste und nützlichste Zeit seines Lebens erreicht.

Dieses grausame und plötzliche Ende von Johnstones Karriere, in einem Moment, als er Grund hatte, sich mit dem Leben abzufinden und den Umständen zu verzeihen, als er mehr kritisches Verständnis hatte und seine Ausdrucksmittel besser beherrschte als je zuvor und als sein Einfluss in der Öffentlichkeit stark war, erregte die Musikergesellschaft im Nordwesten Englands. Nord und Süd sind zwei verschiedene Nationen – Nachbarn , die sich oft sorgfältig ignorieren und missverstehen. Dies scheint besonders in der Musikkritik der Fall zu sein. Die Londoner Presse berichtete viel zu wenig. Aber das Wort „provinziell" hat auf die musikalische Energie Manchesters keine Anwendung. Es ist wie eine der großen deutschen Städte, München oder Frankfurt, die völlig unabhängig von der Hauptstadt ist, deren Kolonie sie nicht ist. Die Spuren, die Johnstone in dieser Region hinterlassen hat, wurden in einem Ausmaß bezeugt, das er nie vorhergesehen hätte. Der *Manchester Guardian* veröffentlichte nicht nur einen ehrenvollen Nachruf auf seinen Kritiker, sondern erhielt auch weit mehr Briefe zu seinen Ehren , in denen Trauer über seinen frühen Tod und Bewunderung für seinen Charakter zum Ausdruck gebracht wurden, als er abdrucken konnte, obwohl die auffälligsten davon seine Spalten füllten. Sie wurden mit Sachkenntnis geschrieben, nicht von Laien, sondern von Personen, mit denen Johnstone zusammengearbeitet und treu, manchmal streng, zusammengearbeitet hatte. Die Bemerkung von Canon Gorton: „Meine Freundschaft begann mit einem Streit", könnte mehr als einmal wiederholt werden. Johnstones sauberer, harter literarischer Stoß, oder *Schlag* , frei von lauter, hämmernder Gewalt, war nicht selten eine Einführung in seine Bekanntschaft. Er wurde mit

Nachdruck, aber in einem Geist gegeben, der gründlich und für Dritte amüsant und unpersönlich war. Die Briefe als Ganzes vermitteln eine klare Vorstellung von der intelligenten professionellen Sicht auf ihn, von seiner Ehrlichkeit, Katholizität und seinem Wissen. Er war überall gewesen, sagte er, und als er ging, wurde er vermisst.

Einer von Johnstones Brüdern in diesem Handwerk, Mr. Ernest Newman, sprach von ihm, nachdem er auf einen Streit hingewiesen hatte, der zu ihrer Freundschaft geführt hatte, als „dem besten und stärksten Engländer unserer Zeit auf diesem Gebiet". Dr. Adolph Brodsky lobte insbesondere Johnstones Berichte über Klavieraufführungen und hob seine Verdienste beim Abbau der weit verbreiteten Vorurteile gegen Bach in England hervor. Andere schrieben über seine musikalische Gelehrsamkeit und seinen „lobenswerten Wunsch, zu verhindern, dass Scharlatanerie in den Musikvereinen von Manchester Platz findet". Canon Gorton, der, wie wir oben zitierten, mit Dankbarkeit über den großen Ansporn schrieb, den Johnstone jenen lokalen Bemühungen gab, die die Musik vor einer übermäßigen Zentralisierung in den größeren Städten bewahren, und seine treffenden Bemerkungen über die Seltenheit und den Wert großer Musikkritiker verdienen das Zitat, da sie den Verlust verdeutlichen, den die Öffentlichkeit durch Johnstones Tod erlitten hat.

„Er hatte eine hohe Meinung von seinem Amt und würde eher ein Opfer seiner selbst als ein Opfer der Wahrheit bringen. Es ist schwierig, das Ausmaß Ihres Verlusts zu berechnen. Musiker folgen Musikern; wenn sie tot sind, können sie noch sprechen. Aber die Worte des Kritikers sind vergänglich; für Musiker gibt es Schulen, aber welche Schule brauchen wir für Musikführer, Männer mit einem weiten Horizont, einer allgemeinen Kultur, Männer, die nicht an musikalische Fraktionen gebunden sind? Ideale, mit Beherrschung der englischen Sprache, Mut und wahrem Instinkt. Ich nehme an, wer wird seinen Platz einnehmen?

Diese genaue Darstellung des Falles können wir nicht verbessern. Wir können nur einige Worte über die Natur des Mannes abseits seines Berufs hinzufügen. Bei der Einschätzung von Johnstones Charakter muss seiner Liebe zur Wahrheit in allen Dingen der erste Platz eingeräumt werden; diese Tugend war der Prüfstein, den er an seine Freunde und an alle künstlerischen Arbeiten anlegte. M. Vantyn zitiert gerne Lockes Worte als das für ihn am besten geeignete Motto: „Die Wahrheit um der Wahrheit willen zu lieben, ist der Hauptbestandteil menschlicher Vollkommenheit in dieser Welt und die Saat aller anderen Tugenden", und fügt als Kommentar hinzu: „In allem, in jedem Umgang, bei allen Gelegenheiten, unter allen Umständen, ob in der Freizeit, bei der Arbeit oder im ernsthaften Umgang, war er ein Gentleman im strengsten Sinne des Wortes." Als nächstes können wir sein wunderbares Mitgefühl mit den Unterdrückten jeder Klasse nennen. Selbst wenn es viel gab, was seinen Zorn bei dem Sünder erregte, wie im Fall von Oscar Wilde, war er empört über die gnadenlose Behandlung, die er erfuhr, und plädierte für eine geringere Strafe. Wo sein Mitgefühl freien Lauf lassen konnte, war er äußerst zärtlich, er nahm unendlich viel persönliche Mühe auf sich und gab alles, was seine bescheidenen Mittel erlaubten. Er liebte Tiere, die Vorstellung, sie zum „Spiel" zu töten, missfiel ihm, und er war froh, dass die meisten seiner engen Freunde seine Ansicht teilten. Aber er war in diesem Punkt nicht unvernünftig; und um die eigentliche Testfrage zu nehmen: Er war nicht absolut gegen Vivisektion unter strengen Bedingungen. Trotz all seiner frühen Reden über die „Lebensfreude" war er mehr darauf bedacht, sie für andere als für sich selbst zu sichern. Er war unter seiner Rüstung tolerant und tadelte sinnlose Strenge mit den Worten: „Nun, nun, mit fast jedem stimmt etwas nicht", aber er dehnte diese Nachsicht nicht auf die Grausamen und Pedanten aus. Seine jugendliche Aufsässigkeit, seine Absonderlichkeit und seine Infragestellung der Gesellschaft verschwanden nicht alle, sondern wurden aufgenommen und in eine flexiblere Gemütsart verwandelt; denn sie waren nie die bloße Pflanze des Nihilismus und der Eitelkeit gewesen, die eine selbstsüchtige Natur in ihrem unfruchtbaren Privatgarten düngt. Einige seiner Freunde schätzten vor allem seinen völligen Mangel an Neugier, den er bei anderen mehr als alles andere übelnahm. Er war tief in seine Arbeit oder in die kleineren Vorbereitungen für den Tag vertieft und kümmerte sich nicht viel um die Angelegenheiten seiner Freunde. Aber wenn etwas los war, tauchte er sofort auf. Als einer seiner alten Gefährten wegen einer Krankheit zu Hause in Ungewissheit war und dennoch nichts anderes tun konnte als zu warten, plante Johnstone für ihn und führte persönlich eine aufwendige Reihe von Ablenkungen und Vergnügungen durch, die sich über etwa vier Stunden erstreckten – keine leichte Sache in Manchester – und von denen jede improvisiert schien, als ob sie aufkam. Als die Schwierigkeiten vorüber waren, verfiel er wieder in Gedanken und ging seiner Wege. Es gab viele solcher Vorfälle. Eine malerische und edle Persönlichkeit dieser Art mit ihren eigentümlichen Zügen beansprucht so viel Aufsehen, und zwar umso mehr, als ihre Zurückhaltung es schwieriger machte, sie zu entdecken. Für die Öffentlichkeit ist der Journalist eine bloße geisterhafte Hand und Feder, die im Lampenlicht schreibt, ohne Gesicht oder Gestalt dahinter, wie wir es in einer bestimmten Klasse alter Geistergeschichten hören . Für viele seiner Leser war Johnstone mehr als das geworden. Aber sie konnten ihn nicht als Menschen kennen. Es ist daher gut, so viel von seiner Privatsphäre zu erfahren, wie es ihnen teilweise ermöglicht. Er ging durch die Welt, ohne ihre üblichen Wertvorstellungen zu verachten, schätzte sie selbst ein, beobachtete sie mit einer gewissen Isolation und zog (wenn er sich entscheiden musste) immer die Freiheit dem Glück und den berechtigten Stolz dem offensichtlichen Vorteil vor. Aber dadurch war er umso menschlicher.

Wir können hier etwas über sein Klavierspiel sagen. Johnstone hat natürlich nie behauptet, mehr als ein Amateur zu sein. Er war sich durchaus darüber im Klaren, dass der Unterschied in den exekutiven Fähigkeiten zwischen dem Profi und dem besten Amateur in der Musik fast genauso groß ist wie im Billard; und dass, um Matthew Arnolds Sprichwort zu paraphrasieren: „Technik macht drei Viertel der musikalischen Darbietung aus." Im verbleibenden Viertel war sein Spiel auf einem sehr hohen Niveau. Schon zu Studienzeiten war der Charme seiner Darbietungen beachtlich, immer sorgfältig durchdacht und individuell. Wenn er noch nie ein Stück gehört hatte, war seine Einsicht bemerkenswert, da er instinktiv erkannte , wie man es am besten spielen konnte. Seine Berührung war sehr zart; Er drängte nie den Ton aus einem Klavier heraus und vermied immer alles, was man hartes Anschlagen nennen könnte. Am liebsten spielte er etwas im Stil einer Rubinstein-Barcarole, bei der die Musik durch einen Klangschleier sprechen sollte. Aber seine Stärke lag eigentlich in einem ausgeprägten Rhythmusgefühl, eine seltene Gabe selbst unter großen Pianisten. Welches Stück er auch immer versuchte, er nahm es im richtigen Tempo auf, auch wenn gelegentlich eine Note ausgelassen oder eine Passage verwischt wurde, anstatt durch zu langsames Spielen eine falsche Vorstellung davon zu vermitteln; was völlig außerhalb seiner Kräfte lag, ließ er in Ruhe. Nach seiner Rückkehr vom Kölner Konservatorium war sein tatsächlicher Vortrag von seiner besten Seite, die Finger stark und geschmeidig ; und da er sich in bester körperlicher Verfassung befand, war sein Spiel von geradezu überschäumender Vitalität. Eine schwache Durchblutung war immer eine Herausforderung, und er pflegte, wenn möglich, die Finger am Feuer zu wärmen, bevor er sich ans Klavier setzte. Es war vielleicht ein kleines Talent, aber einzigartig anmutig und kultiviert, wofür unsere 25-jährige Erinnerung zutiefst dankbar ist.

Man könnte erwarten, dass die Qualitäten, die er in seinem eigenen Spiel anstrebte, diejenigen sein würden, die ihn bei den großen Pianisten seiner Zeit am meisten anzogen. Natürlich bewunderte er diese herausragenden Musiker in vollem Umfang: Rubinstein, Sophie Menter, Paderewski, Rosenthal; Aber es gibt auch Künstler, die auf ihre zarte Art ebenso unnahbar sind, wie Pachmann, Godowsky, Reisenauer, Siloti , und an ihnen empfand er persönlich die größte Freude.

Als Kritiker bestand sein erstes Ziel darin, die Qualitäten und den Umfang der Musik zu erklären (in Paters Worten: „ihre Tugend außer Kraft zu setzen"); um zu zeigen, warum es, wenn es ein Klassiker ist, seine Position erreicht hat, und wenn es modern ist, warum es ernsthafte Aufmerksamkeit erregen sollte. Er setzte von seinen Lesern nie zu viel musikalisches Wissen voraus und vermied die Verwendung technischer Ausdrücke, geschweige denn stereotyper Phrasen. Schlechte Arbeit und schlampige Darbietung konnte er schonungslos tadeln, aber er schrieb nie hart, wenn er echte Anstrengung erkannte , und er lobte junge Künstler sehr großzügig und besuchte oft kleinere Konzerte, um aufstrebende Künstler zu ermutigen. Sein Stil war klar und präzise, der Ton eher exponierend; gefärbt, wenn es der Anlass erforderte, und gelegentlich angereichert mit Anspielungen auf andere Künste. So wird das kunstvolle Maßwerk gotischer Architektur, das im Straßburger Dom (eine beliebte Figur) ausgestellt ist, zur Veranschaulichung Bachs verwendet und mit dem formalen Klassizismus früherer Komponisten und dem palladianischen Stil Händels kontrastiert; Elgars „Traum des Gerontius" wird mit einigen „ juwelenbesetzten " Werken verglichen *Ciboire* des Mittelalters;" Das Spiel eines Pianisten mit arabesken Passagen erinnert ihn an die „Arroganz und kostspielige Unvernunft von feinem Schmuck ". Tatsächlich war Strauss (denn seine Position war damals ungewiss) der allgemeinen musikalischen Meinung voraus, obwohl Tschaikowskys pathetische Symphonie hier eine offensichtlichere Entdeckung war, die eher darin bestand, die Begeisterung der Bevölkerung zu dämpfen (an dessen Entstehung er zunächst mitgewirkt hatte) für dieses Werk, als das Publikum jeden Sinn für Proportionen verloren zu haben schien, indem er seine Leser daran erinnerte, dass „ Tchaikowski und Dvorák schließlich inspirierte Barbaren sind und nicht auf eine Stufe mit Beethoven gestellt werden dürfen." und Schumann." Erwähnt werden sollte auch seine Wertschätzung für Liszt, dessen Verdienste um die Musik allzu oft ignoriert werden – den Schöpfer der modernen Pianoforte-Technik, den brillanten und originellen Komponisten und den großzügigen Freund Wagners.

Bei der Auswahl der Artikel, aus denen dieser Band besteht, haben die Herausgeber den Artikeln über die Werke von Sir Edward Elgar und Herrn Richard Strauss besonderes Gewicht beigemessen, den beiden Komponisten unserer Zeit, die nach Johnstones Ansicht den größten Anteil daran haben würden Beeinflussung der Ursache der musikalischen Entwicklung. Viele der Artikel wurden über die Uraufführung wichtiger Werke geschrieben, und im Fall von Elgar werden weitere Eindrücke von späteren Aufführungen desselben Werks vermittelt. Diejenigen über die großen anerkannten Meister sind als Bekenntnisse eines gesunden musikalischen Glaubens interessant, wenn sie nicht viel mehr zu unserem Bestand an tatsächlichem Wissen hinzufügen können. Es stimmt auch, dass die Summe der potentiellen Energie in den Werken dieser großen Meister unendlich ist; in diesem Sinne, dass sie jedem frischen und ängstlichen Geist einen neuen Glanz verleihen. Sie können Generationen von Kritikern hervorbringen, von denen jeder etwas anderes zu sagen hat. Solche Kritik ist kein bloß absorbierender oder passiver Prozess; Es ist eine Neuschöpfung: Durch die Kunst der Worte werden einige der Eindrücke, die aus Klang ohne Sprache aufgebaut wurden, in neue Worte gefasst. oder es sagt denen, die das Gleiche gefühlt haben, etwas, von dem sie nicht genau wussten oder sich nicht erinnern konnten, dass sie es gefühlt hatten. Die Fähigkeit, Musik zu erklären, ist seltener als die Fähigkeit, Bücher zu beurteilen. Man könnte annehmen , dass Arthur Johnstone unter den Engländern unserer Generation ebenso großen Anteil an diesem schöpferischen Genie hatte wie alle anderen.

KAPITEL I.

BACH.

Das Genie Bachs.

27. November 1901.

In den Köpfen derer, denen das Wohlergehen und der Fortschritt der Musikkunst in diesem Land besonders am Herzen liegen, ist derzeit nichts wichtiger als die Kirchenmusik Bachs. Wir halten es für unmöglich, die vorherrschende Gleichgültigkeit des Publikums gegenüber dieser Musik hinzunehmen. Wenn Shakespeare nichts anderes als langweilig ist, scheint es ein Ende der fantasievollen Literatur zu geben; Und in ähnlicher Weise sollte in der Musik jede Person, die Bach überhaupt nicht interessiert, besser auf jeden Anspruch verzichten, musikalisch zu sein. Denn Bach gehört nicht zu den Komponisten wie Berlioz, Liszt, Tschaikowski , Dvoràk oder Richard Strauss, die man mögen oder nicht mögen darf. Bach ist die musikalische Bibel – das Fundament des Glaubens. Historisch gesehen sind sowohl Bach als auch Händel Künstler der Reformation und der Renaissance. Doch wenn wir die Aufmerksamkeit auf ihre wesentlichen musikalischen Persönlichkeiten richten, erkennen wir einen gewissen großen Unterschied zwischen den beiden großen Komponisten des 18. Jahrhunderts, was durch die Bezeichnung Bach als Gothic-Künstler und Händel als Renaissance-Künstler ziemlich gut zum Ausdruck kommt. Bachs „Passion nach Matthäus" steht zu Händels „Messias" in etwa demselben Kontrast, den der Straßburger Dom zum Petersdom in Rom darstellt. Andererseits hat sich die Musik im Laufe ihrer Entwicklung deutlich von der Architektur und den grafischen und plastischen Künsten unterschieden, und die moderne Musik hat Bach hundertmal mehr zu verdanken als Händel. Bach repräsentiert mit Abstand den größten anregenden Einfluss, den es je in der Musikwelt gegeben hat. Sein erstaunlicher Fleiß, der zu einem Gesamtwerk erstklassiger Werke führte, das zu den größten Wundern der Welt gezählt werden kann (ein moderner Mensch kann nicht alles wissen); seine beeindruckende Verbindung von sehr großem Talent und sehr großem Charakter; die Vollständigkeit seiner menschlichen Natur und die absolute Reinheit seines Lebens und seiner Kunst – diese Dinge vereinen sich und machen aus Bachs Persönlichkeit etwas wirklich Erhabenes, etwas, das dem gewöhnlichen kritischen, fehlersuchenden Geist Ruhe verschafft. Wenn man einen Blick auf die riesige Bibliothek seiner gesammelten Werke wirft und die Herrlichkeit kennt, die in einigen von ihnen steckt, könnte man gerne sagen: „Damals gab es Riesen auf der Erde." Doch „riesig" ist kaum das richtige Wort. Denn die erstaunliche Kraft und Robustheit des Mannes waren in der Zusammensetzung seines Charakters völlig zweitrangig gegenüber dieser

Eigenschaft, aufgrund derer er ein langes Leben lang arbeitete, als ob er sich ständig eines Höheren bewusst wäre als dem gewöhnlichen menschlichen Urteilsvermögen; nicht auf die volle Anerkennung warten, die erst etwa ein Jahrhundert nach seinem Tod kam (ähnlich wie bei Shakespeare), sondern die vollkommene Verwirklichung des großen ethischen Ideals von Marcus Aurelius – der gute Mann bringt gute Werke hervor, so wie der Weinstock Trauben hervorbringt . Man kann Händel kein größeres Lob aussprechen, als zu sagen, dass er in seinen allerbesten Momenten Bachs fast würdig ist, wie zum Beispiel im Chorteil „Der Herr hat unser aller Ungerechtigkeit auf ihn gelegt" oder im Tenor des Rezitativs: „Er suchte jemanden, der Mitleid mit ihm hätte, aber da war kein Mensch, und er fand auch niemanden, der ihn tröstete."

Bachs h-Moll-Messe.

29. November 1901.

Unter Dr. Richters unwiderstehlicher Führung wurde gestern die mühsamste Aufgabe, die der Hallé-Chor jemals unternommen hat, zu einem glänzenden Erfolg geführt. Bachs große Messe verdeutlicht seine Tendenz, die ganze gewichtige Beredsamkeit einer geistlichen Komposition in den Chor zu stecken, wobei ein Solo oder Duett als zartes Zwischenspiel behandelt wird, als ein üppiges *Obligato* für Violine, Oboe oder „ corno di caccia" – so der Name des 18. Jahrhunderts für das gewöhnliche Orchesterhorn – in der Art gotischer Maßwerke mit der Melodielinie verflochten. Die Messe besteht aus sechs Hauptabschnitten: dem Kyrie mit drei Unterabschnitten; das Gloria und das Credo, jeweils achtfach; das Sanctus, Benedictus und Agnus Dei, jeweils in zwei Unterabschnitten. Die beiden Chöre des Kyrie – der erste ein klagendes Flehen, der zweite ein mystisches, von irdischer Leidenschaft befreites Gegenstück – reichten aus, um zu zeigen, dass der Chor seine Stimmen und die daraus resultierenden schwierigen und komplexen chromatischen Harmonien bestens beherrschte bewundernswerte Klarheit und Korrektheit. Der erste Chor des Gloria bricht mit seiner freudigen *vivace*-Bewegung in einen Stil ein, der viel allgemeiner „vom Volk verstanden" wird. Hier befand sich der Chor auf absolut festem Boden. Der Klang der Stimmen war großartig und der überaus wirkungsvolle Kontrast bei den Worten „Et in terra pax" war perfekt gegeben. Das erste Mal, dass wir einen schwerwiegenden Mangel im Chorgesang bemerkten, war der Ausbruch jubelnder Melodien zu Beginn des „Et resurrexit ". Der Einschlag war nur vorübergehend und war zweifellos das Ergebnis eines übertriebenen Angriffs. Es kann kaum in Frage gestellt werden, dass der wunderbarste Chor des gesamten Werks der Sanctus ist, der in sechsstimmiger Harmonie die mystische Verzückung himmlischer Wesen zum Ausdruck bringt, die von aller Sorge, Schmerz und Streit befreit sind. Die Wirkung dieser hartnäckigen Drei-Achtel-Gruppen in ihrer mit Girlanden geschmückten ähnlichen

Bewegung ist einzigartig auf dieser Welt. Sie erzeugen eine Harmonie von beispielloser Fülle und erfüllen das Ohr mit einem Fest hinreißender Klänge. Der Kontrast zu Chören wie Händels „Hallelujah" und „Worthy is the Lamb" ist äußerst auffällig. Händel war immer ein militanter Anhänger der Kirche. Er war immer energisch und bekräftigte den Glauben sozusagen mit einem Hauch von Triumph über seine Feinde. Eine solche Paradiesrose wie dieses Bach-Sanctus ist weit entfernt von allem, was Händel tun konnte. Für einen irdischen Chor jedoch, dessen Lungen und Stimmbänder zur Ermüdung neigen, sind all diese unendlich kunstvollen und aufwändigen Passagen trotz der absoluten Höflichkeit des musikalischen Ausdrucks sehr anstrengend, und im folgenden „Hosanna" gab es gelegentlich Anzeichen von Erschöpfung. Doch während der beiden folgenden Soli kam der Chor zu Atem und lieferte eine großartige Darbietung des abschließenden „Dona nobis Pacem ".

„Matthäus-Passion."

25. Januar 1900.

Man kann die „Matthäuspassion" von Sebastian Bach als das größte Werk der geistlichen Musikkunst überhaupt betrachten und damit als größer als Händels „Messias", während man gleichzeitig die größere Popularität des „Messias" durchaus akzeptiert. Händel war ein mächtiger Künstler und eine sehr vornehme Person; aber er war ein Mann von Welt und ein Hofkomponist, und seine Religion war zwar vollkommen echt, aber äußerlich und offizieller Natur. Auch Bach war ein mächtiger Künstler, aber er war kein Mann von Welt. Er war ein frommer und frommer Mann und ein Mann des Volkes, und seine Religion war innerlich und persönlich. Händel wiederum war Kosmopolit, während Bach durch und durch Deutscher war. Nicht, dass es Bach an Kenntnissen der italienischen und anderer ausländischer Musik gefehlt hätte. Er war eine vollkommen umfassende Enzyklopädie des musikalischen Wissens, das zu seiner Zeit existierte. Aber die Grundlage seines Charakters war zu schlicht, einfach und loyal, um durch ausländische Einflüsse verändert zu werden. Während Händel also musikalisch ein Italiener wurde, blieb Bach durch und durch Deutscher. All diese Umstände liefern Gründe für die viel größere Popularität von Händels Musik im Vergleich zu der von Bach. Das breite Publikum mag die klare und eindeutige Gliederung, die strukturelle Einfachheit, die es im italienischen und quasi-antiken Stil Händels findet, während es von der Subtilität, der Komplexität, dem abwechslungsreichen, fantasievollen Spiel und der Ablehnung festgelegter Formen, die es bei Bach findet, verwirrt ist. Man muss bedenken, dass der Durchschnittsmensch von Welt in hohem Maße den Ton des breiten Publikums bestimmt; man kann dankbar sein, dass es ein so großartiges Werk geistlicher Musikkunst wie „Messias" gibt, das für den Durchschnittsmenschen von Welt in hohem Maße verständlich ist, und man kann zufrieden sein, dass der „Messias" zumindest vorläufig oft aufgeführt wird, die Passionsmusik selten.

Eine lange Reihe christlicher Bestrebungen und Bemühungen gipfelt in der Musik der „Matthäus-Passion". Der Karfreitagsgottesdienst oder Mysterium der Passion reicht bis ins Mittelalter zurück . Es gibt unzählige musikalische Vertonungen davon. Je nach Stil lassen sie sich in drei Hauptgruppen einteilen. Die frühesten finden sich im „Plain-song" der mittelalterlichen Kirche. In der Zeit der Reformation Luthers wich der schlichte Gesang dem Choralstil. Schließlich gibt es viele Vertonungen im Oratorienstil. Davon hat Bach selbst sicherlich vier und wahrscheinlich fünf geschrieben. Nach allgemeiner Zustimmung ist die „Matthäus-Passion" die schönste Vertonung Bachs. Die Grundzüge des Plans wurden durch die Tradition festgelegt. Bei der Gestaltung seines Textes wurde Bach von einem Dichter namens Picander unterstützt , aber alle wichtigen Punkte wurden durch Bachs eigenes Urteil geklärt. Er teilte die Geschichte in zwei Teile. Die erste umfasst die Verschwörung des Hohepriesters und der Schriftgelehrten, die Salbung Christi, die Einsetzung des Abendmahls, das Gebet auf dem Ölberg und den Verrat des Judas und endet mit der Flucht der Jünger. Im zweiten Teil werden die Anhörung vor Kaiphas, die Ablehnung des Petrus, das Urteil des Pilatus, der Tod des Judas, der Weg nach Golgatha, die Kreuzigung, der Tod und die Beerdigung Christi dargestellt. Zwischen den beiden Teilen besteht ein großer Kontrast: Im ersten herrscht eine gewisse feierliche Stille und im zweiten eine leidenschaftliche Bewegung. Im Verlauf des Werkes erklingen fünfzehn Choräle, von denen jeder eine Meditation über den vorangegangenen Vorfall in der Geschichte darstellt. Der Refrain ist doppelt besetzt, und die Art und Weise, wie die beiden Hauptklangmassen eingesetzt werden, ist von immenser Kraft, sowohl um alles hervorzuheben , was poetischen Wert hat, als auch um die vielen Elemente auszudrücken, aus denen das mächtige Bild besteht. Die meisten Soli werden vom ersten Chor unterstützt. Die Äußerungen Christi werden von einer Bassstimme mit Streichquartettbegleitung vorgetragen. Die Bassstimme steht im Einklang mit der Tradition. Die meisten anderen Rezitative verfügen über eine *obligate* Begleitung, in der ein *Motiv* herausgearbeitet wird, das sich bildlich auf ein prominentes Bild im Text bezieht. Das *Obligato* ist in den meisten, wenn auch nicht in allen Fällen einem Blasinstrument zugeordnet, um noch mehr Kontrast zur Musik zu schaffen, die die Worte Christi begleitet. Der längste Solopart ist der des Erzählers, der den Tenor singt. Im Laufe einer langen und meisterhaften Diskussion behauptet Dr. Spitta , der große Bach-Biograph, dass die „Matthäus-Passion" streng genommen weder dramatische Musik noch oratorische Musik sei. Eine Passage aus der Diskussion sei hier zitiert: „Bedenken Sie die Passage, in der das jüdische Volk auf Anregung der

Hohepriester und Ältesten die Freilassung von Barabbas fordert. Der Evangelist lässt sie auf Pilatus' Frage mit dem einzigen Wort ‚Barabbas' antworten." Die Situation ist zweifellos voller Emotionen, und ein Oratorienschreiber hätte die Spannung des Augenblicks in einem Refrain entladen können, aber sie wäre notwendigerweise in einer Form verkörpert worden, in der der Refrain seinen vollen Wert entfalten könnte musikalischer Faktor, in einer breit ausgearbeiteten Komposition mit einem Text von etwas größerem Umfang Der dramatische Komponist hätte ihm die größtmögliche Kürze gegeben, da er sich in der Mitte der kritischen Entwicklung eines Ereignisses befindet Ein plötzliches Gebrüll des aufgeregten Volkes, das sich stürmisch um den Gouverneur drängt, ein plötzliches Gebrüll und ein kurzer Aufruhr der Stimmen wären die Wirkung, die Bach, der eine Andachtspassion komponiert, am besten erfüllt Der ganze Chor stöhnt den Namen „Barabbas" nur ein einziges Mal, und zwar auf dem Akkord der kleinen Septime, dem ein falscher Schluss folgt."

Dr. Spittas Argumentation ist, dass Bachs Musik die Gefühle frommer Christen interpretiert, ohne die Bedeutung des Textes einem musikalischen Gedicht unterzuordnen, wie es ein herkömmlicher Oratorienkomponist tut, und ohne die Sichtweise des Schauspielers einzunehmen, wie es jeder andere Dramatiker tut. Dr. Spittas Argumente zu diesem Punkt sind durchaus überzeugend; und wir folgen nicht seiner Praxis, das Werk ein „Mysterium" statt eines Oratoriums zu nennen, nur weil das erstere Wort nicht allgemein verständlich wäre und weil wir in diesem Land jedes Werk sakraler Kunst für Stimmen und Instrumente als Oratorium bezeichnen, wenn es keine Messe ist und wenn es zu groß angelegt ist, um als Kantate bezeichnet zu werden.

Moll-Konzert.

14. März 1902.

Wer seine Interpretation von Bachs a-Moll-Konzert kennt, wird kaum umhin können, Dr. Brodsky mit diesem Werk in Verbindung zu bringen, so wie man Joachim mit Beethovens und Sarasate mit Mendelssohns Violinkonzert in Verbindung bringt . Es gibt kein anderes Werk, das uns so viel von Bachs musikalischer Individualität in einem klaren, einfachen und weithin verständlichen Schema vermittelt. Bach hat keine Musik für das Theater, das Kasino oder den eleganten Ballsaal gemacht. Er scheint fast ausschließlich für die Kirche und für unschuldige, väterlich behütete Fröhlichkeit geschrieben zu haben. Er war ein guter alter Patriarch, der entweder komponierte, um Gott zu preisen oder um den jungen Leuten Spaß zu machen — denn wenn jemand meint, dass Bachs Gigues, Gavottes, Sarabanden usw. nicht für den eigentlichen Tanz gedacht waren, irrt er sich gewaltig. In solchen Werken wie den Konzerten kann man den doppelten Impuls noch deutlich genug erkennen, obwohl alles idealisiert , strukturell

ausgearbeitet und ansonsten einem rein künstlerischen Zweck angepasst ist.
Denn im ersten Satz des a-Moll-Konzerts – Dr. Brodskys besonderes Stück
– wir haben etwas, das den Geist in die richtige Atmosphäre bringt. Bach
nimmt uns sozusagen mit in die Kirche und fasst uns dabei mit kraftvollen
und kompetenten Reden über Themen zusammen, die zur religiösen
Jahreszeit und zum Gottesdienst, den wir besuchen sollen, passen. Der
zweite Satz ist der Gottesdienst und das Finale ist der
Nachmittagsspaziergang oder -tanz; Bach hätte den Sonntagstanz
wahrscheinlich gutgeheißen. Dr. Brodsky ist im Andante unübertrefflich, wo
der kraftvolle, gelassene und majestätische Rhythmus des Basses im Solopart
einen poetischen und zart phantasievollen Kommentar findet. Hier erkennt
man den Unterschied zwischen Bachs und Beethovens religiösem
Standpunkt, zwischen den Zeitaltern des Glaubens und des Streits, zwischen
dem *Ancien Régime* und der Revolutionszeit. Für Bach genügt der alte Glaube,
während im Geiste Beethovens die Ideen der Französischen Revolution
gären, rauchen und toben . Die von Dr. Brodsky im Finale gespielte
Hellmesberger- Kadenz ist vielleicht der am besten geschriebene Exkurs
seiner Art, den es gibt. Das thematische Material des gesamten Werks wird
mit unfehlbarer Fingerfertigkeit und gutem Urteilsvermögen hinsichtlich des
Umfangs der Entwicklung besprochen. und die äußerst reiche und üppige
Figuration ist allesamt so sorgfältig aus den im Körper des Werkes
enthaltenen Elementen gesponnen, dass sie dort, wo wir sie hängen finden,
gewachsen zu sein scheint und nichts Fremdartiges an sich erkennen lässt.

KAPITEL II.

——

BEETHOVEN.

Sinfonie c-Moll, Nr. 5.

22. Oktober 1897.

Der Anfang des ersten Satzes ist Gegenstand einer berühmten Passage in Wagners Broschüre über das Dirigieren, in der er sich über die Art und Weise beklagt, in der die Pausen in Es und D früher verfälscht wurden, und über viele andere Mängel, die bei den Aufführungen üblich waren von vor vierzig Jahren. Er stellt Beethoven dar, wie er aus seinem Grab aufsteht und den Dirigenten mit einer Ansprache apostrophiert , die beginnt: „Halte meine *Fermate* lange und furchtbar inne." Wagner war ein äußerst anspruchsvoller Kritiker, aber wir gehen davon aus, dass er mit der Interpretation des ersten Satzes gestern Abend ziemlich zufrieden gewesen wäre. Der Kontrast der männlichen und weiblichen Elemente, die dem ersten bzw. zweiten Thema innewohnen, wurde mit aller möglichen Wirkung dargestellt; die Pausen waren so lang und schrecklich, wie Wagner es sich nur wünschen konnte, und wurden mit einer vollkommen gleichmäßigen Tonwiedergabe gehalten; Die schöne unbegleitete Phrase für Oboe – die bei der Wiederholung der Passage im einundzwanzigsten Takt die Stelle der *Fermate oder Pause einnimmt – wurde mit aller möglichen Ausdruckskraft vorgetragen;* und viele andere einzelne Schönheiten der Wiedergabe könnten zitiert werden. Der zweite Satz ist für die Interpreten weniger anstrengend als der Rest des Werks; Es wurde in einer Weise dargeboten, die gut mit dem Geist der Symphonie übereinstimmt, die einem riesigen Skulpturenwerk aus Bronze gleicht, etwa den Toren des Baptisteriums in Florenz. Gerade eine solche plastische Kraft in der Formung mächtiger Tonelemente und eine solche Vornehmheit der Vorstellungskraft besaß Beethoven, die es Ghiberti ermöglichte, diese wunderbaren Tore zu formen , von denen Michelangelo sagte, sie seien würdig, die Tore des Paradieses zu sein. Auch das Scherzo war ein künstlerischer Triumph für das Orchester. In diesem wunderbaren und unheimlichen Tonbild wurde kein Punkt übersehen. Man hat es einen Tanz der Dämonen genannt; Aber es muss daran erinnert werden, dass viele große Künstler groteske und grausige Themen mit einer unbeschreiblich schönen Note behandelt haben, wie wir zum Beispiel in Alfred Rethels wunderbarer Zeichnung „Der Tod, der Freund" sehen. Nicht, dass das Scherzo in Beethovens c-Moll-Symphonie den Geist dieser Zeichnung atmet, die ruhig und gelassen ist, während das Scherzo voller seltsamem Spott ist. Der einzige Punkt des Vergleichs besteht darin, dass wir in beiden Werken ein groteskes Thema finden, das durch eine große künstlerische Fantasie veredelt und verschönert wird. Merkwürdig, dass die c-Moll-Symphonie oft als unregelmäßige und anarchische Komposition zitiert wurde. Sir George Grove hat in seiner bekannten Analyse darauf hingewiesen, dass das gesamte Werk strengstens den Strukturprinzipien folgt und dass seine größten Unregelmäßigkeiten die Verbindung von Scherzo und Finale sowie die *Reprise* des Scherzo kurz vor dem abschließenden Presto sind.

Die Sechste Sinfonie.

24. Februar 1899.

Bei der Aufführung dieser Sinfonie hatte der Dirigent Gelegenheit, andere Qualitäten zu zeigen als die vorangegangenen Werke der aktuellen Beethoven-Reihe. Die dritte und fünfte Sinfonie haben einen sehr aufregenden Charakter, die zweite ist ebenfalls deutlich aufregend, zumindest im Finale, die vierte ist eine Art leicht himmlischer oder engelhafter Äußerung, und die erste stellt den reifen Meister in keiner seiner Stimmungen wirklich dar. Bei früheren Aufführungen der Reihe schien der Dirigent die erfolgreiche Wiedergabe eines aufregenden Elements in der Musik oder die Interpretation einer erhabenen Emotion besonders hervorzuheben. Gestern war der Fall ganz anders. Die Pastorale-Sinfonie ist weder aufregend noch erhaben noch geheimnisvoll, da diese Eigenschaften dem Genie pastoraler Musik oder Poesie fremd sind. Sie ist ein Ausdruck der Emotionen, die durch einfache und häusliche Freuden hervorgerufen werden, und für ihre Interpretation erfordert sie neben der technischen Ausstattung nur eine gewisse frische und gesunde Energie. Sogar die religiöse Note am Ende hat einen einfachen idyllischen Charakter. Auch dieses Mal war die Interpretation unserer Meinung nach sehr bewundernswert. Der Dirigent schien die poetische Bedeutung jedes Abschnitts vollständig zu erfassen, und unter seiner Leitung vermittelte das Orchester die luftigen Freuden des Eröffnungssatzes, das beruhigende Murmeln des Baches, die ausgelassene Fröhlichkeit des folgenden Allegros, die kontrastierende Note des Sturms und das abschließende Danklied. Es wurde gesagt, dass Beethovens Musik eine ethische Bedeutung hat; und da viele Menschen große Schwierigkeiten haben zu verstehen, wie Musik eine ethische Bedeutung haben kann, ist es vielleicht sinnvoll, darauf hinzuweisen , dass die Pastorale-Sinfonie, die auf die gewaltigen Emotionen der vorhergehenden Symphonien folgt, genau dieselbe Lektion lehrt wie der Beginn von Goethes „Faustus und Helena", wo die Sylphen, die einfache, ungestörte natürliche Einflüsse verkörpern, sich um die Person des schlafenden „Faust" kümmern, den „unglücklichen Menschen, ob gut oder böse" bemitleiden und versuchen, seinen gequälten Geist zu beruhigen. Nach Ansicht Goethes und Beethovens gibt es für den gequälten Geist des unglücklichen Menschen keine andere Heilung als die einfachen, ungestörten Einflüsse der Natur. Dies ist neben ihrer musikalischen Schönheit auch die ethische Lehre der Pastorale.

Die Siebte Symphonie.

3. März 1899.

Eine Eigenschaft, die Beethovens Siebte Symphonie von den übrigen neun Symphonien unterscheidet, wird von Sir George Grove in seinem berühmten Buch („Beethoven und seine neun Symphonien") treffend zum Ausdruck gebracht, wenn er sie als die rhythmischste von allen bezeichnet. Zweifellos ist der Rhythmus in der Septime insgesamt stärker ausgeprägt als in allen anderen. Der langsame Satz wird nicht Marsch genannt; Dennoch hat es einen viel deutlicheren Schrittrhythmus als der Satz, der in der Heroischen Symphonie als Marsch bezeichnet wird. Im Finale erreicht die rhythmische Betonung einen Grad rücksichtsloser Gewalt, der von keinem Komponisten außer Tschaikowski übertroffen wurde . Ein Scherzo ist immer stark rhythmisch; Aber im Scherzo dieser Symphonie findet man eine Art rasende, rauschende, wirbelnde Bewegung, die in Beethovens Werken selten ist. Ein weiteres Unterscheidungsmerkmal der Symphonie ist der groteske Ausdruck, der im Vivace, im Scherzo stärker ist und im Finale sein ganzes Ausmaß erreicht. Wie bei den späteren Werken vieler anderer großer Künstler ist die poetische Absicht dieser Symphonie schwer zu erahnen. Man erkennt ein wunderbares Design, größtenteils grotesken Charakter; man nimmt das Werk einer gigantischen Fantasie wahr, die die hartnäckigen Tonmassen wie in einem Schmelzofen schmilzt und sie mit einer Art übermenschlicher plastischer Kraft für ihre Zwecke formt . Aber was das mächtige Design verdeutlicht, ist derzeit nicht offensichtlich. Die Groteske des ersten, dritten und letzten Satzes fällt umso mehr ins Auge, als der langsame Satz vom grotesken Charakter völlig entfernt ist. Die Qualität des Ausdrucks in diesem langsamen Satz entzieht sich jeder Klassifizierung. Es ist nicht gerade ein Trauermarsch und auch nicht gerade ein Klagelied, obwohl es zweifellos einen traurigen Charakter hat. Man könnte sich vorstellen, dass es sich um eine Art überirdischen rhythmischen Gesang handelt, der eine mysteriöse Veranstaltung unter den Totengöttern begleitet. Es gibt vielleicht keinen langsamen Satz von Beethoven mehr, dessen Schönheit eindringlicher oder imposanter wäre. Nach einer feinen und schwungvollen Wiedergabe der Einleitung und des Vivace wurde der langsame Satz – in der Partitur mit „allegretto" beschriftet, obwohl der Komponist später den Wunsch äußerte, die Angabe in „andante quasi allegretto" zu ändern – mit feinem Ausdruck gespielt. wenn auch vielleicht etwas zu schnell. Das Scherzo war absolut bewundernswert. Zu Beginn des Finales waren die rauschenden Sechzehntel in der Violinstimme aus irgendeinem Grund nicht ganz klar, obwohl später im Satz, als die Musik komplexer geworden war, dieselbe Figur klar genug klang. Im Großen und Ganzen hielt die Wiedergabe der Symphonie den Erfolg, der die Serie zuvor begleitet hatte, gut aufrecht.

Symphonie „Eroica".

Die Tatsache, dass das Leitthema im ersten Satz der „Eroica"-Sinfonie Note für Note aus Mozarts Jugendoperette „Bastien et Bastienne" stammt, spielt keine große Rolle. Wenn eine Operette etwas enthielt, das so in den siebten Himmel der Kunst entrückt werden konnte, war ihre Existenz dadurch weitaus besser gerechtfertigt als die Existenz der meisten anderen Operetten. Der Gedanke, in Bezug auf dieses Thema einen Plagiatsvorwurf gegen Beethoven zu erheben, ist unbeschreiblich absurd. Schließlich enthält das Thema nichts anderes als eine bestimmte rhythmische Anordnung des gemeinsamen Akkords, die so einfach ist, dass sie auch zwei Komponisten unabhängig voneinander in den Sinn gekommen wäre. Ob es Beethoven eigenständig eingefallen ist oder ob er, wie Sir George Grove vermutet, als Junge Mozarts Operette im Bonner Kurfürstentheater hörte und das Thema unbewusst nachahmte, spielt keine Rolle. Bei Mozart ist das Thema kaum mehr als ein zufälliges Passagenwerk. Es führt zu nichts; Bei Beethoven hingegen führt es zu Entwicklungen von außergewöhnlichem Reichtum und Bedeutung, die das wichtigste Element in einem Klangbild bilden, das an leidenschaftlicher und prägnanter Beredsamkeit, an Stofffülle, vielfältigem Interesse und plastischer Kraft alles übertrifft, was es bisher auf der Welt gab Der Musik. Es wäre schwer, ein anderes Thema von Beethoven zu erwähnen, mit dem so gewaltige Ergebnisse erzielt wurden. Es wird im Verlauf des Satzes dreißig bis vierzig Mal wiederholt, taucht in einer endlosen Vielfalt von Formen wieder auf, ist den verschiedensten Instrumenten zugeordnet, verändert sich in der Tonart, in der Klangfarbe , in der Lautstärke oder der Sanftheit der Äußerung und erzeugt so ein Unendliches Vielfältige Effekte in der Harmonie, die sich auf unerwartete Weise mit anderen Themen verbinden und bei jedem Wiederauftauchen einen neuen Wert erhalten und neue Offenbarungen bringen. Zu so großem Nutzen kann eine Operettenmelodie endlich kommen, wenn sie zufällig von einem Beethoven in die Hand genommen wird, der über eine Vorstellungskraft wie ein mächtiger Schmelzofen und eine Hand verfügt, die wie ein großer Bildhauer in Bronze modellieren kann. Der auffälligste Punkt in Dr. Richters Interpretation der „Eroica" ist seine Behandlung des Kontrasts zwischen jenen musikalischen Elementen, die Phasen männlicher Energie symbolisieren , und den Belastungen des Trostes und der Versöhnung. Ein charakteristisches Beispiel für das letztere Element ist das himmlische Duett für Oboe und Cello, das unmittelbar nach dem schrecklichen Ausbruch von Wut und Trotz im „Working-Out"-Abschnitt des ersten Satzes ertönt. Es ist eine Krise der Schönheit und Erhabenheit, der unseres Wissens kein anderer Dirigent gerecht werden kann. Aber hier und im gesamten mächtigen ersten Satz wurden wir daran erinnert, dass Dr. Richters Vorrang bei Beethoven wirklich unbestreitbarer ist als bei jeder anderen Musik. Seine Wagner-Wiedergaben werden von anderen angesprochen, aber seine Beethoven-

Wiedergaben werden nicht einmal angesprochen. Den edlen und feierlichen Klängen des Trauermarsches wurde erneut vollkommene Gerechtigkeit widerfahren; und das Gleiche gilt für das Scherzo – ein Satz voller strahlender Heiterkeit, der im Trio die schönste Hornmusik enthält, die je geschrieben wurde – und für das Finale in Variationsform.

Sinfonie Nr. 2 in D.

15. Januar 1904.

Laut Herrn Felix Weingartner ist der Fortschritt von Beethovens Nr. 2 zu seiner Nr. 3-Symphonie so groß, dass er in der Kunstgeschichte ohne Beispiel sei, und dies betrachten wir als gesunde Lehre. Die Nr. 3 – die „Eroica" – stellt nicht nur einen Beitrag von beispielloser Brillanz zur symphonischen Musik dieser Zeit dar, sondern eine immense Erweiterung ihrer bisher bekannten Möglichkeiten. Ein solches Werk stellt natürlich alles in seiner Art bisher Dagewesene in den Schatten; aber es ist sehr wünschenswert, den Fehler einiger Kommentatoren zu vermeiden, die eine große Kluft zwischen Nr. 2 und Nr. 3 erkennen und ersteres für ein unreifes Werk erklären, das nicht durch und durch typisch für Beethoven ist, sondern ihn als bloßen Schüler von Beethoven darstellt Haydn und Mozart. Als man sich gestern die wunderbar lebhafte und ausdrucksstarke Wiedergabe anhörte, konnte man kaum umhin, von der Tatsache beeindruckt zu sein, dass alles sehr beethovenhaft ist ; dass es über Mozart hinausgeht, genauso deutlich und nachhaltig, wie Mozart in seiner großartigen g-Moll-Symphonie über Haydn hinausgeht. Wir brauchen eine Revision der aktuellen Sicht auf diese frühen Beethoven-Symphonien. Nur das erste ist unreif. Nr. 2 ist auf jeder Seite von der wahren Beethoven-Individualität geprägt und in der Fülle seiner Organisation und der Kraft seines Charmes mit Mozarts g-Moll vergleichbar . Der enorme Unterschied zwischen Nr. 2 und Nr. 3 lässt sich nicht richtig dadurch zum Ausdruck bringen, dass erstere als unreif bezeichnet wird. Es ist ein Unterschied, der die Beethoven-Symphonien von Nr. 2 bis zum Ende in zwei klar definierte Gruppen unterteilt. Wie bereits vor langer Zeit beobachtet wurde, sind die Sinfonien mit ungeraden Nummern, beginnend mit 3, mehr oder weniger in heroischer Form gehalten , während die Symphonien mit geraden Nummern dazwischen einen viel milderen Charakter haben – Schöpfungen von glücklichen Perioden, in denen der Komponist zu sein scheint haben Energie für die gigantischen Arbeiten von 3, 5, 7 und 9 gespeichert . Vor diesem Hintergrund fällt es uns nicht schwer, Nr. 2 an ihrem richtigen Platz zuzuordnen. Sie kann zusammen mit der 4., 6. und 8. Symphonie gruppiert werden und kann daher als die erste der „halcyonischen" Symphonien bezeichnet werden. Neben dem allgemeinen Charakter der Musik gibt es einen ganz besonderen Grund dafür, die Auffassung von Nr. 2 nicht als unreifes Werk zu akzeptieren. Im zweiten Thema des Larghetto haben wir eine sehr schöne und originelle musikalische Idee, die der Komponist so sehr als eine seiner besten und charakteristischsten ansah , dass er viele Jahre später darauf zurückkam, als er seinen letzten und größten langsamen Satz komponierte. Vergleichen Sie die Seiten 29 und 363 von Sir George Groves „Beethoven und seine neun Symphonien" und stellen Sie insbesondere fest, dass die Tonartbeziehung des synkopierten Themas zum allgemeinen Schema des Satzes in beiden Fällen dieselbe ist.

" Vermisse ein Solennis ."

1. Februar 1901.

Bis gestern Beethovens " Missa Solennis war bei diesen Konzerten nicht zu hören, aber es ist nicht überraschend, dass Aufführungen eines solchen Werks selten waren. Es ist ohne Frage das strengste aller musikalischen Werke – ein Produkt von Beethovens ziemlich unerbittlicher Stimmung. In der Zeit, als es geschrieben wurde, war der Komponist zu einer Art leidendem Prometheus geworden. Selbst abgesehen von seiner Taubheit ist es wunderbar, dass Beethovens anhaltendes Unglück, sein isoliertes und unglückliches Leben ihn nicht entmutigt und den Fluss seiner schöpferischen Energie gebremst haben. Aber dass die gewaltigsten seiner Kompositionen entstanden, als er stocktaub war – das ist sicherlich eine der erstaunlichsten unter den gut belegten Tatsachen! Soweit wir wissen, gab es nie einen anderen Fall, in dem Taubheit einen Menschen nicht völlig von der Welt der Musik abschottete. Bei Beethoven brachte sie nur einen allmählichen Stilwechsel mit sich. Als der Zauber, den die Musik für das Ohr hat, nachließ, wurde er immer versunkener, distanzierter, strenger und spiritueller. Das warme menschliche Gefühl seiner Kompositionen aus der mittleren Periode wich einem Stil von solch überirdischer Erhabenheit und Erhabenheit, dass er für gewöhnliche Sterbliche bedrückend ist. Für diese überirdische Erhabenheit gibt es kein typischeres Beispiel als die „ Missa Solennis ." Nicht nur in Bezug auf die Komposition, sondern auch in Bezug auf die Aufführung ist die gewöhnliche Sprache der Kritik fehlerhaft. Wer hat jemals eine "zufriedenstellende" Aufführung der " Missa Solennis "? Von den Interpreten wird Opferbereitschaft verlangt; denn die Musik ist von Anfang bis Ende mit völliger Rücksichtslosigkeit gegenüber den Schwächen und Grenzen der menschlichen Stimme geschrieben. Natürlich wäre das bei einem gewöhnlichen Komponisten unerträglich. Händels Kombination deutscher struktureller Festigkeit mit italienischer Höflichkeit, Stilgefühl und Freude an reicher Stimmrhetorik ist das Ideale. Verglichen mit dem vernünftigen und taktvollen Händel ist Beethoven aus der Sicht des Sängers eine Art Monster, aber ein Monster von so großer Genialität, dass seinen schrecklichen Anforderungen gelegentlich entsprochen werden muss.

Am besten schnitt das Quartett im erstaunlichen Abschnitt „Dona nobis Pacem " ab, in dem der Komponist die Menschheit darzustellen scheint, die versucht , das Himmelreich mit Gewalt zu erobern, gegen alle Unterdrückung unter der Sonne protestiert und sich auf den Thron schickt Gottes so sofortiger Ruf nach der Gabe des Friedens, der inmitten des Lärms des Streits zu hören ist. Denn dieses Friedensgebet erklingt vor dem düsteren Trommelwirbel und dem drohenden Trompetenklang , bald mit mächtiger Einmütigkeit der Stimmen, bald dem Wehklagen dieses oder jenes verlorenen Opfers. Vergeblich sucht man im Tempel der Musikkunst nach etwas, das zu dieser gewaltigen Vorstellung passt, die die Schlussphase der „ Missa " kennzeichnet Solennis .

„Fidelio."

28. Oktober 1904.

Ein höchst seltsamer und nicht einzuordnender Raum im Palast der Musikkunst ist Beethovens „Fidelio" vorbehalten. Eine Art Verzweiflung überkommt wahrscheinlich jemanden, der zu erklären versucht, wie Beethoven zur dramatischen Musik steht. Wenn man sagt, er sei kein großer dramatischer Komponist gewesen, erheben sich die Fragen: Hat er die Symphonie nicht hundertmal dramatischer gemacht, als sie je zuvor war? Hat er nicht Musik in Verbindung mit Goethes „Egmont" gemacht, die für immer zu diesem Drama zu gehören scheint? Hat er Leonora nicht musikalisch ebenso individualisiert , wie Mozart die viel weniger erhabenen Charaktere Donna Anna und Zerlina individualisiert hatte ? Hat er nicht in seiner „Dritten Leonora" etwas erreicht, was niemand auf dem Gebiet der dramatischen Ouvertüre je erreicht hat oder je erreichen kann? Tatsächlich hat er all diese Dinge getan und noch einige mehr, die als scheinbare Widerlegung der Behauptung angeführt werden können, er sei kein großer dramatischer Komponist gewesen. Und doch ist es sicher, dass er nie dramatische Musik komponierte, die seiner Art entsprach — nicht mit der unfehlbaren Angemessenheit an das Thema von Gluck, der glücklichen Fülle von Mozart, der glühenden Bildhaftigkeit von Weber. Nein; im mächtigen Fluss Beethovens schrumpft die Erfindungsgabe des Symphonikers zu einem Rinnsal in seiner einzigen Oper. Das Wasser ist unvergleichlich klar, und an den Ufern des Stroms wachsen Blüten von seltenster Schönheit und Duft; aber jede Seite ist sozusagen geprägt von dem Eingeständnis, dass das Schreiben von Opern nicht Beethovens Stärke war: und ohne Frage handelte er weise, als er nur eine einzige schrieb. Wie gewaltig ist die Veränderung, wenn er die Symbole seines einzigen Musikdramas nimmt und sie für einen monumentalen Zweck verwendet, in der großen „Leonora"-Ouvertüre! Beethoven ist Shakespeareanisch in der Bandbreite seines Geistes und in seiner Einstellung zum Leben, das er immer von der rein menschlichen Seite aus betrachtet und ohne die Sorgen des Hofes, des Lagers, des Klosters, des akademischen Hains oder der Kirche. Aber sein Ausdrucksmittel ist nicht Shakespeares Werk, es ist hart und unnachgiebig – eine Art musikalische Bronze oder Granit. Und doch behält „Fidelio" – trotz seiner dürftigen Geschichte, die nahelegt, dass Beethoven, nachdem er Mozarts „Don Giovanni" als skandalös abgelehnt hatte, es als seine Pflicht empfand, eine Oper zu einem Thema zu komponieren, das „streng angemessen" sein sollte, und trotz seiner dünnen Erfindungsgabe – unweigerlich seinen Einfluss auf die Musikwelt. Den Erfolg der Oper als „ *succès d'estime* " *zu bezeichnen,* wäre ein Missbrauch des Wortes. Sie konzentriert eine gewisse Bandbreite poetischer Ideen, die nichts anderes dieser Art erreicht, und steht – mit ihrer wordworthschen Einfachheit und moralischen Güte – unter anderen Opern wie eine Schwester Klara inmitten einer Gruppe feiner Damen.

KAPITEL III.

—

BERLIOZ.

„Symphonie Fantastique."

1. November 1901.

Die „Symphonie Fantastique" bietet ein umfassenderes Bild der musikalischen Persönlichkeit des Komponisten als jedes andere Einzelwerk. Als Musterbeispiel jugendlicher Frühreife steht es auch für sich allein. Es wurde im Alter von 26 Jahren geschrieben, als der Komponist noch Student am Konservatorium war und von einer Gruppe von Dozenten beharrlich brüskiert wurde, die ihm alle – möglicherweise mit Ausnahme von Cherubini, dem Direktor – in jeder Hinsicht völlig unterlegen waren Art von musikalischer Kraft, Wissen und Können. Die Erfahrung von Berlioz am Pariser Konservatorium war der von Verdi an einer ähnlichen Institution in Mailand sehr ähnlich; Aber die Merkmale des Genies im Werk der Studentenzeit waren bei Berlioz weitaus deutlicher zu erkennen als bei Verdi. Wir haben gesagt, dass die „Symphonie Fantastique" als Werk von frühreifem Genie für sich allein steht. Zweifellos hatten andere Komponisten wie Mozart und Schubert schon in einem noch früheren Alter Genies höherer Ordnung bewiesen. Aber die „Symphonie Fantastique" als Werk eines Lehrlings, der die größten und komplexesten Mittel absolut beherrscht, hat keine Parallele. Die große Tatsache, die man bei Berlioz immer im Gedächtnis behalten muss, ist, dass er sich mit der ganzen Energie eines enormen und höchst originellen Talents einer bestimmten musikalischen Aufgabe widmete. Diese Aufgabe bestand darin, neues Material für das musikalische Medium zu gewinnen, und was Berlioz in der Welt des Tons vollbrachte, ähnelte sehr dem, was Christoph Kolumbus in der Welt des Landes und des Meeres vollbrachte. Auch Berlioz eröffnete eine neue Hemisphäre, und er erledigte seine Arbeit viel gründlicher als der große Seefahrer. Diese gewaltige Leistung sichert Berlioz einen dauerhaften Platz an erster Stelle in der musikalischen Hierarchie. Aber sich durch den Respekt vor seinem Genie davon abhalten zu lassen, seine Fehler einzugestehen, ist nicht die beste Art, sein großartiges Erbe zu nutzen. Diese Fehler sind dennoch ungeheuerlich, da sie untrennbar mit seiner Individualität verbunden sind, und einem durch und durch aufgeklärten modernen Musiker würde es wahrscheinlich sehr schwer fallen, seine Geisteshaltung gegenüber den Werken von Berlioz' Kunst zu definieren. In gewisser Weise hat in den besten Werken, zu denen die gestern gespielte Symphonie zweifellos zu zählen ist, alles seine Berechtigung. Wenn man einen Künstler sieht, der bestimmte Themen wie von Natur aus behandelt, und zwar mit enormer Kraft und Ressourcen, darf man ihn nicht verurteilen, weil diese Themen unangenehm oder sogar im Extremfall schrecklich sind. Eine solche Verurteilung ist kein Leben und Lebenlassen. Künstlerische Kraft ist mit den höchsten und seltensten Qualitäten verbunden, die die menschliche Natur hervorbringt, und sie ist immer berechtigt. Die Lieblingsthemen von Berlioz könnten sich durchaus als Stolperstein erweisen. „Orgie" wäre in seinen Händen beinahe zu einer musikalischen Form geworden. In mindestens drei verschiedenen Werken von ihm – „Symphonie Fantastique", „Harold in Italien" und „Die Verdammnis des Faust" – finden wir eine Bewegung, die einen solchen Namen trägt, und da sein Appetit auf Schrecken mit dem „ „Hexensabbat" im ersten dieser drei Werke gibt er uns einen weiteren Satz, der einen Umzug zur Guillotine eines jungen Mannes darstellt, der wegen Mordes an seiner Geliebten verurteilt wurde. In enger Verbindung mit dieser Liebe zum grellen, gespenstischen und grässlichen Geist steht der bitter ironische Geist, der einen „Amen"-Chor im gespielten kirchlichen Stil erfand, der über einer toten Ratte gesungen werden sollte und das eigene Liebesthema des Komponisten mit einer Schablone abspannte -ähnliche Variation über ein besonders hässliches Instrument (die Es-Klarinette), das zu diesem Zweck in das Orchester eingeführt wurde, und die Verwendung des strengen und majestätischen Plain Song-Themas des „Dies Iræ " als *Cantus firmus* , zu dem das spöttische Gelächter von Hexen (die in einer riesigen, wogenden Besenstielkavalkade durch die Luft vorbeisausen) bilden eine Art fantastischen Kontrapunkt. Es ist gut, sich vor Augen zu halten, dass das gleiche Talent uns so wundersame, hauchdünne Fantasien bescherte wie das „Queen Mab"-Scherzo und den Sylphenchor sowie das äußerst zärtlich schöne und lebendig konzipierte Idyll „ L'Enfance du Christ".

Für die „Symphonie Fantastique" musste das Orchester beträchtlich vergrößert werden. Zusätzlich zu allen üblichen Instrumenten erfordert die Partitur eine Es-Klarinette, zwei Glocken (G und C), eine zweite Harfe, eine zusätzliche Pauke und eine zweite Basstuba. Alles wurde mit größter Sorgfalt einstudiert, und in allen fünf Sätzen war die Aufführung eine Zurschaustellung von Virtuosität, wie man sie nur unter einer sehr seltenen Kombination günstiger Umstände hören kann. Kein anderer Komponist bringt ein sehr kraftvolles und geschicktes Orchester zu so großem Vorteil zur Geltung. Wie Herr Edward Dannreuther treffend und zutreffend bemerkt hat: „Bei Berlioz ist die Gleichung zwischen einer bestimmten Phrase und einem bestimmten Instrument immer perfekt." Sein gewalttätiger, eigensinniger Charakter zeigt sich in der Harmonie. Seine Einfälle verschlingen einander wie Drachen in der Blütezeit, anstatt in geordneter Weise voranzuschreiten und sich zu entwickeln. Aber die wunderbare Schönheit der Klangfarbe und die Passgenauigkeit des Passagenwerks verfehlen nie ihren Höhepunkt. Die Teile der Sinfonie, die dem Publikum am meisten gefielen, waren ohne Zweifel der zweite Satz im Walzerrhythmus (in dem die beiden Harfen und die Holzbläser auf

wunderbare Weise eingesetzt werden) und der Marsch im vierten Satz, in
dem der Teil, der eher die Emotionen des Mobs als die des Opfers
symbolisiert , sehr brillant und aussagekräftig ist und Anklänge an den
Ungarischen Marsch aufweist, den sich der Komponist später zu eigen
machte.

„Faust.“

7. März 1902.

Die Welt der Kunst hat im 19. Jahrhundert keine originellere oder
rätselhaftere Gestalt hervorgebracht als Hector Berlioz – ein Wort, das hier
in seiner weitesten Bedeutung verstanden werden kann und so Architektur,
Musik, Grafik, Bildhauerei und Literatur einschließt. In einer der frühesten
Kritiken zu seinem „Faust“, der 1846 an der Opéra Comique in Paris
uraufgeführt wurde, wurde die Meinung geäußert, er hätte Chemiker und
nicht Musiker werden sollen – eine Bemerkung, die einem Ratschlag, den
Berlioz einst Künstlern im Allgemeinen gab, außerordentliche Bedeutung
verleiht: „Sammeln Sie immer die Steine, die auf Sie geworfen werden; sie
können helfen, Ihr Denkmal zu bauen.“ Die Bemerkung, Berlioz hätte
Chemiker werden sollen, war ursprünglich als spöttische Bemerkung
gedacht, ist ein perfektes Beispiel dafür. Er *war* Chemiker, und es ist sein
größter Ruhm, dies in der Welt der Musik gewesen zu sein. Er testete,
analysierte , kombinierte neu und bereicherte jene Tonelemente, die das
Material des musikalischen Künstlers sind, ungemein. Natürlich war er weit
mehr als nur ein Chemiker. Er war auch ein Forscher, aber immer auf der
Suche nach Material für seine im Wesentlichen chemischen Tonexperimente.
Es kann kaum verwundern, dass „Faust“ zunächst ein Misserfolg war. In
dem unbekümmerten Flickwerk des Buches finden sich viele Hinweise auf
die grobe und satirische Ader, die bei dem Komponisten so stark ausgeprägt
war. Wie sollte das Publikum eine Oper zum Thema Faust gutheißen, die
kein Liebeslied oder wirklich lyrische Äußerungen irgendeiner Art für den
Tenorhelden enthält, dafür aber ein Lied über einen Floh und ein
Rattenrequiem, das mit einem „Amen“-Chor in nachgemachtem kirchlichem
Stil endet, ganz zu schweigen von einer Szene in Pandemonium und einer
Orgie infernale ? Berlioz war eine Art verspäteter Mittelalterler . Schon der Titel
„Damnation de Faust“ ist mittelalterlich . Shakespeare und die anderen
Dichter der Renaissance und späterer Zeiten erkennen das Schicksal der
Seele als eine bis zum Ende der Welt *ungelöste Angelegenheit an. Doch Berlioz hatte
ebenso wenig Skrupel wie Dante, das Jüngste Gericht vorauszusehen.* Auch die Szene
in Auerbachs Keller ist mittelalterlich, und das Chanson *gothique* über den
König von Thule klingt, als sei es dem Komponisten als Erinnerung an einen
früheren Daseinszustand eingefallen; so wunderbar ist die Kraft der
eigenartigen und unheimlichen Melodie, den Geist in eine muffige und
hierarchische Welt mit ummauerten Städten und engen Gassen, mit Terror

und Folterkammern, mit Kreuzzügen und fahrender Ritterschaft, mit unmöglichen Höhen der Heiligkeit und unvorstellbaren Tiefen der Teufelei zurückzuversetzen. Aber die Popularität, die das Werk in diesem Land etwa 34 Jahre nach der Erstaufführung in Paris erlangte und seitdem bewahrt hat, ist nicht auf irgendwelche Mängel oder Qualitäten zurückzuführen, die in der Mittelalterlichkeit des Komponisten wurzeln. Was das breite Publikum genießt, ist der großartige Bauernchor am Anfang, die Bearbeitung des Rácoczy-Marsches, der das beste Stück Militärmusik überhaupt ist, der Chor und Tanz der Sylphen, Margarets Romanze und Mephistopheles' Serenade. Vielleicht empfinden auch viele von ihnen eine Art unverbesserliches Vergnügen an den Ratten- und Flohgesängen, während sie solche Dinge im Grunde missbilligen, und natürlich mögen sie die Ballade des Königs von Thule, denn niemand, der auch nur ein bisschen musikalisch ist, kann den Charme dieser wunderbaren Melodie völlig übersehen. Sie spricht viele Zuhörer an, die keine Ahnung davon haben, dass sie irgendetwas Gotisches oder Mittelalterliches an sich hat.

Die Hundertjahrfeierlichkeiten.

10. Dezember 1903.

Berlioz war der Kolumbus der Musik; er entdeckte die Neue Welt. Durch seine Theorie und Praxis der Orchestrierung erweiterte und bereicherte er die Klangressourcen so sehr, dass alle zeitgenössischen und späteren Komponisten, die seine Botschaft verstehen konnten, eine enorme Erheiterung empfanden – ein Gefühl, dass sich vor ihnen neue und bis dahin ungeahnte Möglichkeiten auftaten. Ausgangspunkt seiner bedeutsamen Reisen war die Idee der sogenannten „Programmmusik ". Wie Wagner erkannte er, dass die symphonische Musik nach Beethoven nicht mehr auf den alten Linien aufbauen konnte, sondern dass die Musik lernen könnte, viel schärfer zu charakterisieren als je zuvor. Seine gewaltige Reform, Erweiterung und Bereicherung der Orchestrierung erfolgte ausschließlich unter dem Einfluss des Wunsches nach stärkerer und feinerer Charakterisierung , nach einem abwechslungsreicheren und interessanteren Spiel der Emotionen und der grafischen Suggestion. Viele Musiker und Musikliebhaber erkennen heute den enormen Wert von Berlioz' Leistung in der Orchestrierung an, sind jedoch der Ansicht, dass es ihm wie Moses nicht gestattet war, das gelobte Land zu betreten, in das er sein Volk geführt hatte; oder, wörtlicher, dass Berlioz nicht in der Lage war, seine eigenen Entdeckungen wirklich sinnvoll zu nutzen, deren Bedeutung eher in der Musik von Wagner, Dvorak , Tschaikowski und anderen, die von Berlioz lernten, als in seiner eigenen Musik zu erkennen ist. Obwohl der aufgeschlossene Musikliebhaber zugibt, dass spätere Männer, wie die genannten, das Berlioz-Instrument für spirituellere Zwecke oder mit größerer epischer und dramatischer Bedeutung verwendet haben, kann er kaum leugnen, dass die Kompositionen von Berlioz, die als absolute Kunstwerke betrachtet werden, eine majestätische Reihe von Meisterwerken umfassen. Stücke wie das „ Te Deum" und die „Messe des Morts " tragen in ihrer beispiellosen konzeptionellen Weite den Stempel einer Vorstellungskraft, die nur mit der von Michel Angelo vergleichbar ist. Sie sind gewaltige Fragmente größerer Werke, die nie aufgeführt wurden – unmöglich aufzuführen. Das bekannteste Werk von Berlioz – und im Großen und Ganzen das vollkommenste der umfangreichen Werke – ist der „Faust", der nicht als Opernversion von Goethes „Faust" angesehen werden darf, sondern vielmehr als musikalische Vertonung der „Faust"-Geschichte in der rasanten und drastischen Art der mittelalterlichen Puppenspiele, wobei Goethes Drama nur insoweit verwendet wird, als es Anregungen für Szenen der wohlgewürzten und drastischen Animation bietet, die Berlioz liebte. Berlioz war ein typischer französischer Romantiker. Seiner Musik fehlt das ethische Element, das bei Bach und Beethoven so stark ausgeprägt ist, völlig. Aber er hatte einen starken und wahrhaft poetischen Sinn für das Wunderbare, das Schöne, das Unheimliche und das Charakteristische. In seinem „Faust" erreicht er immer wieder typische Vortrefflichkeit. Diese Verzückung des Frühlings, eines der großen, unvergänglichen poetischen Themen, wurde in der Musik nirgends besser wiedergegeben als auf den ersten Seiten von „Faust" (Orchester und Tenorstimme), und die darauffolgenden Bauernchöre sind bei weitem der beste musikalische Ausdruck dieser „sonnenverbrannten Fröhlichkeit", die außerhalb der Welt der Kunst nur unter einem südlichen Himmel möglich ist. Der von Berlioz orchestrierte Rácoczy -Marsch ist nicht nur das beste Stück Militärmusik der Welt, sondern ist dem nächstbesten Stück auch unermesslich weit voraus. Die Energie, Fröhlichkeit und stürmische Beredsamkeit des letzten Abschnitts (natürlich ganz Berlioz' eigene) geben uns das musikalische Symbol von „La Gloire" – dieser wichtigen Konzeption, die seit drei Jahrhunderten eine Rolle in der Geschichte spielt. Die Szene am Elbufer ist aus Mondstrahlen und hauchzarten Fantasien gewoben, die kein anderer Komponist hätte verarbeiten können. Der Rhythmus der Mephisto-Serenade ist zu gut für diese Welt. Hier gelingt es dem Komponisten, das Diabolische auszudrücken, ohne direkt auf Bosheit hinzuweisen – einfach indem er den Rhythmus und den Akzent des Lachens so ungeheuer aufrichtig und vollblütig gestaltet, dass es für einen bloßen Menschen zu ungeheuerlich ist. Ein weiteres Wunder ist das „Chanson Gothique " (über den König von Thule), das sozusagen die destillierte Essenz aller mittelalterlichen Romanzen über liebeskranke Jungfrauen ist, die aus ihren Fenstern blicken. Im letzten Teil fällt der Komponist seinem bösen Genie zum Opfer – dem *Makabren* – , und das schreckliche Schielen des Wahnsinnigen ist im „Ritt in den Abgrund" wahrnehmbar, und das Heulen und Gebrabbel der Dämonen, denen die Bedeutung der Dämonen in „Gerontius" völlig fehlt und die uns einfach zeigen, wie der Komponist seiner Vorliebe für die grotesken Schrecken der alten Mysterienspiele nachgibt. Der letzte Teil der Komposition sollte nicht zu ernst genommen werden. Schon im frühen Teil gibt es ein Beispiel für die besondere Vorliebe des Komponisten, die Ämter der Religion zu verkleiden. Doch auch dies sollte man angesichts des Festes, das das Werk als Ganzes der Vorstellungskraft und dem erfrischenden Salzwind des männlichen und positiven Genies des Komponisten bietet , leicht übersehen und verzeihen.

„Faust"-Symphonie.

21. November 1902.

Die traurige Tatsache muss festgehalten werden, dass die „Faust"-Symphonie bei ihrer Uraufführung in Manchester scheiterte. In unserem nationalen Temperament scheint etwas zu liegen, das es uns besonders schwer macht, in das Geheimnis Liszts einzudringen und seine Tonsprache verstehen zu lernen. In der Musikgesellschaft des Kontinents gilt „Liszt nicht mögen" als festes Merkmal des Engländers, und die wenigen Engländer, die gelernt haben, Liszt zu mögen, erinnern sich an den allmählichen Prozess, durch den ihnen die Ohren geöffnet wurden, wie das Erlernen einer Fremdsprache nachdem man erwachsen ist. Manche Komponisten haben eine Art der Äußerung, die halb unbewusst aufgegriffen werden kann; aber für die Briten ist Liszts Werk jedenfalls nicht so. Um sie zu verstehen, sind Geduld, beharrliches Studium, Nachdenken, Beobachten, Vergleichen und ein gewisses Feingefühl notwendig, und wir haben nicht die Angewohnheit, Musik ernst zu nehmen (außer in abstrakter Form) oder ihr unsere ganze Aufmerksamkeit zu widmen. So geht uns so etwas wie die „Faust"-Symphonie über den Kopf, als wäre es ein Gedicht in einer fremden Sprache, von der wir nur den Rhythmus begreifen. Es ist schade, denn für die wenigen, die es verstehen, ist das Gedicht sehr großartig und großartig. Wie ein geisterhafter Seemann der Antike hält uns der Geist des Meisters „mit seinem glitzernden Auge" fest und spricht als jemand, der voller Materie und Weisheit ist und ein Meister des Lebens. Seine Geschichte ist die alte über Faust und Gretchen – nicht die Berlioz-Version, die mit Fausts Verdammnis endet, sondern die ursprüngliche Goethe-Version, die sich mit der Verwirklichung von Fausts Erlösung befasst (der Unterschied zwischen den beiden ist wirklich beträchtlich) – und Beim Erzählen dieser Geschichte vermittelt er dem Herzen Lektionen, die viel zu zart sind, als dass man sie in Worte fassen könnte. Viele Komponisten haben „Faust"-Musik der einen oder anderen Art gemacht. Spohr und Schumann, Berlioz und Boïto , Wagner und Liszt zollten dem unerschöpflichen Interesse des Themas Tribut, abgesehen von Gounod – dem oberflächlichsten und daher bekanntesten von allen. Aber auch in Gounod gibt es ein wenig echte „Faust"-Musik – sehr wenig. Es findet sich in den ersten paar Takten der Ouvertüre, in der Mephistopheles-Serenade und, vielleicht könnte man hinzufügen, im Lied über den König von Thule, obwohl Berlioz das viel besser gemacht hat. Wagners „Faust"-Ouvertüre ist eine großartige Komposition und kommt der Symphonie von Liszt am nächsten. Aber es ist viel zu einseitig, um mit Liszts gewaltiger Komposition zu konkurrieren, die das ganze Thema zu erfassen scheint und ihm das Herz aus dem Herzen reißt, mit einer Art Vorstellungskraft, die an die von Victor Hugo erinnert, obwohl der Touch authentischer ist . Er beginnt mit dem einsamen Faust in seinem Arbeitszimmer, versunken in düstere Meditation, deren jede Phase die Musik erläutert (für den, der genau genug zuhört) – intellektueller Stolz, reduziert zur Ohnmacht bei dem Bemühen , das „Rätsel der schmerzlichen Erde" zu lösen. ; die Beruhigung des Geistes durch mystische Einflüsse, die scheinbar einer höheren Welt entstammen; dann das Wiedererwachen des Schmerzes in dem Bewusstsein, das zuvor zum Schweigen gebracht und verzaubert worden war. Hier klingt die Musik wie eine Reihe gebrochener Seufzer, wenn sie den Akkord weiterleitet und jeder Note ein Halbton vorangeht. Und jetzt stoßen wir auf etwas ganz Neues. Ein klagendes Thema auf der Klarinette, das von einer einzelnen Bratsche beantwortet wird, symbolisiert die Vision weiblicher Gemeinschaft. Die Hoffnung erwacht wieder, und die Stärke von Fausts Natur zeigt sich im herrlichen E-Dur-Thema für großes Orchester, das im gesamten Werk die Hauptrolle spielen wird. Der Satz ist lang, nachdenklich und nicht weniger einfallsreich als reich und leuchtend in der Klangfarbe . Im zweiten Satz mit der Überschrift „Gretchen" treffen wir auf eine ganz andere Atmosphäre. Es ist ein würdiges Gegenstück zur Gretchen-Episode in Goethes Gedicht – zweifellos das beste Mädchenbild aus der Sicht des Mannes, das es in der Literatur gibt. Unaussprechlich schön ist der Kontrast zwischen der fantasielosen und der liebevollen Gretchen. Es gibt nichts Reichhaltigeres und Verzückenderes in der Musik als die darauffolgende Liebesszene, die an die Stelle im ersten Akt der „ Walküre " erinnert, wo die Türen aufschwingen und den verzauberten Blicken der Liebenden die umspülte Frühlingslandschaft offenbaren im Mondlicht. Aber Liszt trifft hier mehr auf den Punkt als Wagner. Dann kommt Mephisto mit seinem teuflischen Tanz und verwandelt alles in Spott, bis ein Licht vom Himmel herabstrahlt, wo die Seele Margaretes unter den Engeln erscheint und der „Geist, der leugnet", mit abgerissener Maske zitternd zurückschreckt und zurückschreckt verdutzt. Hier bringt der „Chorus mysticus " den krönenden Gedanken des „Faust"-Dramas zum Ausdruck: „Die Frauenseele zieht uns hinauf und weiter." Ein Werk wie die „Faust"-Symphonie weicht insofern vom klassischen Vorbild ab, als es insgesamt durch dramatische und charakteristische und keineswegs durch architektonische Prinzipien vereint ist. Man kann es auch als drei Charakterskizzen betrachten, die mit Hilfe einiger Querverweise zusammen eine Geschichte erzählen. Jeder, der sich mit moderner Musik gut auskennt, wird, wenn er diese Komposition zum ersten Mal hört, über die Vielzahl der darin enthaltenen Ideen erstaunt sein, die später von anderen Komponisten verwendet wurden. Der eklatanteste Fall ist die Verwandlungsmusik unmittelbar vor dem Einsatz des „Chorus mysticus ", die Wagner mit nur ganz unwesentlichen Änderungen körperlich in den dritten Akt der „ Walküre " übertragen hat, nach den Worten „So streif ". 'Ich dir die Gottheit ab.' Aber Dutzende anderer Ideen in Wagners „Tristan" und „Siegfried" und Strauss' „Till Eulenspiegel " findet man hier im Keim.

Klavierkonzert in Es-Dur.

13. November 1903.

Die Haltung des Musikpublikums hierzulande gegenüber Liszt ist derzeit das unbefriedigendste und ungewöhnlichste Merkmal der musikalischen Situation. Es ist nicht möglich, jemanden zu nennen, der mehr als Liszt dazu beigetragen hat, das Beste in der modernen Musikwelt zu schaffen. Er schuf die Pianoforte-Technik, ohne die die späteren Werke Beethovens nie hätten aufgeführt werden können, er leitete mit der Erfindung der Symphonischen Dichtung eine neue Ära der symphonischen Musik ein und er war der Erste, der Wagner verstand und interpretierte. Aber wir begehen weiterhin unseren historischen und traditionellen Fehler. Wir schätzen die Kontinuität der Musikkunst nicht, und wir schätzen die anregenden und schulbildenden Einflüsse nicht. Es ist heute dasselbe wie vor 150 Jahren, als wir Händel, der nie einen anderen Komponisten sinnvoll beeinflusst hat und der im Wesentlichen das Ende einer Entwicklung darstellte, Bach vorzogen, der den größten und fruchtbarsten prägenden Einfluss hat jeden musikalischen Zeitalters, und der alle nachfolgenden genialen Komponisten mit Ausnahme von zwei oder drei der lateinamerikanischen Rassen stark beeinflusst hat. Im frühen 19. Jahrhundert machten wir im Hinblick auf Mendelssohn und Schumann genau den gleichen Fehler; Jetzt schaffen wir es noch einmal, indem wir Tschaikowski Strauss vorziehen. Aber noch schlimmer ist unser Fehler, Liszt nicht zuzuhören, ohne den weder Tschaikowsky noch Strauss als musikalische Persönlichkeiten hätten existieren können. Gestern wurde erneut das großartige Liszt-Konzert in Es-Dur gespielt und mit einer Art Toleranz aufgenommen. Sehr gutes Spiel, schien das Publikum zu finden; aber wie schade, dass die Komposition nicht hörenswert war! Dennoch ist es das brillanteste und unterhaltsamste aller Konzerte. Es ist noch nie bekannt, dass jemand, der sich wirklich für Musik interessiert, unvoreingenommen an sie herangegangen ist und sie nicht mochte, und — was noch bemerkenswerter ist — die Wirkung der Musik auf alle, die sie studieren, um sie zu spielen, ist so groß, dass sie überwindet ausnahmslos die alten und tief verwurzelten Vorurteile. Aber für die breite Öffentlichkeit ist es keine berüchtigtere Tatsache, dass Händels „Messias" ein großartiges und bewundernswertes Werk ist, als dass die Originalkompositionen von Liszt schrecklich sind. Wenn also ein Werk von Liszt gespielt wird , hören sie nicht zu, sondern geben sich mit der Langeweile ab; und so stößt selbst ein Werk wie das Es-Dur-Konzert, das einen recht populären Charakter hat und frei von allem Peinigen oder Dunklen ist und darüber hinaus das brillanteste Klavierkonzert überhaupt ist, auf lustlose Ohren und ruft nur den halbherzigen Applaus hervor, der ausschließlich dafür gedacht ist Der Solist.

KAPITEL V.
–
WAGNER.

„Faust in der Einsamkeit."

15. Februar 1900.

Aus der Musikbiographie geht hervor, dass ein harter Kampf, nicht nur um Anerkennung, sondern auch ums Dasein, die normale Erfahrung eines großen Komponisten ist. Einige große Musiker und Sänger verdienen ein Vermögen, große Komponisten jedoch nie, und die meisten von ihnen mussten bis an ihr Lebensende den Stress der Armut ertragen. Dennoch kann bezweifelt werden, dass je ein anderer großer Komponist die Tiefen menschlichen Elends ausgelotet hat, wie Wagner es bei seinem ersten Besuch in Paris tat, den er in der Hoffnung unternahm, an der Grand Opéra sein Glück zu machen. Man geht allgemein davon aus, dass sich ein Genie seiner eigenen Kräfte bewusst ist und mit heiterem Vertrauen in die Zukunft arbeitet. Doch leider gibt es auch so etwas wie Eitelkeit – das heißt das illusorische Bewusstsein von Kräften, die nicht existieren; und ein genialer Mann, der ohne private Mittel seine Anstellung aufgegeben und sich mit seiner Frau auf eine lange Reise ins Ausland begeben hatte, um in „la ville Lumière" Anerkennung zu finden, muss im Laufe dieser drei fruchtlosen Jahre etwas Schlimmeres als Befürchtungen empfunden haben. Dass Wagner dies tatsächlich empfand, ist keine Spekulation, sondern eine Frage der Geschichte. Er hat beschrieben, wie er, als er über das Thema des „Fliegenden Holländers" nachdachte, nach einem Klavier schickte, um zu sehen, ob er nach der schäbigen Plackerei und dem bitteren Elend jener Jahre „immer noch ein Musiker" sei. Wagner war kein gewöhnlicher Mensch. Alles an ihm war von größerem Ausmaß – seine Torheit und Unbesonnenheit nicht weniger als sein Talent. Obwohl er empfindlicher als andere auf die kleinsten Unannehmlichkeiten reagierte, zeigte er trotz einer Anhäufung von Elend, die fast jeden anderen einfach erdrückt hätte, eine gewaltige Energie und Reaktion. Es war ihm nicht gelungen, seinen „Rienzi" in Paris aufführen zu lassen. Drei Jahre lang hatte er seine vergeblichen Bemühungen fortgesetzt , ein Publikum in der Oper zu bekommen; und es folgte eine Krise schrecklicher Verzweiflung, als zu Ruin und Bettelei und dem Gefühl, sich lächerlich gemacht zu haben, noch ein Anfall einer schmerzhaften Hautkrankheit hinzukam, die ihn sein ganzes Leben lang von Zeit zu Zeit quälte. Genau in dieser Krise schrieb er die „Faust"-Ouvertüre – sein Meisterwerk im strengen Sinne des Wortes; das heißt, das erste Werk seiner Meisterschaft oder reifen Kraft. Anstatt also niedergeschlagen zu werden, schöpft Wagner plötzlich aus der Reserve seines Genies und schafft ein Werk, das Beethovens dritter „Leonoren"-Ouvertüre fast ebenbürtig ist.

Denn die Faust-Ouvertüre ist ein Tonbild von höchster Energie, Würde und Schönheit, das sich mit keinem anderen Werk außer Beethoven vergleichen lässt und eine Art dämonische Beredsamkeit erreicht, die Wagner selbst erst recht spät in seinem Leben, während der „Ring des Nibelungen"-Periode, wiederfand.

Die „Nibelungen"-Dramen.

11. Mai 1903.

Was auch immer in den vergangenen Jahren passiert sein mag, man konnte das Theater nach der Aufführung der „Götterdämmerung" am Samstag kaum verlassen, ohne die Intendanz für das Versagen der Bühneneffekte in der Schlussszene persiflieren zu wollen . Im Laufe der Woche war Wagners größtes Werk mit wesentlich brillanterer Intelligenz und adäquateren Ressourcen präsentiert worden als je zuvor in diesem Land, und es war bedauerlich, dass es am Ende zu einer leichten Demütigung kommen sollte. Es kann tatsächlich bezweifelt werden, ob der „Ring" in seiner Gesamtheit jemals besser gemacht wurde, denn die erstaunliche Exzellenz der Orchesterdarbietung wurde in erheblichem Maße von den Sängern übertroffen, und die dramatische Umsetzung der Absichten des Komponisten war überall gut außer in bestimmten Teilen des Prologs, und zeigte an bestimmten Stellen in jedem der Hauptdramen der Trilogie positive Genialität. Der Gesamteindruck war somit der einer großartigen Aufgabe, die edel ausgeführt wurde, und das abschließende Sprudeln, so ermüdend und quälend die Bühnenmanager auch sein mochten, konnte für jeden anerkennenden Zuschauer nur als eine Kleinigkeit erscheinen. Es ist eine schreckliche Sache, dieses *Finale* der „Götterdämmerung". Es wurde in einer Stimmung rasenden Protests konzipiert und trägt einen eigentümlichen Stempel von Extravaganz und Gewalt. Es zeigt Wagner als einen Anarchisten vom Bakoun- Typ, der es sozusagen unternimmt, „diesen traurigen Plan der Dinge im Ganzen zu erfassen" und ihn „in Stücke zu zerschlagen", für den unwahrscheinlichen Fall, dass die Natur ihn später „näher ans Herz bringen " könnte Wunsch." Ein Leben voller edler Bemühungen und großer Erfolge, auf die die Welt kaum reagierte außer dem Knistern der Dornen unter einem Topf, hatte in Wagner eine solche Bitterkeit im Geist hervorgerufen, vor der kleine Männer durch ihre natürlichen Beschränkungen bewahrt werden, und es ist diese Bitterkeit Geist, der im Zertrümmern, Verbrennen und Ertränken des *Finales der „Götterdämmerung" seinen Ausdruck findet* . Helden und Halbgötter, die auf einen aussichtslosen Konflikt mit der Hässlichkeit und Gemeinheit der Welt verzichten, verschmelzen Himmel und Erde zu einer roten Ruine. Das ist die Bedeutung eines Tableaus, das nicht den Zehnten der dafür aufgewendeten Zeit, Mühe und Kosten wert ist.

Indem sie Dr. Richter für die Produktion von 1903 engagierten, machten die Behörden von Covent Garden deutlich, dass diesmal der Unsinn von Star-Darstellern, die aus eigenem Interesse Kürzungen vornehmen und die Absichten des Komponisten der Eitelkeit des Darstellers opfern, nicht toleriert würde; und gleichzeitig gaben sie dem Publikum die einzig mögliche Garantie für angemessene Proben. Auf dieses Privileg musste London seit der ursprünglichen Produktion in Bayreuth 27 Jahre warten, obwohl „Die Walküre " und „Siegfried" schon vor langer Zeit in das normale Repertoire von Covent Garden aufgenommen wurden. Es besteht kaum ein Zweifel daran, dass „ Rheingold " in jeder Hinsicht der am schwierigsten zu spielende Teil des „Rings" ist. Da es eher epischen als dramatischen Charakter hat, stellt es den Schauspieler vor eine ungewohnte Art von Aufgabe. Er stellt ein Wesen dar, das kaum individualisiert ist , und nimmt eher am Zusammenspiel elementarer Kräfte als menschlicher Leidenschaften teil. Dies erklärt weitgehend die Tatsache, dass die „ Rheingold "-Aufführung letzte Woche weit unter dem Niveau aller anderen lag. Der Vertreter Alberichs in der ersten Szene schien sehr wenig Interesse an der Liebe mit den Rheintöchtern zu haben. Er hatte offenbar die in Reiseführern beschriebene Ansicht des Zwergs als bloßes Geschöpf der Gier und des Hasses übernommen und den „fruchtbaren Impuls" – um den Ausdruck von Herrn Bernard Shaw zu verwenden – übersehen, der Alberich zu den Rheintöchtern treibt; denn sein Schauspiel war ziemlich schwach und sinnlos, und es war ihm auch nicht möglich, die Bühnenanweisungen auszuführen, die von Alberich verlangen, über die Felswand zu klettern und den Rheintöchtern mit der „Geschmeidigkeit eines Kobolds " nachzueilen, da die Felswand viel zu unsicher und die Rheintöchter in ihrer Bewegung zu eingeschränkt waren. In dieser ersten Szene enthüllt das Aufgehen des Vorhangs etwas wie die verglaste Seite eines riesigen Aquariums, und offenbar war der Gesamtwirkung des Bildes, wie es zuerst gezeigt wurde, die ganze Aufmerksamkeit der Bühnenmaler gewidmet worden. Nibelheim mit den klirrenden Geräuschen der Nibelungen bei der Arbeit ihrer Schmiede war recht gut dargestellt, aber auch hier war Alberichs Rolle nicht wirkungsvoll und die Darstellung seiner Sklavenschar war viel zu märchenhaft schön und abwechslungsreich. In Bayreuth werden diese Opfer von Schweiß und unsachgemäßen Arbeitsbedingungen mit erschreckender Wahrheit als zusammengedrängte Menge kleiner Erdenmenschen dargestellt, die von den Flüchen und Schlägen ihres Herrn hierhin und dorthin getrieben werden und statt ein wenig geschmückt und differenziert zu sein, einheitlich schmutzig und erbärmlich. Bühnenschönheit war nie fehl am Platz wie in der Aufführung der Szene in Covent Garden. Am besten war die Kulisse in der Schlussszene, in der die Götter über die Regenbogenbrücke nach Walhall marschieren. Im Regenbogen herrschten merkwürdigerweise grüngelbe Farbtöne vor, die die Grundfarben ausschlossen , aber er passte recht gut in ein recht wirkungsvolles Bühnenbild mit einem prähistorischen Gebäude auf den Anhöhen links. Der einzige Nachteil gegenüber der Bayreuther Aufführung bestand im meteorologischen Hintergrund. Nach dem prächtigen orchestrierten Gewitter soll sich der Himmel aufklaren und die Götter im Schein eines strahlenden Sonnenuntergangs ihre neue Wohnstätte beziehen. Aber die Geheimnisse der atmosphärischen Wirkung und des Wolkengebildes scheinen vorerst ausschließlich in den Händen von Bayreuth und München zu liegen, und diese Dinge scheinen, obwohl sie eher zum Rahmen als zum eigentlichen Drama gehören, in Wagners Vorstellung eine große Rolle gespielt zu haben, als er den „Ring" konzipierte, und daher eine gewisse Bedeutung zu haben.

II.

In starkem Kontrast zu der Verlegenheit und dem Zurückfallen auf das rein Pittoreske der „ Rheingold "-Aufführung stand die Aufführung der „ Walküre " am Mittwoch. Eine dramatische Interpretation Wagners, die der musikalischen Interpretation, die wir aus der Tradition von Liszt-Bülow-Richter ableiten, überhaupt vergleichbar wäre, ist weder gegenwärtig noch für einige Zeit zu erwarten. Aber wenn man den Unterschied im Niveau zwischen der Musik und der Bühnenkunst berücksichtigt, der einfach ein Phänomen unserer Zeit ist, kann man durchaus dankbar sein für eine solche Wiedergabe des angemessenen szenischen Hintergrunds und Rahmens der Musik, wie sie in Covent Garden an allen bis auf den ersten der vier Abende der Produktion des laufenden Jahres geboten wurde. Im Eröffnungsakt der „Walküre " war die Kulisse angemessen, und Herr Van Dyck (Siegmund), Herr Klöpfer (Hunding) und Frau Bolska (Sieglinde) lieferten eine auffallend ausgewogene Darbietung . Am Ende der einzigen Szene, in der die drei zusammen auftreten, steht Sieglinde , von ihrem Mann entlassen, an der Tür des Schlafzimmers; Siegmund, der seine Geschichte erzählt hat, sitzt auf der anderen Seite der Bühne, den zentralen Platz nimmt der mit den Käferaugen blickende Hunding ein. Es ist ein schicksalsträchtiger Moment in Wagners eigentümlicher Art. Nichts ist sicher bekannt oder entschieden, aber Blicke voller Fragen und verzückter oder finsterer Vermutungen wechseln zwischen den dreien, deren verschiedenfarbige Spannung die Musik interpretiert. Hier war das *Ensemble* wirklich bewundernswert, die Spannung und die eigentümliche Atmosphäre dieses schicksalsträchtigen Moments wurden erfolgreich eingefangen. Während des gesamten Akts wurden Herrn Van Dycks Geschmeidigkeit und Einfallsreichtum hervorragend dargestellt, die düstere Figur von Herrn Klöpfers Hunding bildete einen wirkungsvollen Kontrast, während Frau Bolska durch intelligentes Schauspiel und guten Gesang viel dazu beitrug, einen gewissen Mangel an persönlicher Anpassung an die Rolle auszugleichen.

Der majestätische Wotan von Herrn Van Rooy war im weiteren Verlauf des Dramas deutlich zu erkennen. Eine seltene Erhabenheit der Konzeption prägt fast alles, was Herr Van Rooy tut. Andererseits mangelt es ihm hier und da etwas an Geschmeidigkeit und er opfert das *Ensemble* gewissermaßen seiner eigenen rigorosen und ultraheldenhaften Nachahmung. Dies macht sich besonders in sanfteren Szenen bemerkbar, etwa beim Abschied mit Brynhild. Lediglich in den Szenen, in denen Wotan zornig ist oder von der „zu großen Kugel seines Schicksals" bedrückt wird, gelingt Herrn Van Rooy die Vollendung. Sein schönster Moment ist das Aufmarschieren der Walküren, wo sich diese schrecklichen Kriegerinnen mit Musik unterhalten, die so wild und stürmisch ist, wie sie von einem großen Vogelparlament heraufsteigt, bis Wotan mit dem Fuß aufstampft und die ganze Schar von ihnen auf sie zustürmt Pferde und wirbeln und galoppieren davon in die Wolken.

, der Brynhild von Miss Ternina gerecht zu werden. Zweifellos könnte ein Stimmbildungsspezialist Einwände gegen die Art und Weise erheben, in der diese oder jene Note erzeugt wurde, und was ihre Imitation in den früheren Szenen betrifft, in denen Brynhild ihren Speer schwingt und „Ho- yo -to-ho" singt, könnte man bezweifeln, ob sie robust genug ist. Aber insgesamt scheint diese Künstlerin ein Beispiel für eine fast von der Vorsehung geschaffene Anpassung an die Aufgabe zu sein, Wagners größte Heldin zu verkörpern. Aus welchem Blickwinkel auch immer man ihre Imitation betrachtet, sie scheint besser zu sein, als man vernünftigerweise erwarten könnte. Eine äußerst reich begabte und harmonische Persönlichkeit ist die Grundlage dafür. Sie steht Herrn Van Rooy in der Breite und Würde der Konzeption in nichts nach und übertrifft ihren angesehenen Kollegen in Takt und Klugheit bei weitem, ob es nun um die Handhabung von Gewändern, die Besänftigung eines Pferdes oder irgendeine andere Nebensache geht, von der die richtige Entwicklung eines Bühnenbildes abhängen kann. Auch stimmlich ist Miss Ternina dieser gewaltigen Aufgabe vollkommen gewachsen, und ihre Brünhild ist somit eine wahrhaft wunderbare Offenbarung von Wagners Kunst in Höchstform. Denn Brünhild ist ohne jeden Zweifel Wagners beste Einzelschöpfung. In einer Reihe unvergleichlicher Szenen zeigt er uns die Entwicklung der Kriegerin zu einer vollkommenen Frau, wobei jede Phase dieser Entwicklung von einer Art dämonischer Kraft durchzogen ist, die es unmöglich macht, dass irgendjemand den Punkt völlig übersieht. Im zweiten Akt der „ Walküre " tritt Brünhild in ihrer glänzenden Rüstung , mit Helm und Schild und einem Brustpanzer aus Stahl, auf die Felsen. Beim Abschied von ihrem hartnäckigen Vater, der gegen sein besseres Urteil den Ratschlägen von Fricka – jener Frau Grundy aus Walhall – nachgegeben hat, beginnen die Insignien ihrer Walkürenschaft abzufallen, in Erwartung des Humanisierungsprozesses , der abgeschlossen sein soll, wenn Siegfried im folgenden Drama den stählernen Brustpanzer für das Brautfest ablegt. Vor unseren Augen verwandelt sich Brynhild also Schritt für Schritt, wodurch das heroische Leben für uns in jedem Augenblick sichtbar und rhythmisch wird. Sie ist das Gefäß, in das Wagner die allerbeste Ernte seines Genies gegossen hat. Keine schändlichen Eigenschaften des *Übermenschen* , wie sie sich im Siegfried der „Götterdämmerung" so frei entfalten, dürfen die Figur und Melodie der großartigen Heldin entstellen, die bis zum Ende vor intensivem und unverdorbenem Leben glüht. Eine solche Vorstellung angemessen wiederzugeben – angemessen sowohl für unsere Augen als auch für unsere Ohren – ist keine geringe Leistung, und es ist Miss Terninas Leistung, die es verdient, zusammen mit Dr. Richters Orchesterinterpretation zu den Glanzstücken der vorliegenden Produktion gezählt zu werden.

III.

„Siegfried ist eine Offenbarung des sinnlichen Lebens in seiner natürlichen und freudigen Fülle. Kein historisches Kleid verdeckt seine Gestalt, noch werden seine Bewegungen durch irgendeine äußere Kraft behindert. Der Irrtum und die Verwirrung, die aus dem wilden Spiel der Leidenschaft entstehen, wüten um ihn herum und ziehen ihn in seinen Bann Aber solange diese Zerstörung nicht vorüber ist, kann sich Siegfried nicht einmal in der Gegenwart des Todes von einem anderen Einfluss beeinflussen lassen als von der Angst und dem Neid Rachsucht und Rachsucht sind seiner Natur ebenso fremd wie jegliches Verlangen nach Liebe, das aus Reflexion entsteht. Jede seiner Bewegungen wird durch den direkten Fluss der Lebenskraft bestimmt, die die Venen und Muskeln seines Körpers zur stürmischen Erfüllung ihrer Funktionen anschwellen lässt ."

Dies ist, so sein Schöpfer, der zentrale Held der „Nibelungen"-Dramen, den die Kritiker noch immer größtenteils hoffnungslos missverstehen, obwohl die besten Schauspieler, die ihn darstellen müssen, sein Geheimnis längst gemeistert zu haben scheinen. Es ist eine bekannte Tatsache, dass der kultivierte Instinkt eines guten Schauspielers oft genau das Richtige tut, wo alle aktuelle Kritik schief geht, und keine Figur des Weltdramas, ob alt oder modern, bringt diesen Punkt auf bemerkenswertere Weise zum Ausdruck als Siegfried. Für jeden Schauspieler, der über die nötige persönliche und stimmliche Begabung verfügt, kann die Rolle tatsächlich einen starken Reiz ausüben. Es mangelt ihm an jeglicher Subtilität und erfordert lediglich, dass er seine Worte und seine Notizen kennt und nicht zulassen darf, dass der ursprüngliche Farbton seiner Entschlossenheit durch den blassen Schimmer seiner Gedanken übertönt wird. Mr. Kraus, der Siegfried von Covent Garden, schnitt in den meisten wesentlichen Punkten gut ab.

Viel bemerkenswerter als jede einzelne Nachahmung war jedoch, dass in nahezu jeder wichtigen Szene der drei Hauptdramen der richtige Ton und die richtige Atmosphäre eingefangen wurden. Die leuchtende Schmiede in den Tiefen des Urwaldes zu Beginn von „Siegfried", das Spiel des Sonnenlichts durch die sich bewegenden Äste, das den an die unterirdische Umgebung gewöhnten Zwerg so in Angst und Schrecken versetzt, die äußerst realistische Schmiedearbeit – all diese Accessoires im Bild Die Aufführungen der gottgleichen Jugend waren gut gemacht, und die eigentümliche frühmorgendliche Heiterkeit dieses ersten Aktes wurde recht erfolgreich umgesetzt . Ebenso die märchenhaften Schrecken der Drachenhöhle und die üppige Laubpracht der Lichtung, auf der Siegfried sich mit den Vögeln unterhält. Verbesserungspotenzial gibt es bei der Covent-Garden-Inszenierung dieser Dramen vor allem im meteorologischen Hintergrund von „ Rheingold " und „Götterdämmerung"; zweitens im „Walkürenritt", der bisher nirgendwo anders als in Paris in ausreichend temperamentvoller Weise aufgeführt wurde; drittens in der Schlussszene der Feuersbrunst und des Untergangs. Derzeit ist die Schlussszene viel zu aufwendig gemacht. Das ganze Zerschmettern und Fallen von Holz ist ein Fehler. Ein chaotisches Motiv, das auf eine Leinwand gemalt ist, kann im richtigen Moment auf die Leinwand gebracht werden, was eine bessere Wirkung auf die Augen der Zuschauer hat, zusätzlich zu dem immensen Vorteil, dass es weder Lärm noch Staub erzeugt, wenig kostet und völlig unter Kontrolle ist. [1] Die derzeitige Methode zur Darstellung der Szene ist zu kostspielig, zu laut und zu gefährlich. Das Walhalla-Gebäude sollte erkennbar das gleiche sein wie in der Schlussszene von „ Rheingold ".

Noch nie wurde dem britischen Publikum die musikalische Pracht des „Rings" so offenbart wie in den letzten drei Wochen. Die windige und wolkige Eloquenz der „ Walküre "-Musik und das heroische Pathos von Brynhilds Abschied werden seit langem sehr geschätzt, nicht jedoch die Lieder der Schmiede in „Siegfried", in die Wagner eine geradezu sagenhafte Energie einbringt das Bild des typischen jungen Mannes, der bei seiner Arbeit singt und das Beste an dieser Arbeitsbegeisterung zusammenfasst, die vielleicht der beste Teil unseres Erbes aus dem 19. Jahrhundert ist. Diese Songs durften sich in der jüngsten Produktion ohne Schnitte oder Verzerrungen entwickeln. Der bullige Rhythmus, der eiserne Klang , das Zischen und Getöse der Instrumentierung – all das kam bei einem Auftritt hierzulande so gut zur Geltung wie nie zuvor. So auch mit dem langen Liebesduett von Siegfried und Brünhild und dem hinreißenden Trio der Rheintöchter im letzten Akt der „Götterdämmerung". Aber abgesehen von solch schillernden Momenten waren die Aufführungen in ihrer Vollständigkeit und anhaltenden Exzellenz eine außergewöhnliche Offenbarung der Macht des Komponisten im Einsatz musikalischer Symbolik. Kurz bevor sich der Vorhang im ersten Akt von „Siegfried" hebt, hört man das Winseln oder Knurren des Nibelungenzwergs, der zusammen mit dem hämmernden Thema in der kleinen None einsetzt. Es klingt einfach nur komisch und trivial. Aber so wie sich ein persönlicher Fehler, der zunächst als etwas Komisches wahrgenommen wird, in der Erfahrung des Lebens oder beim Studium der Geschichte zu einer Quelle entsetzlichen Unheils entwickeln kann, so entwickeln wir im Verlauf dieser Dramen das Symbol des Nibelungenhasses ein komisches Knurren in jenen monströsen und vielfältigen Schreien, die das Welkin zerreißen und die Seele inmitten des zunehmenden Grauens der Tragödie der „Götterdämmerung" bestürzen. Personen, die die Gewohnheit haben, über das *Leitmotiv zu plaudern* , als wäre es ein Allheilmittel, könnten einige solcher Punkte durchaus zur Kenntnis nehmen. Die Symbole des Nibelungenhasses sind nicht wirksamer und auch nicht besser gemacht als die anderen Symbole im „Ring", aber sie sind kürzer und eigenartiger orchestriert und daher leichter zu befolgen.

Über Dr. Richters Interpretation dieser gigantischen Partituren ist vielleicht schon genug gesagt worden. Der moderne ausübende Musiker kann sich keiner größeren Aufgabe stellen als der, mit deren Aufführung der Grundstein für Dr. Richters Ruf gelegt wurde, als das Werk vor 27 Jahren zum ersten Mal in Anwesenheit des Komponisten erklang, und wir hatten Glück hörte noch einmal seine maßgebliche Darstellung. Hätte Wotan sein Geschäft auch nur annähernd so gut verstanden wie Dr. Richter, wäre Walhalla nie zugrunde gegangen.

Die Bayreuther Festspiele.

23. Juli 1904.

Abgesehen vom Wagner-Theater und den damit verbundenen Unternehmungen ist Bayreuth eine verfallene Residenzstadt mit einem Alten Schloss aus dem 15. Jahrhundert, einem Neuen Schloss aus dem 18. Jahrhundert und anderen nicht sehr sorgfältig erhaltenen Relikten des Hofes, die die fränkischen Markgrafen lange Zeit hier aufbewahrten. Auch Landresidenzen und Lustschlösser , die in der überphantastischen Art des süddeutschen Potentaten gestaltet sind, gibt es in der Nachbarschaft mehr als eines , und zweifellos tragen solche Dinge dazu bei, eine Atmosphäre zu schaffen, die dem Kunstgenuss förderlich ist . Der Rauch moderner Industrieunternehmen ist hier nicht unbekannt, aber bei der Erfüllung des Teils seines Schicksals, der mit dem Wagnerschen Drama verbunden ist, wird Bayreuth von den grünen Tälern und Schluchten und den stattlichen Alleen des Hofgartens unterstützt , wenn nicht von den phantastischen Wasserwerken der Eremitage .

Die Festspiele , die als konkretes Symbol für Wagners künstlerische Mission gelten, befinden sich gerade auf dem Höhepunkt ihrer Blütezeit. Achtundzwanzig Jahre sind seit der Eröffnung des Theaters vergangen und einundzwanzig seit Wagners Tod, und das einzige, was Bayreuth jetzt noch fürchtet, ist amerikanische Piraterie. Eine Verleumdung nach der anderen wurde verstummt, und in den vergangenen Jahren scheint die Institution nur an Solidität und Würde gewonnen zu haben. Sie hat ein internationales Publikum mit einer etwas höheren durchschnittlichen Intelligenz aufgebaut, als man sie sonst irgendwo findet; und wenn es in der internen Organisation gewisse schwache und fehlgeleitete Elemente gibt , sind sie nicht so schlimm, dass sie das Gesamtergebnis des brillanten und außergewöhnlichen Talents zunichte machen, mit dem fast jede Abteilung - Musik, Drama, Bühne, Architektur, Technik und Verwaltung - arbeitet. Man könnte eine lange Liste der Punkte aufstellen, in denen das Wagner-Theater etwas besser ist als jedes andere seiner Art. So sind beispielsweise die Situation und die Zugänge angenehmer, die Ab- und Eingänge bequemer, die Belüftung ist viel zufriedenstellender, die Akustik ist viel besser, die Ablenkungen während der Aufführung sind aufgrund besonders guter baulicher und anderer Vorkehrungen geringer, und aufgrund des frühen Beginns und der langen Pausen ermüdet das Publikum weniger; die Bühnenmaschinerie funktioniert besser, und die Disziplin hinter den Kulissen ist strenger. Das Orchester ist nicht nur günstiger platziert, sondern auch größer und hat im Durchschnitt ein höheres Führungsvermögen. Abgesehen von der besonderen Wagner-Begeisterung gibt es also viel, was Personen anzieht, die sich irgendwie für Musikdramen interessieren, und tatsächlich umfasst das Publikum häufig Dutzende bekannter Musiker aus verschiedenen Teilen der Welt, deren eigene Neigungen alles andere als Wagner-artig sind.

„Parsifal.“

24. Juli 1904.

Am zweiten Tag dieser Festspiele wurde „Parsifal“ zum 122. Mal in Bayreuth aufgeführt, wo es seit der Uraufführung im Jahr 1882 das Hauptstück aller Festspiele mit Ausnahme des Jahres 1896 bildete. Jedem Versuch, die Eindrücke der Aufführung zu beschreiben, muss man sich zunächst von dem hypnotischen Einfluss befreien, den Wagners Kunst in ihrer jüngsten Phase ausübt. Der Vorhang fällt im ersten Akt, die Lichter werden eingeschaltet, und man tritt schnell ins Tageslicht, um sich wieder inmitten einer schwatzenden, aber wohlerzogenen internationalen Menge zu finden, die auf dem offenen Sandplatz umherwandert, der zu beiden Seiten des Theaters von Anpflanzungen umgeben ist. Es ist nicht ganz dasselbe Erlebnis wie das eines Kindes, das aus einem aufdringlichen Traum erwacht, denn das Gefühl, dass es nicht der eigene Traum, sondern der eines anderen war, ist besonders stark, zusammen mit einem Gefühl völligen Erstaunens darüber, dass das Bewusstsein eines Erwachsenen in die Traumwelt eines anderen entführt werden kann. Dann folgt eine weitere Überlegung und die unvermeidliche Frage, wie dies erreicht wird. Ist es in erster Linie die Musik, die durch die

Kammern des Bewusstseins strömt wie die Dämpfe eines Narkosemittels , oder liegt die besondere Kraft in den dramatischen Symbolen, für deren Ausarbeitung die subtilsten Essenzen von hundert Künsten zusammengebracht worden zu sein scheinen? Alle Einwände gegen „Parsifal" scheinen sich letztlich in Misstrauen gegenüber etwas aufzulösen, das so traumhaft ist, und zwar auf eine so unbeschreiblich weiche und luxuriöse Weise. Es ist ganz rhythmisch mit den langsamen, musikalisch geordneten Bewegungen der Gralsritter, die so heilig sind, dass sie Sünde wie einen körperlichen Schmerz empfinden; es ist feierlich mit hieratischem Pomp und reich an dem Glanz kostbarer Stoffe und dem Glitzern kirchlicher Stickereien und Juwelen. Im ersten und letzten Akt herrscht die Atmosphäre eines christlichen Heiligtums, und der zweite Akt, der in Klingsors Garten spielt, scheint die Freuden der Sünde darzustellen, wie sie sich die unschuldigsten Mönche des Mittelalters vorstellten . All dies betrachtet der orthodoxe Moralist mit einigem Misstrauen, da es dazu neigt, eine Abneigung gegen harte Arbeit und kaltes Wasser zu erzeugen. Aber er soll sich an das Unheil erinnern, das die Puritaner im 17. Jahrhundert angerichtet haben, und vorsichtig sein, wie er mit dem ikonoklastischen Hammer um sich schlägt. Was auch immer „Parsifal" sonst sein mag, es ist sicherlich die wunderbarste Theatershow der Welt, und als ultimative Leistung eines Mannes, der sein Leben lang allen anderen in Bezug auf das Wissen über die Theaterkunst weit voraus war, verdient es, mit einem gewissen Maß an Respekt behandelt zu werden.

Was Bayreuth bei einer „Parsifal"-Aufführung vollbringt, nämlich das reibungslose und harmonische Zusammenwirken unendlich komplexer szenischer Mittel, ist beispiellos, und die fast wundersame Bühnenleitung war letzte Woche auf ihrem Höhepunkt. Die langsamen Transformationen des ersten und letzten Akts wurden in tadelloser Übereinstimmung mit den musikalischen Anregungen ausgeführt. Der plötzliche Zusammenbruch von Klingsors Garten in Ruine und Verwüstung war ebenfalls perfekt umgesetzt, und in all den aufwendigen Entwicklungen der Gefolgsleute und Schüler der Ritter gab es nie den Anschein einer falschen Bewegung. Ein besonders bewundernswertes Merkmal war die feine Koordination des gefährlich komplizierten musikalischen Schemas im letzten Teil des ersten Akts, wo der Dirigent eine Gruppe von Sängern und Spielern zusammenhalten muss, die auf vier verschiedenen Ebenen verteilt sind – das Orchester unter der Bühne, die Ritter, die beim Liebesmahl sitzen oder auf der Bühne herummanövrieren , die älteren Schüler auf der ersten Galerie der Kuppel und die jüngeren Schüler oben. All der vielfältige Chorgesang der Knaben und Männer war wunderschön gemacht; Die einzigen Fehler machten Amfortas und Titurel . Dirigent war Dr. Muck aus Berlin, dessen *Tempi* von einigen *Stammgästen als zu langsam empfunden worden zu sein scheinen* , seine Interpretation jedoch in jeder anderen Hinsicht als über jeden Zweifel erhaben galt.

"Der Ring."

28. Juli 1904.

Das diesjährige Festival umfasst zwei vollständige Präsentationen der „Ring"-Tetralogie, von denen die erste am Montag begann. Es scheint hier allgemein anerkannt zu sein, dass die Aufführung des Prologs („Rheingold") an diesem Tag die beste war, die bisher erreicht wurde. Dr. Richter stand in diesem Jahr zum ersten Mal an der Spitze, und die Feldherrschaft, die seit der Eröffnung des Wagner-Theaters im Jahr 1876 den Ruf Bayreuths geprägt hat, wurde bald in der plastischen Kraft der Orchesterdarbietung und der Vollendung spürbar Wissen, mit dem alles so gestaltet wurde, dass jeder Darsteller die bestmögliche Chance hat, sich und seiner Rolle gerecht zu werden. Darüber hinaus ist „Rheingold" von allen Wagner-Dramen dasjenige, das die Bayreuther Kunst am besten zur Geltung bringt. Die Inszenierung ist von außergewöhnlichster Art. Die ganze Handlung spielt sich oben in den Wolken, unten im Wasser oder dort, wo die Schmieden in den feurigen Höhlen von Nibelheim erklingen , und keiner der Charaktere ist ein einfacher Mensch. Götter, Göttinnen, Riesen, Zwerge und Wassernymphen bilden die *dramatis personæ* , und das gesamte Drama liegt völliger außerhalb des Bereichs der gewöhnlichen Opernkunst als jedes andere musikalische und dramatische Werk. Es ist daher selbstverständlich, dass Bayreuth, das als einziges Theater, das sich dem Musikdrama verschrieben hat, nicht durch die Operntraditionen beeinträchtigt wird, in der Inszenierung und dramatischen Aufführung von „Rheingold" eine Vorreiterrolle einnehmen sollte. Es gibt keine Rolle für eine Primadonna oder einen führenden Tenor, und alles hängt von einer Art außergewöhnlicher Charakterdarstellung ab, die Wagner geschaffen hat, zusammen mit den reich animierten Figuren aus der nordischen Mythologie, die die natürlichen Kräfte und psychischen Impulse seines größten und größten Meisters so wirkungsvoll darstellen charakteristischstes Gedicht. Die wichtigste Person ist Loge, der listige Feuergott, der sich bei weitem nicht sicher ist, ob es klug war, in die Firma Wotan & Company einzutreten.

Bei der großen Wiederbelebung des „Rings" hier im Jahr 1896 war die Nachahmung von Loge durch den verstorbenen Münchner Vogel ein brillantes Merkmal. Vogel galt damals als der beste Loge, und sein Mantel ist nun auf Dr. Otto Briesemeister gefallen, der, mit einem viel weniger wirkungsvollen Kostüm als das seines Vorgängers, sehr geschickt durch seine lange und wichtige Rolle tanzt. Aber unter den Bühnenkünstlern war es Herr Hans Breuer, der Vertreter des Zwergen-Pantomimen, dem die Hauptauszeichnungen der Aufführung am Montag zuteil wurden. Bereits 1896 war Herr Breuer Bayreuther Pantomime und scheint seitdem seine

- 85 -

Darbietung stetig verbessert zu haben. Es ist jetzt unbeschreiblich brillant. Mime (oder Mimmy , wie der Name gut anglisiert wurde) ist vielleicht die am besten erfundene von Wagners rein grotesken Figuren — besser individualisiert als sein Meister, der finstere Alberich, der Gold als Weltmacht darstellt, für den Mimmy Schmiedearbeiten anfertigen muss arbeiten. Vom Anfang bis zum Ende stellt die Rolle den Schauspieler vor ungewohnte Probleme , denn nie zuvor wurde versucht, einem solchen Gejammer, Gejammer und Knurren ein musikalisches Vehikel zu geben. Aber diese Probleme hat Herr Breuer nun alle in einer Weise gelöst, die Endgültigkeit vermuten lässt. Er ist bis in die Tiefen der Konzeption des Komponisten vorgedrungen und schenkt uns eine Figur, die in jedem Augenblick vor Vorstellungskraft strahlt. Fast genauso gut, auf seine ganz andere Art und Weise, ist die mächtige elementare Brutalität von Herrn Johannes Elmblads Fafner — ein weiterer Fall eines Schauspielers, der sich vollständig mit der jeweiligen Rolle identifiziert — und der zweite Riese (Herr Hans Keller) konnte seinem Kollegen und den Herren durchaus ebenbürtig sein. Breuer und Briesemeister in ausdrucksstarker pantomimischer Interpretation der Musik. Das bezaubernde „Rhine Daughter"-Trio der ersten und letzten Szene wurde wunderschön wiedergegeben, wobei das Schwimmmanöver der vorherigen Szene wahrscheinlich besser als je zuvor gelungen ist. Die Aufführung wurde nicht nur dem Drama als allegorische Darstellung des Lebens im Lichte bestimmter Ideen des 19. Jahrhunderts gerecht, sondern war auch eine besonders gute Offenbarung seiner amüsanten und naiv unterhaltsamen Qualitäten. Wenn man die Show einfach als ein inszeniertes Märchen betrachtet, kann man nicht umhin, sie als ein überaus gutes zu bezeichnen, und dieser Aspekt der Sache wurde mit ziemlicher Sicherheit noch nie zuvor so gut zur Geltung gebracht.

"Der Ring."

30. Juli 1904.

Zu viel Spott wurde über diejenigen verschwendet, die in den Tagen, als die Werke Wagners für die Welt neu waren, sie für unaufführungsfähig erklärten. Nachdem ich eine komplette Reihe der Dramen gesehen habe, die das Programm des diesjährigen Festivals bilden , bin ich zutiefst beeindruckt von der Neuheit der Kunst, die vor allem an diesem Ort unter Betonung der besonderen Anforderungen Wagners erarbeitet wurde. Der Bühnenintendant und der singende Schauspieler waren ebenso wie der Orchesterspieler und der Dirigent gezwungen, sich eine neue Technik anzueignen. Man kann sogar ungefähr die Reihenfolge angeben, in der die von Wagner geforderten besonderen Techniken entwickelt wurden. Natürlich stand das Instrumental an erster Stelle, denn ohne es hätte es keinen Versuch geben können, die neue Kunst der Welt vorzustellen. Hier war neben dem Komponisten der wichtigste Einfluss der von Liszt, Bülow und Richter – den ursprünglichen Vertretern der Wagner-Schule. Als nächstes entstand eine neue Rasse dramatischer Sänger, für die Schnorr von Carolsfeld, Niemann und Materna frühe Beispiele waren; und der Schlüssel zum Rätsel der Musik wurde gefunden. Aber Wagners Kunst ist komplex. Einschließlich aller Elemente der Tragödie, von der Aristoteles sagt, dass sie in einem ihrer Teile Musik enthält, und der modernen szenischen Darstellung ist sie in der Tat etwas komplexer als jede andere bekannte Kunst, und das ist der Grund, warum sie angenommen wurde so lange, um die Technik zu beherrschen. Für die zivilisierte Welt vor nicht mehr als fünfundzwanzig Jahren war es noch undenkbar, dass sowohl das Drama als auch die Musik in einem Werk wichtig sein könnten. Ein Theaterstück mit ein wenig Bühnenmusik war eine vertraute Sache, ebenso eine Oper mit einem konventionellen dramatischen Rahmen, deren einziger Zweck die vorteilhafte Zurschaustellung musikalischer Verzierungen war. Aber ein dramatisches Werk mit Musik als integralem Bestandteil lag außerhalb des Rahmens von allem, was man damals für möglich gehalten hatte, und lange nachdem die neue Generation dramatischer Sänger aufgetaucht war, traten die besonderen Probleme der *Inszenierung* und des Bühnenmanagements auf, die das Wagnersche Drama ausmachten Geschenke blieben völlig ungelöst. Allerdings musste um die Bühnenpräsentation nicht so viel gekämpft werden wie um die Musik. Da war das Bayreuther Theater, das viel Zeit und schließlich auch viel Geld hatte, um die szenischen und technischen Probleme zu lösen; und sehr langsam wurden sie ausgearbeitet. Die Verbesserung seit 1896, als ich den „Ring" das letzte Mal hier gesehen habe, ist enorm, und aus der mächtigen Trilogie, wie sie jetzt präsentiert wird, ist das alte Gefühl von Unbeholfenheit, Schwerfälligkeit und unüberschaubarem Material weitgehend verschwunden – nicht in der Tat in allen vier Teilen (Prolog und dreiteiliges Drama) in gleichem Maße dargestellt. Am verblüffendsten ist die Veränderung und Verbesserung in „Rheingold", das mit all seinen mythologischen und thaumaturgischen Utensilien früher als besonders unbeholfen und voller schlechter Viertelstunden galt, trotz des hier und da aufblitzenden Genies. Nachdem die Inszenierung nun perfektioniert ist, stört sie die Darsteller nicht mehr und lenkt die Aufmerksamkeit des Zuschauers nicht mehr ab, und man hat ungehinderten Genuss der Geschichte mit all ihrem fantasievollen Spiel und ihrer aristophanischen Qualität, wie sie von einer Gruppe von Schauspielern und Schauspielern interpretiert wird Schauspielerinnen, die ihr besonderes Geschäft perfekt beherrschen. „Rheingold" empfindet man mittlerweile als eine Komödie voller Tragödien. Ungeachtet des Sogs der Kräfte, die ungeheures Unheil anrichten, handelt es sich um eine aristophanische Komödie, die so tiefgreifend ist wie alles, was nordische statt hellenische Charaktere und Bilder enthält. Die Szene, in der Loge die verschiedenen Verwendungszwecke von Gold erklärt, mit äußerst humorvollen

Zwischenkommentaren von Fricka (der Frau Grundy von Walhalla) und anderen, ist die Aufmerksamkeit eines jeden Philosophen wert; und doch blieben diese und andere Passagen von ähnlichem Wert unbemerkt. Zusammen mit der Erwähnung der Leistungen der Herren Briesemeister, Breuer und Elmblad als Loge, Mimmy und Fafner in meiner früheren Nachricht hätte es einen Hinweis auf die Fricka von Frau geben müssen. Reuss- Belce , der einfach perfekt war in der Szene, in der sich diese würdevolle Dame an Loge heranschleicht und fragt, ob man das Gold nicht auch für die Herstellung von schönem Damenschmuck verwenden könne.

Walküre " und „Siegfried" betrifft , die schon seit langem im Repertoire von London, Paris und anderen Hauptstädten stehen, ist die Überlegenheit Bayreuths viel weniger sicher – das heißt, Bayreuths, wie es in den diesjährigen Aufführungen vertreten ist. Zwei der drei großen Protagonisten, Wotan und Brünnhilde, zeigten ernsthafte Schwächen, und diese Schwächen konnten weder durch Geschick bei der Darstellung der wunderbar phantastischen und ständig wechselnden Hintergründe noch durch die hervorragende Orchesterinterpretation ausgeglichen werden. Der Siegfried von Herrn Ernst Kraus war jedoch insgesamt eine sehr beeindruckende Aufführung, wie sie es auch 1903 in Covent Garden war. Am besten war sie im ersten und zweiten Akt von „Siegfried" – dem Schmieden des Schwertes und dem Töten des Drachen, dem die wunderbare *Waldträumerei* vorausgeht und folgt – und am wenigsten gut war sie in der Szene der „Götterdämmerung", in der der Held seinen Jagdgefährten die Geschichte seiner Jugend erzählt. Hier war ein gewisser Mangel an Einfallsreichtum im rein lyrischen Ausdruck ein schwerwiegender Mangel. Aber insgesamt scheint Herr Kraus der beste Siegfried der Gegenwart zu sein – jedenfalls der beste von denen, die dazu gebracht werden können, die Rolle ohne Verstümmelung zu spielen.

Keine hervorragende Inszenierung und allgemeine Interpretation konnte die Unbefriedigung der „Götterdämmerung" beseitigen oder spürbar abmildern. Das letzte Drama der „Ring"-Reihe bleibt ein schreckliches Monster unter den dramatischen Werken der Menschheit, mit einem tristen ersten und zweiten Akt, in dem außer dem Aufziehen düsterer Gewitterwolken kaum etwas zu geschehen scheint. Die heftige Lebhaftigkeit der Versammlung der Gefolgsleute im Saal der Gibichungen erzeugte am Donnerstag die größtmögliche Wirkung; aber die Atmosphäre dieser Szenen, in denen sich die Tragödie des auf dem Ring lastenden Fluchs abspielt, blieb nach wie vor fast unerträglich; und trotz der hinreißenden Rheintöchtermusik im dritten Akt, der romantischen Schönheit der „ Erzählung " (Jugendgeschichte Siegfrieds) und der monumentalen Erhabenheit der Trauerszenen hinterließ der letzte Tag der Trilogie den alten Sinn der Unterdrückung. Wie den meisten Menschen bekannt ist, begann das gesamte „Ring"-Drama im Kopf des Komponisten mit „Siegfrieds Tod" – dem Teil, der heute „Götterdämmerung" heißt – und die anderen drei Teile wurden als Vorbereitung darauf geschrieben. Dennoch bleibt der ursprüngliche Kern das monströse Produkt einer ungeordneten Vorstellungskraft, während die drei Teile, als etwas Sekundäres konzipiert, eine Reihe von Meisterwerken bilden. Wir wissen, dass Bücher ihr Schicksal haben, und das Schicksal dieses Buches ist nicht im geringsten merkwürdig. Die Erfahrung dieses Jahres zeigt zwar tendenziell, dass die vermeintlichen Mängel von „Rheingold", „ Walküre " und „Siegfried" in einer allseitig harmonischen Wiedergabe fast vollständig verschwinden, hinterlässt aber ein deutlich gesteigertes Gefühl für das Finale die dem Drama innewohnende Unbefriedigung .

KAPITEL VI.

—

TSCHAIKOWSKY.

Sinfonie Nr. 5 und andere Werke.

21. Januar 1898.

Das Experiment, ein ganzes gemischtes Konzert den Werken eines einzigen Komponisten zu widmen, ist fast immer riskant. Wir bezweifeln, dass ein anderer Komponist außer Wagner jemals einen solchen Test ganz zufriedenstellend bestanden hat. Es war natürlich unvermeidlich, dass die beispiellose Welle der Popularität, auf der Tschaikowskis „Pathetische" Symphonie in den letzten zwei Jahren durch das Land getragen wurde, dazu führte, dass andere Werke desselben Komponisten in den Vordergrund traten. Dieses Ergebnis ist in keiner Weise zu bedauern. Tschaikowski ist ein durch und durch interessanter Komponist. Seine Kraft und Originalität können heute kaum noch bestritten werden, und was auch immer das Urteil über seine Kunst von denen sein mag, die kompetent sind zu beurteilen, wann die Aufregung der Neuheit vorüber ist, eine Tatsache scheint bereits jetzt ganz klar zu sein, nämlich dass er ein großer Meister des Orchesters war. Wenn man Tschaikowskis Musik einen ganzen Abend lang hörte und die neuen mit den früheren Eindrücken verglich, hat man möglicherweise mehr Mängel und Einschränkungen als Vorzüge zutage gefördert; aber die Erfahrung bestätigt unserer Meinung nach die Ansicht, dass der russische Komponist neben Berlioz und Wagner als vollendeter und ursprünglicher Meister des Orchesters, das als Ausdrucksmittel betrachtet wird, gelten muss. Er begreift das moderne Orchester, als wäre es ein einziges Instrument. Er überstreicht es wie ein mächtiger Virtuose mit untrüglichem Anschlag. Er kennt die Anregungen und Kräfte, die im Klangbild jeder Pfeife, Saite und Membran liegen, so wie ein Mensch die Artikulation seiner Muttersprache kennt. Jedem musikalischen Impuls, der ihm in den Sinn kommt, verleiht er mit absolutem Erfolg eine äußere Form. Kurz gesagt, er besitzt die vollendete Fähigkeit, sich musikalisch auszudrücken, und eine solche Fähigkeit ist so selten, dass sie allein ausreicht, um einen Komponisten sehr berühmt zu machen. Natürlich bleiben gewisse Fragen über das so ausgedrückte Selbst, und erst wenn wir diese Fragen ansprechen, werden die Mängel und Grenzen von Tschaikowskis Kunst sichtbar. Dass in Tschaikowskis Musik stark melancholische Stimmungen vorherrschen, ist eine allgemein bekannte Beobachtung. Wie versucht er, seinen normalerweise düsteren und grüblerischen Zustand abzuschütteln? Genau wie man es bei einer solchen Veranlagung erwarten würde — durch rasende Aufregung, durch das Getöse und den Glanz eines Militärspektakels oder durch einen orgiastischen Tanz. Seine leichtere Musik ist bizarr oder sarkastisch, wenn sie nicht bloß berauschend ist. Die enorme Dominanz des rhythmischen Interesses gegenüber jeder anderen Art von Interesse, wie etwa dem der Melodie oder Harmonie, in Tschaikowskis Musik dürfte kaum unbemerkt geblieben sein; und der Rhythmus ist das niedrigste Element in der Musik; er ist das Element, das den animalischen Impuls repräsentiert, wie sein Übergewicht in jeder Art religiöser Musik (z. B. Palestrina) zeigt. Die Musik Tschaikowskis rockt, trampelt, tanzt, wirbelt und fliegt viel mehr, als dass sie singt; und wenn sie singt, ist sie entweder zutiefst melancholisch, bitter sarkastisch oder einfach nur bizarr. Der Komponist ist von keinerlei Gelassenheit geprägt, er liebt die Natur oder Unschuld, ist nicht naiv, hat keine Ruhe oder Gelassenheit, ist nicht gesunder Aktivität nachgegangen, hat keine Religion, dafür aber viel malerischen Patriotismus und sehr wenig Intellektualität - gerade genug, um sich auszudrücken. Diese Art von Charakter offenbart sich in der Kunst Tschaikowskis . Wie der Maler Rubens interessiert er sich für nichts anderes als für überschwängliche Animalität - denn Rubens' Madonnen und andere quasi-religiöse Bilder sind ebenso Studien überschwänglicher Animalität wie seine Venusdarstellungen und seine Wildschweinjagden. Auch Tschaikowski liebt die Jagd, obwohl er eher eine Vorliebe für Kämpfe und militärische Zurschaustellung sowie für den Tanz hat. Ohne starke Erregung könnte ein solcher Charakter nur zutiefst melancholisch sein. Gleichzeitig war er - wiederum wie Rubens - ein Künstler von enormer Kraft, und seine Schöpfungen haben ihren Wert. Die gestern aufgeführte fünfte Sinfonie bietet einen höchst interessanten Vergleich mit der sechsten und letzten. Ein Charakter, wie ihn Tschaikowski unserer Ansicht nach in seiner Kunst offenbart hat, wäre nur in großer Trauer oder in Situationen, in denen sein Patriotismus zum Vorschein kommt, wirklich würdevoll. Dies ist unserer Ansicht nach – zusammen mit der größeren Reife der Kunst – die Erklärung für jene Größe, die allgemein als Unterscheidungsmerkmal der „Pathetischen" Sinfonie unter den Werken des Komponisten anerkannt wurde . Als einziges seiner größeren Werke besitzt sie Würde. Das Gefühl, das sie verkörpert, ist ungeheuer tief und aufrichtig. Sie ist Ausdruck einer starken, halbprimitiven Natur mit robustem Appetit, aber auch mit einer immensen Fähigkeit zu fühlen – persönlichen Gefühlen und familiären, Stammes- oder patriotischen Gefühlen. In der gestern gespielten Sinfonie hingegen haben wir ein Fest herrlicher Klangfarben , Orchesterfiguren von erstaunlicher Reichweite und Einfallsreichtum, hier und da ergreifend ausdrucksstarke Motive, enorme Gestaltung, übermenschliche Energie; aber die Würde des Werks wird durch das ständige Eingreifen wilder und rasender Rhythmen getrübt. Die anderen Orchesterwerke waren alle von untergeordneter Bedeutung. Das beste war vielleicht die Ouvertüre „Romeo und Julia", die ein Thema behandelt, dessen bestimmte Aspekte dem Temperament des Komponisten natürlich entgegenkamen. Er griff diese Aspekte mit unfehlbarer Selbsterkenntnis auf und schuf daraus ein beredtes musikalisches Bild. „Die Variationen über ein Rokokothema" und „Pezzo Capriccioso" sind zwei geniale und bizarre Stücke, beide sehr geschickt instrumentiert, was Herrn Carl Fuchs ermöglichte, seine bewundernswerte Beherrschung des Violoncellos als Soloinstrument zu zeigen. Sie waren beide sehr gut gespielt und insbesondere das letztere erregte beträchtliche Begeisterung. Auch was die Interpretation betrifft, muss die Symphonie uneingeschränkt gelobt werden. Es gab im gesamten Konzert nur ein Werk, das unserer Meinung nach den Stempel der Vollkommenheit trägt – nämlich das kleine Lied „Nur wer die Sehnsucht kennt", das es wert ist , zu den besten Texten Schumanns gezählt zu werden, und das den Geist dieses Komponisten in einer seiner Stimmungen – der, die „Ich grolle nicht" hervorbrachte – sehr deutlich zeigt. Alle Lieder waren interessant. Tatsächlich ist die lyrische Kraft Tschaikowskis so bemerkenswert, dass sie neben seiner Beherrschung des Orchesters zu den Eigenschaften gezählt werden kann, die ihn zu einem großen Komponisten machen. Alles, was speziell zu den Orchesterwerken gesagt wurde, gilt in gleicher Weise für die Lieder; sie sind entweder melancholisch wie das erste, dritte und letzte beim gestrigen Konzert oder sarkastisch wie „Don Juans Serenade". Heiterkeit, Fröhlichkeit, Zuversicht, Resignation, Ehrfurcht und ein Sinn für das Geheimnisvolle sind Eigenschaften, die dem Wesen des Komponisten ebenso fremd sind wie einfache Jovialität oder unschuldiges Geplänkel.

Sinfonie f-Moll.

25. November 1898.

Die vierte Sinfonie von Tschaikowski , die das wichtigste Orchesterwerk des gestrigen Konzerts war, ist voller Leben und Schwung und bietet einen interessanten Einblick in jene Fähigkeiten, die der „Pathetischen" Sinfonie zu eigen waren. Die vierte Sinfonie wurde etwa fünfzehn Jahre vor der „Pathetischen" komponiert und zeigt den Komponisten in einer ganz anderen Stimmung, wenn auch mit nahezu denselben technischen Fähigkeiten. Es ist vielleicht natürlich, dass das frühere Werk fröhlicher ist; aber wenn man bedenkt, dass der Komponist 38 Jahre alt war, als er dieses frühere Werk schuf, klingt die Musik seltsam jugendlich. Der Unterschied zwischen dem Stil der gestrigen Sinfonie und der „Pathetischen" ist fast ausschließlich von einer Art, die sich einer Analyse entzieht. Man kann nur allgemein sagen, dass in der „Pathetischen" eine Tiefe und Energie des Gefühls zu finden ist, die nur in wirklich großen Kunstwerken zu finden ist; auch , dass es einen reifen Stil gibt, der sich insbesondere in dem wunderbaren Takt zeigt, mit dem so viel reichhaltiges, farbenprächtiges und gefährliches Material angeordnet ist. Andererseits fehlt der früheren Sinfonie, obwohl sie in rhythmischer und melodischer Erfindung, Figuration, Instrumentierung und Technik im Allgemeinen stark der „Pathetischen" ähnelt, nicht nur das Taktgefühl des reifen Künstlers, sondern sie zeigt auch, dass der Komponist nicht unter dem Einfluss starker Gefühle steht und einfach in seiner Fähigkeit schwelgt , prachtvolle Orchestrierung, raffinierte Themenarbeit und Anordnung von Tonmassen mit Blick auf malerische Wirkung zu leisten. Tschaikowski ist in dem einen oder anderen Teil eines Orchesterwerks fast immer kriegerisch. In der großen Sinfonie hat der erste Satz einen wilden Abschnitt, der an tatsächliches Gemetzel erinnert, während der größte Teil des dritten Satzes ein kunstvolles militärisches Spektakel ist. Das gestern aufgeführte Werk beginnt mit kriegerischen Klängen, die im ersten Satz und erneut im letzten mehrmals wiederkehren. Der erste Satz veranschaulicht auch die Praxis des Komponisten, unmittelbar nach der Darstellung eines Themas eine Menge Durchführung einzufügen, anstatt auf den Durchführungsabschnitt zu warten. Obwohl jedes musikalische Element aussagekräftig ist, ist der Satz zu weitschweifig. Im Andantino wird schnell klar, dass der Komponist seiner nationalen Volksmelodie nachgeht, wobei insbesondere das zweite Thema einen sehr starken Anflug russischer Nationalmusik aufweist. Der Satz ist kurz und sehr reizvoll. Als nächstes geht man vom Lied zum Tanz über, wobei das Scherzo eine Art Kosakentanz ist, der im pikantesten Stil orchestriert ist, wobei die Streicher durchgehend Pizzicato spielen. Auch hier ist der Komponist unwiderstehlich. Die Musik ist Ballettmusik, einer Symphonie nicht würdig, aber sie ist so berauschend, dass es einen „Waffenstillstand mit Grimassen" geben muss. Und das Finale? Bei einer früheren Gelegenheit haben wir unsere Ansicht geäußert, dass keine von Tschaikowskis Musik außer seiner letzten Symphonie Würde besitzt, aber wahrscheinlich hat er sich in keinem anderen quasi-ernsten Werk einer so erstaunlichen Rodomontade verschrieben, wie sie hier zum Abschluss der Symphonie verwendet wird. Die Musik setzt ein wie ein redseliger Schausteller, der an der Spitze einer Prozession eine Trommel schlägt und der Menge versichert, dass man auf der Welt noch nie etwas so Wunderbares gesehen habe wie diese besondere Show. Die Show geht dann weiter und scheint sich mit nationalen Heldentaten zu befassen, die alle durch die Kommentare desselben redseligen Schaustellers illustriert werden. Dieses unterhaltsame und in mancher Hinsicht lehrreiche Werk wurde verdienstvoll wiedergegeben. Viele der Passagen mit Blasinstrumenten sind für die Interpreten sehr anstrengend, insbesondere die Bassposaune, die im letzten Satz manchmal so schnell spielen muss wie die Flöte; aber die Spieler kämpften tapfer mit diesen Schwierigkeiten und wurden der Partitur gerecht.

Ouvertüre „Romeo und Julia".

14. Dezember 1900.

Der Fall Tschaikowskis , dessen große Sinfonie alle seine anderen Kompositionen aller Art um so unermessliche Höhen übertrifft, ist ein Einzelfall. Man ist fast gezwungen, alles andere im Lichte dieses einen großen

Werks zu betrachten. Hier gibt es etwas, das das gewaltige Schlachtbild des ersten Satzes vage vorwegnimmt. Dort bemerken wir eine schwache Andeutung jener Fähigkeit, ein Herz voll schrecklichster Vorahnung inmitten von Szenen der Fröhlichkeit und Galanterie darzustellen, die dem berühmten 5:4-Satz seinen besonderen Charakter verleiht; und es gibt Vorahnungen des Trubels und der Aufregung, die im Scherzo in gigantischem Maßstab zum Ausdruck kommen, des Triumphtons im Marsch, des verzweifelten Schlussgeheuls. Aber alles andere ist im Vergleich mit der großen Sinfonie schwach und fragmentarisch. Die Ouvertüre zu „Romeo und Julia", die gestern gespielt wurde, ist wahrscheinlich Tschaikowskis beste frühe Komposition und sie ist sicherlich diejenige, die die große letzte Symphonie am deutlichsten andeutet. Die poetische Grundlage des Klangbildes ist in beiden weitgehend dieselbe. Ein warnender Prolog führt zu den Szenen der Gewalt und des Blutvergießens. Dann folgt eine romantische Liebesgeschichte mit einem tragischen Ende. Alles in der Ouvertüre ist äußerst gut gemacht – die Kampfmusik ist anschaulich und die Liebesmusik ist tief gefühlvoll –, aber sie hat keinen Hauch von Shakespeares Geist. Das eigentümliche neuralgische Pathos, das fast alle Werke Tschaikowskis durchdringt, versetzt uns in eine fiebrige und unnatürliche Atmosphäre, die ganz anders ist als die von Shakespeare; und die Kämpfe sind blutig und realistisch in der hageren Art Wereschtschagins . Wie bei Berlioz' Behandlung von „Faust" darf man nicht nach irgendeiner Art von Treue zum Geist des Originals suchen. Es ist besser, sich mit dem eindrucksvollen und beredten Bild zufrieden zu geben, das auf den äußeren Merkmalen eines bekannten Gedichts beruht, aber im Wesentlichen der Traumwelt des Komponisten angehört. Die Ouvertüre wurde gestern hervorragend gespielt. Dr. Richters Interpretation enthüllte die Schönheit der Einleitung am besten, in der es dem Komponisten gelungen war, eine Note von Pathos zu finden, die sich von seiner üblichen engstirnigen und egoistischen oder bloß gequälten Ader unterschied. Besonders bemerkenswert war die feine Präzision der Schlaginstrumente in den Abschnitten, die den Streit der Montagues und Capulets darstellten; aber es ist kaum notwendig, Einzelheiten zu erwähnen, denn das gesamte Klangbild wurde hervorragend präsentiert.

Symphonie in e-Moll.

8. März 1901.

Über die Qualität von Tschaikowskis fünfter Symphonie gehen die Meinungen weit auseinander. Mehr als ein Londoner Kritiker hat die Ansicht geäußert, sie sei der viel bekannteren sechsten und letzten ebenbürtig. Herr Jacques erklärt in seinem gestrigen Programm , dass Nr. 6 – die „ Pathétique " – zwar stärker an die Emotionen appelliere, Nr. 5 jedoch konstruktiv das bessere Werk sei. Auf der anderen Seite ist der russische Kritiker Berezovsky der Meinung – der zusammen mit dem detaillierten Bericht desselben Autors über das Werk in einem kürzlich erschienenen englischen Buch über Tschaikowski zitiert wird –, dass Nr. 5 die schwächste aller Symphonien sei. Diese extremen Meinungsverschiedenheiten haben etwas ziemlich Deprimierendes an sich. Sie beweisen eines von zwei Dingen: Entweder ist Tschaikowski keiner der vernünftigen Komponisten, deren Werke in einer gewissen klaren Beziehung zu den musikalischen Bedürfnissen der menschlichen Natur stehen; oder aber trotz unserer stark gewachsenen musikalischen Kultur sind wir in unserer Wahrnehmung nicht schneller als die Menschen zu Beethovens Zeiten; und in Ermangelung dieser Wahrnehmung sind wir noch mehr an pedantische Vorstellungen gebunden als unsere Vorgänger. Die Rezeption der großen „Symphonic Pathétique " in diesem Land schließt die erste Alternative aus. Kein anderes Instrumentalwerk hat je eine so große Welle echten öffentlichen Interesses hervorgerufen, und selbst Personen, die keine großen Bewunderer Tschaikowskis sind, sollten sich, wenn ihnen das Musikleben dieses Landes am Herzen liegt, für ihn interessieren, aufgrund des erstaunlich plötzlichen und starken Einflusses, den er auf die öffentliche Vorstellungskraft ausübte. Wir müssen die Erklärung nicht in Äußerlichkeiten wie Instrumentierung, Kontrapunkt, Form usw. suchen. Glazounoff orchestriert nicht weniger brillant als Tschaikowski und beherrscht wahrscheinlich die schulischen Mittel besser, und dasselbe gilt für Saint-Saëns. Doch keiner dieser Meister hat je auch nur annähernd so viel Interesse geweckt oder konnte es auch nur annähernd erregen wie Tschaikowski . Wir glauben, dass das Geheimnis Tschaikowskis in erster Linie in seiner Aufrichtigkeit, seiner Ernsthaftigkeit, seiner Entschlossenheit, seiner Suche nach dem wahren Symbol seiner Idee oder seines Gefühls, seiner Ablehnung bloß erfundener Musik liegt. Wenn man Glazounoff zuhört , nimmt man wahr, wie er sich des Mittels bedient. „Beachten Sie, wie geschickt", scheint der Komponist zu sagen, „wie geschickt ich dieses Thema in der Erweiterung einführe." Tschaikowski hingegen ist immer auf seine Idee konzentriert, und wenn er Mittel verwendet, dann mit der Miene eines Mannes, der es mit tiefstem Ernst meint und nach einer Ausdrucksquelle greift. So liegt der Schwerpunkt bei Glazounoff genauso oft beim Mittel, bei Tschaikowski immer bei der Botschaft, und mit diesem schwachen Unterbewusstsein der musikalischen Seele nehmen wir den einen als kultivierten Taugenichts wahr, den anderen als einen Mann, der etwas Wichtiges zu sagen hat. Das ist der erste und wichtigste Punkt. Als nächstes kommt Tschaikowskis Gabe des Rhythmus – die Qualität in der Musik, die dem heutigen Publikum am wichtigsten ist. Wenn jemand mit rudimentären musikalischen Vorstellungen sagt, dass ihm eine gute Melodie gefällt, wird man fast immer feststellen, dass ihm der Rhythmus gefällt und dass die Melodie frei verändert werden kann, ohne dass er es merkt. Derselbe Geschmack ist auch in den höheren Stufen der Bildung vorhanden. Hundertmal häufiger als ein echter Sinn für melodische Schönheit ist die Liebe zu einem kraftvollen Rhythmus, der den Zuhörer von den Füßen reißt. Nun tut Tschaikowski dies für den Zuhörer viel häufiger als jeder andere Komponist. Er fesselt zunächst durch etwas, bei dem sein rhythmisches Talent eine Hauptrolle spielt, und nachdem er uns gefesselt hat, enttäuscht er uns nicht, indem er leere Dinge sagt. Weitere Punkte sind seine erstaunlich reiche Harmonie, die nie verdreht und inkonsequent ist, wie so vieles von Berlioz' Harmonie, sondern immer logisch und klar seine Weite der Gestaltung, seine Wärme der Farben und seine malerische Kraft entwickelt. Es ist unnötig zu sagen, dass zur Erklärung eines plötzlichen und bemerkenswerten Erfolgs beim breiten Publikum immer auch Schwachstellen erwähnt werden müssen. Zu Tschaikowskis Schwächen gehört seine hartnäckige Angewohnheit, seine Ideen auf eine ausgewogene und gegensätzliche Weise zu präsentieren, die ihm jedoch die größte Popularität eingebracht hat. Er erwartet nicht zu viel Intelligenz vom Zuhörer. Zuerst sagt er etwas, dann sagt er es eine Oktave tiefer oder höher und mit anderer Instrumentierung noch einmal; dann wiederholt er einen Teil des gerade Gesagten und wiederholt das ein- oder zweimal und so weiter. Und das geschieht nicht künstlich; dieses Vorgehen war ihm offensichtlich ganz natürlich. Bis er fertig ist, hat sich etwas von der Idee auch in den stumpfsinnigsten Geist hineinversetzt; und all dies geschieht zusammen mit der äußerst modernen Harmonie und mit einer Instrumentierung, die so schneidig, brillant und abwechslungsreich ist, dass nur ein furchtbar analytischer Mensch die thematische Wiederholung wahrnimmt. Es ist bemerkenswert, dass, während alle anderen Symphonien voller slawischer Volksmelodien sind, die thematische Erfindung in der „Pathetischen" bis ins kleinste Detail originell ist. Es gibt von Anfang bis Ende keine einzige Volksmelodie. Man muss nur an das erste Thema des ersten schnellen Satzes denken, um zu erkennen, wie gründlich sich der Komponist damit beschäftigt hat. Seine Originalität ist absolut. Man kann alle Orchesterkomponisten von Haydn bis Wagner und Brahms durchgehen und sich fragen, ob dieses Thema von einem von ihnen stammen könnte. Offensichtlich kann es das Werk von niemand anderem als Tschaikowski sein . Wenn der Zuhörer dieses Thema zum ersten Mal hört, spitzt er die Ohren. „Hier ist ein Mann, der etwas zu sagen hat", denkt er. Nun, in Nr. 5 gibt es nichts dergleichen. Das thematische Material wurde auf lockere Art und Weise beschafft – größtenteils durch Entlehnung. Und die Überlegenheit der großartigen Nr. 6 ist sowohl in Bezug auf den Reichtum und die Spontaneität der Entwicklung als auch in Bezug auf die Originalität der thematischen Erfindung bemerkenswert. In anderer Hinsicht sind die Argumente gegen Herrn Jacques' Ansicht viel stärker. In Nr. 5 ist nicht der Hauch einer Andeutung der Kraft zu erkennen, die jenes überwältigende Schlachtenbild im ersten Satz des „Pathetic" hervorbrachte, oder der völlig neuen Art von Beredsamkeit, die im dritten Satz – dem Scherzo-Marsch – des „Pathetic" in die Welt der Musik eingeführt wurde, oder der beispiellosen Ausdruckskraft des Finales. Das fünfte ist ein schönes, malerisches Werk, das vor allem deshalb interessant ist, weil es uns einen Einblick in jene Übungen gewährt, durch die sich das Genie, das Nr. 6 hervorbringen sollte, gestärkt hat. Wir hören viele der gleichen Orchestereffekte, wie die häufige Verwendung geteilter tieferer Streicher und die Betonung der Fagottstimmen. Die Figuration im Valse und erneut im Finale bietet ebenfalls eine schwache Vorahnung der Wunder, die uns in dem letzteren Werk fesseln . Aber bevor ein Vergleich der beiden überhaupt möglich ist, muss man den letzten Satz des „Pathetic" weglassen und ihn als mit dem Marsch endend betrachten, wie es der Komponist ursprünglich beabsichtigt hatte.

„Pathetische" Sinfonie.

22. November 1901.

„Zum achten Mal bei diesen Konzerten", heißt es im Programm von gestern Abend , in Anspielung auf die große Tschaikowski- Symphonie, die erst acht Jahre alt ist. Die Aufführungen in London gehen in die Dutzende, und wenn hierzulande echte Orchesterkonzerte stattfinden, ist der Schwanengesang des verstorbenen russischen Meisters wohl häufiger zu hören als jedes andere symphonische Werk. Beeilen wir uns nicht, gegen diesen Zustand zu protestieren. Das enorme Publikum von gestern Abend – bei weitem das größte der bisherigen Saison – legt nahe, dass das Publikum das Interesse an der Symphonie nicht verloren hat. Wir widersprechen in dieser Hinsicht auch nicht den Ansichten der Öffentlichkeit. Es liegt eine erstaunliche Kraft im Charme des Werks und in der Anziehungskraft, die es auf die Fantasie ausübt. Seit einiger Zeit beschäftigen wir uns mit der Vorstellung, dass es sich um eine Art Gegenstück zu Dvoráks Symphonie „Neue Welt" handelt. Dvoràk hat in seiner Musik den unbeschwerten , hoffnungsvollen, demokratischen, optimistischen und freidenkerischen Geist des amerikanischen Lebens eingefangen, mit seiner Oberseite der wütenden, aufstrebenden Zivilisation Unterseite der primitiven Menschheit (Neger und Indianer), bei der die Gefühlsenergie in keinem Verhältnis zur intellektuellen Fähigkeit steht. Dvoràks langsamer Satz ist zweifellos eine Hymne dieser primitiven Menschheit, mit einem Unterton der Meditation über die nächtliche Prärie, in der die Bewegungen des Saftes und das Keimen der Samen im Schoß der unerschöpflich fruchtbaren Natur sozusagen hörbar werden. Es ist so etwas wie die Poesie, die Walt Whitman geschrieben hätte, wenn er ein viel besserer Dichter gewesen wäre. In analoger Weise hat Tschaikowski in seiner „Symphonie Pathétique " die Seele des modernen Russland eingeholt und fixiert . So wie die amerikanische Symphonie luftig, demokratisch, optimistisch und freidenkerisch ist, so ist die russische Symphonie träge und unterdrückt, aristokratisch, pessimistisch und hierarchisch. Das Fehlen jeglicher langsamer Bewegungen, mit Ausnahme des Klagegesangs am Ende, ist äußerst charakteristisch. Der Komponist hat uns weder einen Dankgesang noch ein heiter-kontemplatives Zwischenspiel zu bieten, sondern nur etwas mit der parfümierten und künstlichen Atmosphäre des Ballsaals, als Erleichterung von den Gluten und Schrecken seiner militärischen und patriotischen Passagen. Sowohl im ersten als auch im dritten Satz erinnert er uns daran, dass der Russe trotz seiner tiefen Religiosität und Mystik, trotz seiner Fülle an Talent und seiner unter normalen Bedingungen exquisiten Höflichkeit in einem grausamen Land lebt und das Zeug dazu hat, noch grausamer zu sein jeder andere moderne weiße Mann. Das Klagelied am Ende ist unserer Meinung nach der kraftvollste Ausdruck tragischer Emotionen, den es in der gesamten Musikwelt gibt. Ein solches Werk wird viele Aufführungen überstehen, insbesondere an einem Ort, an dem es einen Richter gibt, der es interpretiert. Natürlich sind weder die „Neue Welt" noch die Moskauer Symphonie auch nur einen Moment mit Beethoven zu vergleichen. Gefährten wie Dvorák und Tschaikowski , die am Rande der Zivilisation stehen , haben etwas Wildes an sich, während Beethoven die mitteleuropäische Kultur geerbt hat und in der Musik die Emotionen eines völlig zivilisierten Charakters zum Ausdruck brachte. Der Teil des 19. Jahrhunderts nach Wagners Tod wird wahrscheinlich als die *Avènement* der Halbwilden in der Musik in Erinnerung bleiben. Aber denken Sie daran: Musik ist eine Kunst des Ausdrucks, und jede durch und durch ausdrucksstarke Musik ist gute Musik, unabhängig von der zugrunde liegenden Emotion oder Idee.

Kapitel VII.

ELGAR.

„König Olaf."

2. Dezember 1898.

Edward Elgar scheint seinen Ruhm fast ausschließlich jenen Herbstfestivals zu verdanken, die ein so wichtiger Bestandteil des Musiklebens in diesem Land sind. Ein Organist mit einer Vorliebe für ernsthaftes Komponieren, der eine Stelle in einer Stadt innehat, in der regelmäßig eines dieser Festivals stattfindet, hat eine günstige Ausgangsposition, um für die Werke seines musikalischen Genies Gehör zu finden. Und Elgar war und ist, soweit wir wissen, immer noch Organist an der St. George's Roman Catholic Church in Worcester. Seine Karriere als Festivalkomponist beginnt im Jahr 1890, in jenem Jahr wurde seine Ouvertüre „Froissart" beim Worcester Festival aufgeführt. Drei Jahre später wurde ein Chorwerk – „The Black Knight" – in derselben Stadt aufgeführt, was sich offenbar positiv auf Elgars Ruf auswirkte, denn seit dieser Zeit widmet er einen Großteil seiner Energie dem Komponieren. Die Kantate, die gestern Abend zum ersten Mal in Manchester aufgeführt wurde, scheint das vierte bedeutende Chorwerk von Elgar gewesen zu sein. Als es vor zwei Jahren beim Hanley Festival uraufgeführt wurde, erregte es große Aufmerksamkeit und wurde von vielen Presseschreibern als Werk für das Leeds Festival gefeiert – das allgemein als das wichtigste Ereignis dieser Art im Land gilt. Das für Leeds komponierte und dort im vergangenen Oktober aufgeführte Werk hieß „Caractacus". Es ähnelt im allgemeinen Stil „König Olaf", stellt aber natürlich eine spätere Entwicklungsstufe des Komponisten dar. In beiden Werken bemerkt man denselben dramatischen Instinkt, dieselbe unkonventionelle Behandlung, dieselbe Fähigkeit zur echten thematischen Erfindung und dieselbe unverkennbare Begabung für die Orchestrierung. Mit zunehmender Erfahrung scheint dieser Komponist nicht, wie bei vielen anderen, seine Erfindungskraft zu erschöpfen, sondern im Gegenteil, sie reift und entwickelt sich. „Caractacus" ist offensichtlich in jeder Hinsicht ein besseres Werk als „König Olaf". All diese Tatsachen machen Herrn Elgar zu einer sehr interessanten Person. Die oben aufgezählten Eigenschaften – Begabung zur thematischen Erfindung, geniale und treffende Orchestrierung, unkonventionelle Behandlung usw. – sind äußerst selten und wertvoll. Es ist durchaus möglich, dass ein Komponist eine lange und erfolgreiche Karriere hat, ohne auch nur eine dieser Eigenschaften zu besitzen, und es ist daher ganz natürlich, dass ein Komponist, der sie besitzt, mit Begeisterung begrüßt wird. Aber leider sind sie nicht die einzigen Eigenschaften, die ein Komponist längerer Chorwerke braucht, und Herr Elgar, der sich in seiner eigentlichen Musik so weit über bloße schwache Konventionen erhebt, ist nicht frei von der verbreiteten, aber höchst schädlichen Wahnvorstellung, dass fast alles als „Verse für Musik" ausreichen würde. Er verschwendet die Ressourcen seiner bemerkenswerten Kunst für einen Text, der an manchen Stellen für jede Art von musikalischer Behandlung ungeeignet ist und im Großen und Ganzen hoffnungslos weitschweifig, zusammenhanglos und ermüdend ist. Man wird an einer dramatischen Episode interessiert, in der eine Braut im Begriff zu sein scheint, ihren Bräutigam mit einem im Mondlicht glänzenden Dolch zu ermorden. Aber die Erzählung wandert zu anderen Themen ab; eine neue Heldin mit ganz anderen Angelegenheiten und Interessen nimmt die Aufmerksamkeit in Anspruch, und man hört nichts mehr von der Dame mit dem Dolch. Zweifellos scheint der Titel „Szenen aus" der Saga von König Olaf ein solches Vorgehen zu rechtfertigen, aber es verhindert nicht, dass das Interesse nachlässt oder dass der Gesamteindruck des Werks fragmentarisch und inkohärent ist. Die beste Musik ist am Anfang, wo es einen äußerst schönen Refrain gibt, „The Challenge of Thor", der verschiedene musikalische Elemente enthält, die alle wirklich ausdrucksstark und von derselben primitiven und rasanten Kraft geprägt sind. Die wichtigeren der betreffenden Elemente sind die Hammermusik, die Eisbergmusik, die Donner- und Blitzmusik und die Klänge, die die Missachtung des Christentums durch die alte nordische Religion zum Ausdruck bringen. Das wirkungsvollste Solo ist auch das lange Tenor-Rezitativ, das dem großen Refrain folgt. Bei den Worten „Listening to the wild winds wailing" beginnt in der Begleitung eine höchst originelle und interessante Melodie zu hören. Aber das Versprechen dieser schönen Dinge wird im letzten Teil des Werks nicht gut eingelöst. Überall sind die Schwierigkeiten sehr gewaltig, und in vielen Fällen waren sie zu viel für den Chor, der, außer in „The Challenge of Thor", nicht sehr frei oder ausdrucksstark sang. Auch folgten sie ihren Anweisungen nicht immer präzise; aber in einem komplexen Werk voller Begleitfiguren mit so rätselhaften Kreuzrhythmen waren diese Mängel verzeihlich. Die Kantate schien keinen großen Eindruck auf das Publikum zu machen; aber wir können erwarten, dass Herr Elgar, wenn er jemals das Glück hätte, ein wirklich gutes Thema und ein gutes Buch zu erhalten, und vor allem ein Thema und ein Buch, die vollständig an seine bemerkenswerten dramatischen Fähigkeiten angepasst sind, etwas von bleibendem Wert schaffen würde.

Die „Enigma-Variationen".

9. Februar 1900.

Der Kompositionsstil „Variationen" ist ein eindrucksvolles Beispiel einer primitiven Form, die sich als unvergänglich erwiesen hat. Sir Hubert Parry hat darauf hingewiesen, dass die grundlegende Idee der Variationen in der

Instrumentalmusik mit dem *Canto Fermo* und dem Kontrapunkt der frühen Chorkomponisten übereinstimmt. Jedes System entstand aus dem Versuch, einer Komposition Form und Einheit zu verleihen, indem ein Thema immer wieder wiederholt wurde, jedes Mal in einem neuen Aspekt oder mit neuer Verzierung; obwohl die Wirkung, die durch das Wickeln eines raffinierten Kontrapunkts für andere Stimmen um einen unveränderlichen *Canto Fermo erzielt wird* , natürlich sehr verschieden ist von der Ausschmückung der Melodie selbst. In der Chormusik starb das *Canto Fermo* -System fast aus, als ausgereiftere Strukturprinzipien entdeckt wurden; aber die Variationsform ist seit ihrer Erfindung zu keiner Zeit außer Gebrauch geraten. Sie wurde von allen großen Meistern verwendet, und von vielen von ihnen als Vehikel für große und großartige Ideen. Der allgemeine Fortschritt vom Mechanischen zum Phantasievollen kennzeichnet die aufeinanderfolgenden Stadien, die die Form durchlaufen hat. Ein wichtiger Grund für seine Vitalität ist, dass es in jedem möglichen Stil behandelt werden kann. Variationen können melodisch, kontrapunktisch oder harmonisch sein. Ein oberflächlicher Komponist kann sie schaffen, indem er einfach sein Thema durchgeht, ein tiefgründiger Komponist, indem er die darin enthaltenen musikalischen Ideen entwickelt. Bachs Werke waren hauptsächlich kontrapunktisch, Mozarts hauptsächlich melodisch – man könnte sogar sagen melismatisch – und Beethoven schuf Variationen aller Art, wobei er in seinen späteren Werken Ergebnisse von ungeahnter Größe aus der Form erzielte. Aber der spätere Beethoven ist nie wirklich von einem Sterblichen auf dem strengen und wunderbaren Weg gefolgt, den er für sich selbst eingeschlagen hat, obwohl Brahms und andere einige Hinweise von ihm erhalten haben. Der Begründer moderner romantischer Variationen war Schumann, dessen „Etudes Symphoniques " eine frische Lebensquelle in der Form offenbarten, die sich als weniger streng unzugänglich erwiesen hat als die von Beethoven; Brahms, Tschaikowski und viele andere haben offensichtlich daraus Inspiration bezogen. Herr Elgar steht in einer besonderen Beziehung zu den modernen Meistern der Variationsform. Er scheint sich sehr mit der merkwürdigen Idee der musikalischen Porträtmalerei zu beschäftigen, die ihre Existenz wiederum Schumann verdankt. Die Miniatur von Chopin in Schumanns „Carnaval" war das erste und vielleicht bis heute beste Beispiel seiner Art, und die Skizze von Mendelssohn, die Nr. 24 des „Albums für die Jugend" desselben Komponisten bildet, ist ebenfalls ein erkennbares Stück musikalischer Porträtmalerei. Herr Elgar hat die Idee in diesen Variationen in einem erweiterten Maßstab umgesetzt. Sein Thema, das er „Enigma" nennt, weist keine Exzentrizität auf. Es ist eine eher marschartige Melodie in regelmäßiger Form mit drei Abschnitten, von denen der letzte eine Wiederholung des ersten ist, mit frischer Harmonie und Instrumentierung. Nominell gibt es vierzehn Variationen – einschließlich des Finales sind es tatsächlich dreizehn, denn Nr. 10, das als Intermezzo beschrieben wird, ist keine Variation. Jede der Variationen und das Intermezzo tragen Initialen oder einen Spitznamen, von denen allgemein angenommen wird, dass sie die Freunde des Komponisten darstellen. Warum so etwas angenommen werden sollte, wissen wir nicht. Es ist sowohl möglich als auch zulässig, Personen darzustellen, die nicht die eigenen Freunde sind, und einige von Herrn Elgars Porträts erscheinen uns äußerst streng und satirisch. Besonders eine der frühen Nummern vermittelt einen lebhaften Eindruck einer sehr unsympathischen Persönlichkeit, geschwätzig, nörgelnd, trivial, gemein egoistisch und ziemlich affenartig. Der Komponist tut gut daran, die Identität des Originals im Dunkeln zu lassen. Die Variationen sind nach den üblichen Kontrastprinzipien gruppiert und sie sind alle äußerst wirkungsvoll. So sehr der Komponist sein Thema auch ein Rätsel nennen mag – Berlioz nannte sein Variationsthema in einer frühen Symphonie „ *idée fixe* “ –, man kann sich dem Eindruck kaum entziehen, dass es das Temperament des Künstlers darstellt, durch das er seine Motive sieht; denn das und nichts anderes ist es, was das Bindeglied zwischen einer Reihe von Porträts derselben Hand bildet. Wunderbarer Einfallsreichtum zeigt sich darin, die Beziehung zwischen dem Thema und dem musikalischen Bild zu variieren. Während des ersten Teils des Werks, bis zum Ende der sechsten Variation, schien die Haltung des Publikums eher reserviert. Doch bei der siebten Variation, genannt „ Troyte “, einem ungestümen Presto-Satz, der eine bis dahin ungeahnte Energie zeigt, begann sich eine Veränderung bemerkbar zu machen. Auch während der edlen und heiteren Harmonien des folgenden Allegretto ließ die Aufmerksamkeit überhaupt nicht nach. Das reich organisierte „Nimrod“, das Nr. 9 bildet, führt zum zierlichen und beschwingten „Dorabella“-Intermezzo, das keinen Bezug zum Thema hat. Die elfte Variation mit der Überschrift „GRS“ ist eine weitere Demonstration von reichlicher Kraft , und das folgende „BGN“ hat als Hauptmerkmal eine schöne lyrische Melodie für Cello. Nr. 13 bezieht sich offensichtlich auf jemanden auf einer Seereise, da das Thema „Glückliche Reise“ aus Mendelssohns Ouvertüre „ Meeresstille “ inmitten zarter Andeutungen entfernter Meeresgeräusche zu hören ist. Im sehr ausgedehnten Finale gibt es einige kraftvolle polyphone Passagen, und der Satz endet mit einer Wiederholung des Themas in Augmentation, das von den schweren Blechbläsern zur Begleitung des gesamten Orchesters kraftvoll vorgetragen wird. Das Publikum schien ziemlich erstaunt darüber, dass ein Werk eines britischen Komponisten eine andere als eine erschreckende Wirkung auf sie hatte. Es applaudierte mit der Energie, die die Vorstellungskraft des Komponisten und seine meisterhafte Handhabung des Orchesters verdienen. Dr. Richter gab Herrn Elgar, der im Publikum saß, ein Zeichen , und er betrat daraufhin die Bühne und wurde vom Publikum begeistert begrüßt. Der durchschlagende Erfolg dieser Komposition erinnert uns an die folgende Passage am Ende eines Artikels von Sir Hubert Parry, der vor einigen Jahren geschrieben wurde: „Es ist sogar möglich, dass die Variation nach all ihrer langen Geschichte noch immer eine der günstigsten Gelegenheiten für zukünftige Komponisten bietet, ihr Genie zu entfalten."

"Schlaraffenland."

25. Oktober
1901.

Dr. Elgars neuere Kompositionen scheinen fast ebenso viel Gesprächsstoff zu erfordern wie die von Wagner. Aber man beachte, dass dies nicht die Schuld des Komponisten ist, sondern das Ergebnis des primitiven Stadiums, in dem sich nicht nur der Großteil unseres musikalischen Publikums, sondern auch viele unserer „führenden Musiker" noch befinden, was das Verständnis der poetischen Bedeutung eines musikalischen Werks betrifft. In den letzten Jahren wurde zweimal ein Werk voller Gemetzel und Raserei, barbarischer Ausgelassenheit und Sinnlichkeit, glitzernder und schriller Prachtentfaltung und mit Vernichtung endend – ein Werk, dessen starke Anziehungskraft gerade darin liegt, dass es der mächtigste existierende Ausdruck in der Musik von allem Unchristlichen und Antikatholischen ist – ohne öffentlichen Protest in einer britischen Kathedrale aufgeführt. Wir beziehen uns hier natürlich auf die „Symphonie Pathétique ". Dr. Elgar ist ein weiterer Komponist, dessen Musik etwas bedeutet; aber welche Chance haben wir, ihn zu verstehen? Man schreckt vor der Aufgabe zurück, in einem Konzert all die Fragen zu diskutieren, die ein Werk wie die Ouvertüre „Cockaigne" aufwirft. Lassen Sie uns zunächst, ohne uns mit der Begründung aufzuhalten, erklären, dass wir es für hörenswert und studierenswert halten. Wenn eine zuvor existierende Ouvertüre erwähnt werden soll, um den Typus zu bezeichnen, zu dem „Cockaigne" gehört, dann muss es offensichtlich „Meistersinger" sein. Das humoristische Element ist etwas ausgeprägter als in „Meistersinger", und der allgemeine Ton und die Farbgebung der beiden Werke sind völlig verschieden. Aber dass der Komponist von „Cockaigne" „Meistersinger" im Sinn hatte, wird durch einen bestimmten Punkt praktisch sicher gemacht – die Verwendung eines Londoner Themas und desselben Themas in Verkleinerung für den jugendlichen Londoner, in exakter Analogie zu Wagners Symbolen für die Meistersinger und die Lehrlinge. Wiederum erinnert das einleitende Treiben, das einer Liebesszene Platz macht, an „Meistersinger", und dies gilt auch für die polyphone Ausarbeitung des Mittelteils. Es besteht jedoch ein großer Unterschied zwischen der Befolgung von Wagners Verfahren und der Übernahme seiner musikalischen Ideen. In gewissem Maße finden wir im Es-Dur-Abschnitt und insbesondere in dessen Harmonie den Wagner- Touch . Im Übrigen scheinen die Verfahren zumindest auf Wagners Verfahren zu basieren, aber wir finden, dass die verwendeten Materialien und der Charakter des erzielten künstlerischen Ergebnisses völlig anders sind als die von Wagner. Es gibt sieben musikalische Elemente in „Cockaigne", deren Bedeutung grob wie folgt angegeben werden kann : (1) Straßentreiben; (2) eine männliche persönliche Note; (3) Kameradschaft und Gedankenaustausch zwischen zwei Verliebten; (4) kecke Kinder, die ihre Streiche spielen; (5) Militärkapellenepisode; (6) Eindrücke beim Übergang von der Straße in eine Kirche; (7) neue Phasen der Straßenmusik. Für diese Dinge werden musikalische Symbole von sehr beträchtlicher plastischer Kraft erfunden und mit jener Beherrschung des Orchesters, die heute niemand mehr bei Dr. Elgar erkennen kann, in ein kraftvolles und unterhaltsames Klangbild verwoben . Er arbeitet immer mit klaren Linien und scheint sich nicht besonders um jene atmosphärischen Effekte zu kümmern, die manche moderne Komponisten wie Richard Strauss so stark auszeichnen. Die Musik hat eine viel größere Bandbreite an Ideen und Emotionen, als dies in einem Gedicht mit gleicher Dauer möglich wäre. Sie vermittelt uns Eindrücke von London bei Tag und bei Nacht, Eindrücke, die teilweise realistisch und teilweise antiquarisch sind und dem Flug der Vorstellungskraft mit absoluter Freiheit folgen und eine Art musikalische Parallele zu Henleys „London Voluntaries" bilden.

Und siehe! Die Stunde des Zauberers,
deren leuchtende, stille Zauberei so viel Macht hat! Noch immer sind die Straßen zwischen ihren Karkanetten aus Gold die Alleen des Schlafes. Aber sehen Sie, wie Giebelenden und Brüstungen in allmählicher Schönheit und Bedeutung
auftauchen! Und haben Sie
dieses leise Zwitschern und Piepsen gehört, das sich in dieser noch immer gespenstisch erlesenen Atmosphäre übermäßig laut und deutlich Bahn bricht? Es ist ein erstes Nest zur Frühmesse! Und siehe, eine verlotterte Katze – wie verstohlen und kalt! Eine erschöpfte Hexe , die von einem berüchtigten Tanz nach Hause kommt –
obszön, schnell trabend, sehen Sie, wie sie durch schattige Geländer in eine Schattengrube kippt und verschwindet!

Und wenn dies wirksam ist, gibt es dann nicht ein bestimmtes Sonett von Wordsworth, das beweist, dass ein Aspekt Londons eine großartige poetische Inspiration liefern kann? Es sollte daran erinnert werden, dass es sowohl bei Emotionen als auch bei Ideen und Geräten Originalität gibt; Und hier finden wir Dr. Elgar stark – vielleicht stärker als jeder andere britische Komponist. Neben der technischen Fähigkeit, sich in der Musik auszudrücken, verfügt er über Originalität der Emotionen. Er entführt uns in Regionen, in die uns die Musik noch nie zuvor geführt hat. Was die Verwendung von Wagners Verfahren betrifft, so war dies auch Beethovens Verfahren in einigen seiner besten Werke. Tatsächlich ist es die Vorgehensweise eines jeden, für den Musik eine Sprache ist, wie sie seit Beethovens Zeiten immer mehr geworden ist. Die Geschichte der Musik im 19. Jahrhundert ist die Geschichte von etwas, das immer artikulierter wird.

Zweifellos würden einige Leute gerne fragen: Hätten wir das alles oder etwas davon über die Bedeutung der „Cockaigne"-Musik wissen sollen, wenn es keine Programme gegeben hätte? Die Antwort lautet: Wahrscheinlich nicht. Aber die Schönheit eines künstlerischen Entwurfs, der ein bestimmtes Thema illustriert, kann oft erst dann wahrgenommen werden, wenn man nicht erkennen kann, um welches Thema es sich handelt. In einem solchen Fall ist das Thema nicht „voller Unsinn". Es ist die anregende Ursache für das schöne Design, und es ist ganz natürlich, dass diejenigen, die das Design schön finden, wissen möchten, worum es geht. Es ist ein Fehler zu glauben, dass ein bestimmtes Spiel der Fantasie nichts mit der musikalischen Komposition zu tun hat. Es hat sehr viel damit zu tun. Die Art von Musik ohne zugrunde liegendes Fantasiespiel ist nur allzu bekannt.

Der Name „Cockaigne" kommt in irgendeiner Form in der alten englischen, französischen, italienischen und spanischen Literatur vor und bedeutet „das Land der Freuden". Die vermutete Verbindung mit „Cockney" ist viel später entstanden. Henry S. Leighs „Carols of Cockayne" (1869) zeigt die Anerkennung des Wortes im Sinne von „Cockneydom". Es wird gesagt, dass es eine Verbindung zwischen „Cockney" und dem französischen „ coquin " gibt, und wenn dies der Fall ist, ist die Verwendung von „Cockaigne" als Korrelat von „Cockney" durch die Herkunftsgemeinschaft gerechtfertigt, da alle diese Wörter vom Stamm abgeleitet sind von *coquere* (kochen). Zweifellos bedeutete „ coquin " ursprünglich „Kochjunge" oder „Bummelgänger in einer Garküche", und „Cockney" bedeutete zunächst etwas Ähnliches. Gleichzeitig liegt dem Wort „Cockaigne" eine gewisse sprichwörtliche Suggestivität inne, die aus der Zeit stammt, als es im Sinne von „Land der Wonnen" verwendet wurde, wobei die Etymologie vergessen war. Daher hat er als Titel von Dr. Elgars genialem und weitgehend humoristischem Tonbild eine besondere Passung.

„Der Traum des Gerontius",

Birmingham-Festival.

3. Oktober 1900

„Der Traum des Gerontius" nannte Kardinal Newman sein Gedicht mit exquisiter Bescheidenheit. Wie dieses Gedicht in der Wertschätzung derjenigen stehen wird, die den Standpunkt von Kardinal Newman in Bezug auf religiöse Fragen teilen, ist vielleicht eine wichtige Frage, aber keine, mit der sich die Musik- oder Kunstkritik befasst. Denn nichts ist an der Kunst sicherer als die Tatsache, dass sie der Lebensauffassung eines Menschen unterworfen ist. Künstlerische oder ästhetische Kritik muss bescheiden sein und darf keine Übertretungen des Glaubens und der Moral begehen. Indirekt könnte die Ästhetik tatsächlich einen Einfluss auf diese ernsteren Themen haben. Denn steht nicht über religiöse Lehren geschrieben: „An ihren Früchten sollt ihr sie erkennen "? – und nichts anderes ist in einem so vollkommenen Sinne eine „Frucht" einer Religion wie ein daraus hervorgegangenes Kunstwerk. Dennoch besteht die Funktion der Ästhetik nicht darin, eine Lebensanschauung zu loben oder zu tadeln, sondern vielmehr darin, zu untersuchen, mit welcher Beredsamkeit, mit welcher Aufrichtigkeit, mit welchem Maß an Überzeugungskraft der Künstler seine Ideen darlegt und seine Gefühle mitteilt, was auch immer diese Ideen und Gefühle sein mögen Vielleicht. Mit diesen Überlegungen halte ich es für notwendig, meine Anmerkungen zu Edward Elgars neuem Werk voranzutreiben. Die Überlegungen sind eher feierlich, aber das neue Werk ist sehr feierlich. Es ist zutiefst und intensiv religiös; Es ist völlig unkonventionell und muss auf unkonventionelle Weise diskutiert werden. Lassen Sie mich zunächst einen Punkt hervorheben, der sich von allem unterscheidet, was ich beim Hören anderer Oratorien und geistlicher Kantaten und, ich möchte sagen, aller anderen Musikwerke mit Texten von einer Person und Musik von einer anderen Person erlebt habe. Der Punkt ist, dass *diese* Musik im Großen und Ganzen geeignet ist, dem Zuhörer die Größe des Gedichts deutlich zu machen. Der Komponist hat aus dem Gedicht nicht nur den Stoff ausgewählt, der ihm passte. Er hat das Gedicht musikalisch dargelegt, und in die Aufgabe, es zu erläutern, hat er das eingebracht, was man ohne Inflation als die Mittel der modernen Musik bezeichnen kann. Wir werden zweifellos von Plagiaten aus „Parsifal" hören, und es gibt in der Tat vieles in dem Werk, das ohne „Parsifal" nicht hätte dort sein können. Aber es ist nicht zulässig, dass ein moderner Komponist religiöser Musik „Parsifal" nicht kennt. Man könnte genauso gut für Orchester schreiben, ohne die Berlioz-Orchestrierung zu kennen, wie ernsthafte Musik schreiben, ohne die Wagner-Symbolik zu kennen. Edward Elgar tut keineswegs so affektiert, dass er die Entwicklung ignoriert, die die Sprache der Musik durch Wagner im Guten wie im Schlechten durchgemacht hat. Sein Orchestervorspiel greift jedoch auf einen früheren Wagner-Typus zurück. Es gibt einen Ausblick auf die gesamte Geschichte und zwar so, dass am Ende die Fantasie zurückgedrängt werden muss. Wir haben die letzte Qual des kranken Mannes, seinen Tod und seinen Übergang ins Unsichtbare. Obwohl die Symbole im Wagnerschen Stil verwendet werden, sind sie dennoch durch und durch originell und entführen uns in eine Atmosphäre und eine Welt, die absolut fern von allem Wagnerschen ist. Wenn die Stimme von Gerontius (einem Tenorsolo zugeordnet) erklingt, werden wir zurück zum Sterbebett getragen – zu den Gebeten von Gerontius und seinen

Gefährten. Eine Reihe von Chören mit dazwischenliegenden und begleitenden Passagen für die Solostimme ist dem König des Schreckens gewidmet. Hier berührt die Musik die verschiedenen Töne der Gefühlsskala, von der Qual des Schreckens bis hin zu heiterer Zuversicht. Nach dem Abschied von Gerontius ertönt mit den Worten „ Novissima hora est " eine neue Stimme, die des Priesters (Bariton), die „ Proficiscere , anima Christiana" skandiert. Zu den Bitten für die Verstorbenen gehört ein dreimal wiederholter Gesang, wobei jeder der beiden Teile mit einem „Amen" im Chor endet, das einen zarten Nachklang des mittelalterlichen „Cantus fictus " enthält. Ein ausgedehnter Abschnitt aus Chor und Halbchor bringt den ersten Teil der Kantate zu einem friedlichen und betenden Ende.

Im zweiten Teil fliegt die Seele des Gerontius in die himmlischen Regionen und unterhält sich mit einem Engel. Es gibt eine danteske Passage, in der das Paar – die Seele und der Engel – einen Chor von Dämonen belauscht. Gerontius wird vom Engel ermutigt. Echos irdischer Stimmen, die für die verstorbene Seele beten, werden von der Erde emporgetragen, und am Ende wird die Seele von Gerontius vom Engel liebevoll dem Fegefeuer übergeben, wo sie zwar leidend wartet, aber in Resignation und in der Gewissheit, dass sie sterben wird Erlösung.

Natürlich ist die vorherrschende poetische Note in einem solchen Werk die mystische Erhöhung, mal des reuigen Sünders, mal des aufstrebenden Heiligen. Der Haupthöhepunkt wird nicht am Ende erreicht, sondern in der Hymne der Engel „Lob sei dem Allerheiligsten in der Höhe", die vor dem Aufbruch ins Fegefeuer wiederkehrt. Aber das ganze Werk singt „Lob sei dem Allerheiligsten in der Höhe *und in der Tiefe* ". Eine kraftvolle Kontrastnote erklingt im Todeskampf des Gerontius und vor allem im Dämonenchor im zweiten Teil. Hier ist ein Vergleich mit Berlioz einfach unvermeidlich – denn Edward Elgars dramatische Kraft lässt einen Vergleich mit den großen Meistern zu. Seine Dämonen sind viel schrecklicher als die von Berlioz, der ein Materialist im tiefsten Sinne war – nicht aufgrund mehr oder weniger wechselnder Überzeugungen, sondern aufgrund seines unveränderlichen Temperaments. Unendlich weit entfernt von dem von Berlioz ist das Temperament, das sich in Edward Elgars Musik offenbart, die, wie Teile des Gedichts, durchaus den Beinamen „Danteske" verdient.

„Gerontius",

Niederrheinische Festspiele,

Düsseldorf.

22. Mai 1902.

„Seit den fernen Zeiten der großen Madrigalkomponisten hat England im Konzert der großen Musikmächte nur eine bescheidene Rolle gespielt. Bei den Produkten des musikalischen Geistes war es fast ausschließlich auf Importe angewiesen und hat nur Werke exportiert." einer leichteren Ordnung." Mit diesen Worten leitet der deutsche Autor des eigens für dieses Festival verfassten Programms „Gerontius" sein Thema ein. Die ökonomische Metapher ist genial. Es impliziert nicht zu viel und rechtfertigt nicht den Sachverhalt, auf den es sich bezieht. Zu Recht oder zu Unrecht hatten Deutschland und der gesamte europäische Kontinent nicht das Gefühl, dass ernsthafte englische Musik ernst zu nehmen sei, und auf diese Tatsache verweist der Autor mit genialer Feinheit und führt weiter aus, dass um die Jahrhundertwende a Die Veränderung machte sich bemerkbar. Jeder, der sich mit musikalischen Angelegenheiten auskennt, weiß, wie dieser Wandel zustande kam, obwohl nicht jeder auf unserer Seite des Ärmelkanals zugeben möchte, was er weiß. Der Wandel ist in erster Linie Edward Elgar zu verdanken – einem Mann, der sein Bestes geleistet hat, indem er ruhig in den Malvern-Hügeln gelebt hat, ohne offizielle Position jeglicher Art, fern von gesellschaftlicher Zerstreuung und dem Streit des Kommerzials. Die Präsentation eines so umfangreichen Werks wie „Dream of Gerontius" bei einem Rheinfest hat eine Bedeutung, die das englische Musikpublikum gut berücksichtigen sollte. Das Programm ist viel sorgfältiger ausgewählt als bei unseren eigenen Festivals. Dabei geht es keineswegs darum, dass „für jeden Geschmack etwas dabei ist", sondern dass es charakteristisch für die Musikkunst in ihrer jetzigen Form sein und nur das typischste Exzellente bieten soll von neueren Kompositionen und von älteren Kompositionen nur solche, von denen man annimmt, dass das zeitgenössische Genie besonders genährt wurde. Es ist kein Zufall, dass bei dieser Gelegenheit die Namen von Händel, Mendelssohn und Schumann fehlen, während Bach sehr reichlich vertreten ist; Beethovens Name steht im Zusammenhang mit dem modernsten aller seiner Werke (der c-Moll-Symphonie) und der von Liszt mit seiner revolutionären „Faust"-Symphonie. Es ist auch kein Zufall, dass Strauss unter den deutschen und Elgar unter den englischen Komponisten bevorzugt wird. Denn das sind die Männer, die wirklich die Fackel tragen, und die Deutschen dürfen sich in solchen Dingen nicht täuschen lassen.

Die Aufführung von „Gerontius" gestern Abend hatte viele Besonderheiten zu bieten. Dem instrumentalen Teil des Werks wurde durch das großartige Festivalorchester mit 127 Interpreten voll und ganz Rechnung getragen. Die besonderen Qualitäten der Vorstellungskraft , die Dr Das ist seit langem als ihre bemerkenswerteste Gabe anerkannt , und zwar mit einer wesentlich größeren und ausdrucksstärkeren Beredsamkeit, als man es je zuvor von ihr hätte erwarten können. In den Basspartien des Priesters und des Todesengels sang Professor Messchaert mit wunderbarer dramatischer Kraft, und der Halbchor, der in einer Reihe vor dem Orchester saß, meisterte die heikle Aufgabe, die er das ganze Jahr über zu erfüllen hat, nahezu perfekt Sterbebettszene. Ich habe bereits die Ansicht geäußert, dass der letzte Abschnitt des ersten Teils, beginnend mit dem „ proficiscere , anima Christiana" des Priesters, der Punkt ist, an dem man sich der eigentlichen Genialität der Komposition zum ersten Mal bewusst wird; aber jetzt, nach weiterem Studium und einer weiteren vollständigen Anhörung des Werkes, bin ich mit dieser Aussage nicht ganz zufrieden. Vielleicht wird vielen Zuhörern an diesem Punkt erstmals das Genie des Komponisten klar bewusst. Aber wenn man auf die außergewöhnliche Beredsamkeit und Schönheit der musikalischen Symbolik im Vorspiel und Todeskampf von Gerontius zurückblickt, erkennt man, dass der *Quietus*, der in der Szene nach Gerontius' Tod über den Geist hereinbricht, lediglich ein Höhepunkt in einem Prozess ist, der wirklich beginnt mit den ersten Noten. Die himmlische Ruhe zu Beginn des zweiten Teils wurde mir gestern deutlicher bewusst als je zuvor. So großartig die Behandlung der Hymne „Praise to the Holiest in the Height" auch ist, der letzte Abschnitt ist nicht so völlig ausreichend wie der Rest. Die Wahrheit ist, dass der Komponist dort vor einer Aufgabe stand, die hoffnungslos über die Kräfte eines Sterblichen außer Bach hinausging. Im am Sonntagabend erklingenden „Sanctus" werden die leuchtenden Kreise des himmlischen Chores gleichsam für die Ohren der Sterblichen hörbar gemacht. Bach konnte es nur einmal tun, und kein anderer Komponist konnte es überhaupt tun. Elgar gibt eine wunderschöne und großartig konzipierte Hymne der Kirche triumphierend, und damit können wir durchaus zufrieden sein. Er ist im Wesentlichen ein dramatischer Komponist, und wenn er in den Bereich der rein religiösen Musik vordringt, fühlt er sich eher zu Palestrina hingezogen, wo „seine Seelen wie dünne Flammen zu Gott emporsteigen", als zu dem Größeren und Ruhigeren Geist von Bach.

„Gerontius"

Vorläufiger Artikel.

12. März 1903.

Thematisch, wenn auch nicht in der Behandlung, ist dieses Oratorium – dessen Uraufführung heute Abend in Manchester stattfindet – dem Moralstück „Everyman" sehr ähnlich. Gerontius ist keine historische Figur, sondern ein typischer Mensch, der keinem bestimmten Zeitalter oder Land angehört. Er ähnelt „Everyman" außerdem darin, dass er ein Laie ist, der in der Welt gelebt hat, im Gegensatz zur Kirche, und dass er einfach ein einfacher, wohlmeinender Mann ohne besonders große oder glänzende

Eigenschaften ist. Das Gedicht, auf dem das Oratorium basiert, beginnt später als „Everyman" mit der Sterbeszene und endet nicht mit dem Tod von Gerontius' sterblichem Körper, sondern blickt wehmütig in die Welt jenseits und erzählt „unter der Ähnlichkeit eines Traums" viel darüber, was sich heilige Männer über die Erfahrungen christlicher Seelen vorgestellt haben, die unter der Führung von Engeln Rechenschaft ablegen.

Im Oratorium werden die Äußerungen des Gerontius einem Tenorsolisten zugeordnet, der im ersten Teil die gebrochenen Phrasen des „dem Tode nahen" Kranken und im zweiten Teil die zart verhaltenen Verzückungen der „einfühlenden" Seele vorzutragen hat „Es vermittelt ihm eine ausdruckslose Leichtigkeit und ein Gefühl der Freiheit", während er sich allmählich der Engelspräsenz bewusst wird, die ihn in die himmlischen Regionen trägt. Der einzige andere Solist im ersten Teil ist der Priester (Bass), der das feierliche „ Proficiscere , anima Christiana, de hoc mundo " vorträgt, während die Seele von Gerontius den Körper verlässt. Im zweiten Teil stellen der zweite und der dritte Solist den Leitengel (Mezzosopran) und der andere den Engel der Agonie (Bass) dar, der im feierlichsten Moment des Oratoriums von der Seele erkannt wird als „ Derselbe, der Ihn stärkte, als er einsam im Schatten des Gartens kniete und mit Blut benetzt war. Der Halbchor im ersten Teil stellt die Gruppe der „Assistenten" oder Freunde dar, die sich um das Bett des Sterbenden versammelt haben. Die Funktion des Chors im ersten Teil ist nicht definiert, aber er kann als Ausdruck der Gebete und Sehnsüchte anderer gläubiger Seelen verstanden werden, die sich des Falles von Gerontius bewusst sind und mit ihm sympathisieren . Im zweiten Teil handelt der Refrain mal von „ Engeln ", mal von Dämonen. Der Halbchor stellt erneut die Stimmen von Freunden auf Erden dar, von denen man sich an einem Punkt vorstellt, dass sie für die Seele wieder hörbar werden, und nimmt auch an bestimmten Phasen der großen Hymne „Praise to the Holyiest in the Height" teil, in der die Die Stimmharmonie gliedert sich in bis zu zwölf Teile.

Wer diese Musik heute zum ersten Mal hört, sollte sich davor hüten, sie nach falschen Maßstäben zu beurteilen. Seien Sie darauf vorbereitet, dass es von Anfang bis Ende nicht das Geringste gibt, was Händel oder Mendelssohn ähnelt. Ohne die geringste Absicht, etwas Revolutionäres zu tun, sondern einfach der Neigung seines eigenen Genies folgend, wischt der Komponist hier die Konventionen des Oratoriums ebenso beiseite, wie Wagner die Konventionen der Oper beiseite geschoben hat, und rechtfertigt sich damit ebenso gründlich. Wer die Musik von „Gerontius" hört, lernt die mit Abstand bemerkenswerteste und originellste Persönlichkeit kennen, die im musikalischen Großbritannien seit den Tagen Purcells entstanden ist. Man könnte die Manifestationen dieser Originalität in der Harmonie verfolgen, die immer einen ebenso sensiblen wie sicheren Touch zeigt, in der

Orchestrierung und im Zusammenspiel von Chor und Halbchor, in der erstaunlichen Süße und Tiefe des Gefühls, das im Engel (Mezzo-) erklingt. Sopran-Solo-Musik, in der Kraft und Wahrheit des musikalischen Ausdrucks, der sich größtenteils auch auf Elemente von untergeordneter Bedeutung im Werk erstreckt. Aber vorerst müssen diese groben Hinweise genügen, und wir wollen nur die Warnung hinzufügen, dass die Musik kraftvoll, subtil und von vielfältiger Bedeutung ist, nicht voreilig beurteilt werden darf und die besten ihrer Geheimnisse nur preisgibt diejenigen, die immer wieder zuhören und zwischendurch lernen.

„Gerontius"

Hallé-Konzerte.

13. März 1903.

Originalität ist für einen Komponisten zunächst in zweierlei Hinsicht nachteilig. Der offensichtlichere ist, dass die Zuhörer feststellen, dass die Musik in einer unbekannten oder teilweise unbekannten Sprache zu ihnen spricht, und unzufrieden sind; und der weniger offensichtliche ist, dass Spieler und Sänger einem unbekannten Stil in der Regel nicht gerecht werden können. Wenn es darum geht, Anerkennung für etwas Neues und Originelles zu gewinnen, ist eine vollkommen angemessene Wiedergabe die halbe Miete. Eine solche Wiedergabe bringt bei den Interpreten ein Gefühl der Freude und Zufriedenheit mit sich, und es besteht immer die Chance, dass sich dies bis zu einem gewissen Grad auf das Publikum überträgt; während sich im anderen Fall die Verlegenheit der Interpreten sicherlich überträgt und das Publikum alles Unzufriedenstellende dem unbekannten oder nicht ausreichend garantierten Komponisten zuschreibt. In Elgars „Gerontius" ist die Originalität stark und unverkennbar , und die Interpreten sehen ihre technischen Fähigkeiten stark auf die Probe gestellt. Aber glücklicherweise hat der Komponist einen klaren Kopf; er kennt die Technik jedes Instruments und verrechnet sich nie. Die Interpreten finden daher, dass ihre Aufgabe, obwohl oft schwierig, immer möglich ist und dass das Ergebnis immer zufriedenstellend ist. Denn Elgar hat ein Gehör. Er ist ein Mann des Tons und mag keine Musik, die auf dem Papier gut aussieht, aber eher matschig klingt. Diese Punkte, die denen bekannt sind, die sich seit einiger Zeit intensiv mit Elgars Werk beschäftigen, ließen hoffen, dass die Aufführung seines großen Oratoriums in Manchester ein durchschlagender Erfolg werden und vielleicht sogar ein neues Licht auf die Vorzüge der Komposition werfen würde. Und es kann kaum bezweifelt werden, dass das Erlebnis des gestrigen Abends diese Hoffnungen erfüllt hat. Es war zweifellos die am sorgfältigsten vorbereitete Aufführung, die bisher in diesem Land gegeben wurde. Dr. Richter war aus verschiedenen Gründen besonders darauf bedacht, dass sie gut verlaufen würde. Mr. Wilson hatte sich vor einiger Zeit entschlossen, jede nur mögliche gewissenhafte Arbeit zu leisten, um eine würdige Aufführung zu gewährleisten. Die Hoffnungen und Bemühungen des Chorleiters und des Dirigenten wurden vom Chor in bewundernswertem Geist unterstützt. und obwohl es so scheint, als ob eine Zeit lang die üblichen Schwierigkeiten eines ungewohnten Stils zu spüren waren, war in der Aufführung nicht die geringste Spur davon zu bemerken; der bemerkenswert willige und energische Stil, in dem die Chorsänger mit ihrer Aufgabe gerungen hatten, trug seine Früchte in einer Darbietung, die spontan und unbefangen klang, als ob die Sänger sich der Noten sicher wären und ihre ganze Aufmerksamkeit fast der Phrasierung, dem Ausdruck und den dynamischen Anpassungen widmen könnten. Im höchsten Maße bemerkenswert war auch die Orchesteraufführung. Passagen von so besonderer Schwierigkeit wie die rauschenden Streicherfiguren, die die Klänge himmlischer Musik darstellen, die die Seele und der Engel belauschen, als sie sich dem Richterstuhl nähern, kamen mit viel größerer Deutlichkeit heraus, als wir je zuvor gehört hatten, und wir hatten einen ähnlichen Eindruck an vielen anderen Stellen der Aufführung, die ebenso zart wie präzise im Detail und breit im Stil war. Aber die Erfahrung aller bisherigen Gesamtaufführungen lässt uns glauben, dass der Unterschied zwischen einem wirklichen Erfolg und einem durchschnittlichen Halberfolg bei diesem Oratorium mehr vom Halbchor abhängt als von irgendeinem anderen Punkt, und hier ist die Vortrefflichkeit der gestrigen Aufführung unter allen bisher in diesem Land gegebenen Aufführungen ganz unbestritten. Obwohl sie nicht vor dem Orchester standen – wie es hätte sein sollen und wie wir hoffen, beim nächsten Mal sein wird – war diese Gruppe von zwanzig ausgewählten Sängern wirklich ausgezeichnet. Die Stimmen passten gut zusammen, und ihr gemeinsamer Ton war deutlich von dem des größeren Chors zu unterscheiden. An den notorisch gefährlichen Stellen, wie etwa dem Wiedereinstieg mit dem „Kyrie" nach der Anrufung von „Engeln, Märtyrern, Einsiedlern und heiligen Jungfrauen", war kein Anzeichen von Verlegenheit zu erkennen, und sie spielten ihre Rolle als etwas zartere Choreinheit mit absolutem Erfolg in der Litanei und während des gesamten wunderbaren Schlusschors des ersten Teils, wo, wie die ursprüngliche Analyse nahelegte, die edlen Orgelpunktharmonien das Schwingen goldener Weihrauchfässer symbolisieren , während die Bitten der Freunde und der Kirche zum Thron Gottes aufsteigen. Unter den erstaunlich neuen Arten musikalischer Beredsamkeit, die in diesem Werk durch das Zusammenspiel von Chor und Halbchor erreicht werden, lohnt es sich, besonders auf den Tenor- und Alt-Unisono im Halbchor auf S. 108 aufmerksam zu machen (wir zitieren aus der zweiten Ausgabe). Die Passage ist nicht schwierig, aber die besondere Wirkung des Tons so gut zu realisieren , wie sie gestern realisiert wurde , zeugt von exquisiter Anpassung.

Als Hauptsolist hatte John Coates eine enorm schwierige Aufgabe, die er mit dem ihm von der Natur zugewiesenen Stimmmaterial so gut erfüllte, wie es möglich war. Er tat alles, was seine gründliche Kenntnis der Rolle und seine hohe künstlerische Intelligenz zuließen. Seine Stimme brach nicht beim hohen B (S. 33) und er schien trotz seiner kürzlichen Krankheit wohlauf zu sein. Obwohl allgemein gesagt wird, dass Elgar besser für Orchester als für Chor und besser für Chor als für die Solostimme schreibt, war er sehr inspiriert, als er die Rolle des Mezzosopran-Engels konzipierte. Das einleitende Arioso „Meine Arbeit ist getan" ist ein überaus schönes Lied, zu dem die eindringliche Phrase „Alleluja" eine Art Refrain bildet. Aber selbst dies – eines der sehr wenigen abtrennbaren Elemente des Oratoriums – ist nicht die beste Musik des Engels. Es wird noch übertroffen von dem anderen Lied „Softly and gentle, dearly ransomed Soul", in dem das Fallen der Seele in die Wasser des Fegefeuers von Musik von ganz überirdischer Süße und Zartheit begleitet wird. Dies sind Dinge, die es fast schade erscheinen lassen, dieses Werk in einem rein technischen Aspekt zu diskutieren. Miss Brema machte den Engelspart zu einem der wenigen völlig zufriedenstellenden Merkmale der ersten Aufführung, und auch gestern wurde ihr edler, ausdrucksvoller Stil der wunderbaren Schönheit der Musik voll gerecht. Mr. Black war stimmlich einwandfrei in der Rolle des Priesters, der die scheidende Seele von Gerontius begleitet, und erneut als Engel der Qual im zweiten Teil.

In Bezug auf eine Musikkomposition muss das Wort „dramatisch" manchmal in einem anderen Sinne als „theatralisch" verwendet werden. So haben die beiden großen Passionen Bachs – „Matthäus" und „Johannes" – beide ein so starkes dramatisches Element, dass die Musik an bestimmten Stellen völlig dramatisch wird. Doch kein vernünftiger Mensch hat es jemals als theatralisch im Sinne von ungeeignet für eine Kirche bezeichnet. Mit „dramatisch" meint man in solchen Fällen zwei Dinge : (1) thematisches Material, das mit einer gewissen Lebendigkeit konzipiert ist und sich auf eine bestimmte Situation oder Gefühlsstimmung bezieht; (2) nach einem Verfahren entwickelt, das die Anschaulichkeit nicht durch formale oder strukturelle Überlegungen opfert. In diesem Sinne bezeichnen wir Elgars „Gerontius" als eine vom Anfang bis zum Ende dramatische Komposition. Ihm das Fehlen eines chorischen Höhepunkts im Stile Händels und Mendelssohns vorzuwerfen, ist ebenso fehl am Platz wie bei Wagners „Tannhäuser". Nicht einverstanden sind wir hingegen mit der Kritik, dass es sich bei „Gerontius" um Wagner-Musik handelt. An zwei Stellen gibt es eine kurze und schwache Andeutung von „Parsifal", zunächst im *Sostenuto* - Thema für *Englischhorn* und Celli, das im zweiundfünfzigsten Takt des Präludiums einsetzt und im Verlauf des Präludiums an mehreren Stellen in irgendeiner Form wiederkehrt Werk, und zweitens in einer wiederkehrenden Phrase für Streicher am Anfang des Rezitativs, das dem Engel der Agonie zugeordnet ist – und in gewissem Maße im gesamten Rezitativ, das vage an „Parsifal" erinnert. Die anderen Elemente unterscheiden sich unserer Meinung nach von Wagner und von jedem anderen Komponisten außer Elgar. Es ist zweckmäßig, diese Elemente nicht nach dem üblichen technischen oder formalen Prinzip, sondern nach einem dramatischen Prinzip zu klassifizieren. Man erkennt zunächst vier Hauptkategorien : (1) das rein Menschliche; (2) das kirchliche; (3) der Engel; (4) das Dämonische. Das Präludium beginnt mit den Symbolen des Gerichts und des Gebets. Als nächstes kommt das „Schlummer"-Thema ins Spiel, dem sich im vierzehnten Takt das „Miserere" anschließt. Der gefühlvolle Ton zieht sich zusammen und sinkt in völlige Erniedrigung, die mit *Tremolando- Begleitung* ihren tiefsten Punkt im *Englischhorn-* Thema erreicht . Doch nun drückt sich die Verzweiflung des Kranken in einem lauten Schrei aus, der mit majestätischen und klingenden Tönen beantwortet wird, die ihn daran erinnern, dem Tod hoffnungsvoll entgegenzutreten. Ein ganz neues musikalisches Element tritt mit dem ausführlich entwickelten Andantino-Thema ins Spiel und prägt den vorletzten Abschnitt des edlen Tongedichts, das sich fortsetzt, bis eine kurze *Wiederholung* des Schlummerthemas das Vergehen der Seele andeutet. Neue Phasen des Urteilsthemas verbinden das Präludium mit dem Eröffnungsrezitativ, und hier muss die Fantasie zurückgedrängt werden, wie es nach dem Präludium einer dramatischen Komposition üblich ist, das in der Regel einen Großteil der Handlung verkörpert . Es ist also offensichtlich, dass es im Präludium nur um die ersten beiden der oben aufgezählten Kategorien geht, also um das rein Menschliche und das Geistliche, und überhaupt nicht um das Engelhafte oder Dämonische. Die Hauptelemente der Engelsmusik sind neben den bereits erwähnten die verschiedenen Phasen des großen Hymnus „Praise to the Holyiest in the Height". Die außergewöhnliche Dämonenmusik allein würde Stoff für einen Aufsatz bieten. Hier können wir nur einige offensichtliche Merkmale ansprechen — die aufsteigende Sechzehntelfigur in chromatischen Quarten, die grotesk und rattenartig ist; die dreiteilige Figur für Streicher in Achteln, die zunächst mit den Worten „Tainting the heiliged air" zu hören ist, sich aber insbesondere mit „in einem tiefen, abscheulichen Schnurren haben ihr Leben" befasst; das grandiose Fugato „enteignet, beiseite geschoben, hingeworfen "; das finstere und bedrohliche Viertonthema „An jeden Sklaven und frommen Betrüger"; das *Motiv* des dämonischen Stolzes, S. 83; und die sarkastische Verlängerung des letzten Wortes in „Er wird gegen Lohn arbeiten". Der lange, aus diesen Elementen gebildete Refrain ist ein Gewirr höllischer, aber höchst beredter Klänge, deren enorme technische Schwierigkeiten gestern alle vollständig gemeistert wurden.

„Die Apostel"

Birmingham-Festival.

Der heutige Tag, an dem Elgars neues Oratorium „Die Apostel" zum ersten Mal öffentlich aufgeführt wurde, war ein ausreichend auffälliger Kontrast zu dem entsprechenden Tag des Festivals vor drei Jahren, an dem „Gerontius" desselben Komponisten aufgeführt wurde. Bei dieser früheren Gelegenheit war das Interesse sowohl der Künstler als auch des Publikums gering. Dass die Aufführung von Elgars Musik schwierig und belästigend war, war allgemein bekannt, während ihr Wert als zweifelhaft galt. Die Verfechter der britischen Musikorthodoxie, die an die rettenden Vorzüge des achtstimmigen Kontrapunkts glaubten, schüttelten den Kopf, die Chorsänger empfanden ihr Werk als beunruhigend und das Publikum bezweifelte, ob der Komponist mehr als ein Exzentriker war. Die drei Jahre dazwischen haben Elgars Ruf auf eine ganz andere Grundlage gestellt. Die vage Feindseligkeit gegenüber dem Ungewöhnlichen und Unbekannten ist fast allgemein der Anerkennung gewichen, dass er eines der großen Originale der heutigen Musikwelt ist; und er erregt so die Aufmerksamkeit selbst derjenigen, denen sowohl seine besonderen Methoden als auch die allgemeine Atmosphäre, in die seine religiöse Kunst den Zuhörer entführt, instinktiv nicht gefallen.

In „The Apostles" hält sich Elgar vollständig an jene Prinzipien, die „Gerontius" als erstes Werk britischer Herkunft verkörperte. Das heißt, die Musik ist kontinuierlich, wie im Wagnerschen Musikdrama. Es gibt in dem Werk keine abtrennbare musikalische „Nummer" – weder ein Lied, noch ein Chor, ein Konzertstück, einen Marsch oder irgendetwas anderes. Der Komponist hat musikalische Symbole, die Ideen, Gefühlen, Stimmungen, Aspekten der Natur oder Persönlichkeit, religiösen Vorstellungen oder Bestrebungen, animierten Szenen des Volkslebens , Phasen lokaler und nationaler Bräuche, Ermahnungen der Engel, Eingebungen des Teufels, mystischer Verzückung usw. entsprechen. rebellische Verzweiflung; und er verwendet diese Symbole in der Art einer Sprache. Es gibt keine mechanische Arbeit, keine Ausführung architektonischer Pläne mit leblosem Material. Alles in der Partitur wird durch die Idee belebt. Die heute zu hörende Komposition besteht aus dem ersten und zweiten Teil des geplanten Oratoriums. Im ersten Teil gibt es drei Szenen: „Die Berufung der Apostel", „Am Wegesrand" und „Am See Genezareth"; im zweiten Teil vier Szenen – „Der Verrat", „Golgatha", „Am Grab " und „Die Himmelfahrt". Nach dem Prolog und dem Eröffnungsrezitativ des Erzählers beginnt die Darlegung der Berufung der Apostel mit dem Wechsel der Tempelwache im Morgengrauen, wobei die Wächter auf dem Dach, die die aufgehende Sonne grüßen, als unbewusste Verkünder des Reiches Christi auf Erden angesehen werden . Hier ist die musikalische Behandlung von größter Erhabenheit geprägt, und es werden nacheinander Punkte von erstaunlich lebendigen und malerischen Details hervorgebracht, wobei die seltsamen orientalischen

Melismata des Wächterrufs, begleitet vom *Schofar* (hebräische Widderhorntrompete), dem inneren Psalm Platz machen der Tempel, zwischen dessen Sätzen der dreiste Klang der sich öffnenden Tore zu hören ist, während die Luft von der rauschenden Musik der Harfen erfüllt ist. Für den Psalm wird eine alte hebräische Melodie verwendet. Der Text des Oratoriums ist so stoffreich, dass ich hier nicht einmal versuchen kann, einen Überblick darüber zu geben, sondern die Leser auf Canon Gortons Broschüre „Eine Interpretation des Librettos" (Novello und Co.) verweisen muss. Es wird ein Bericht über die Quellen gegeben, aus denen der Komponist seinen Text entnommen hat, und insbesondere über die Rechtfertigung seiner Ansicht, dass Judas ein Mann sei, der seinen Meister nicht in die Vernichtung verraten, sondern seine Hand zwingen wollte, ihn dazu zu bringen, ihn für sich zu erklären Macht zu erlangen und sofort sein irdisches Königreich zu errichten − eine Ansicht, für die es scheinbar patristische Autorität gibt. [2] Das Oratorium ist nicht theologisch; es ist eine Dramatisierung der Evangeliumsgeschichte, die mit Klopstocks „Messias" verglichen werden kann. Nach den einleitenden Abschnitten, in denen das Erlösungsschema, wie es von der gesamten christlichen Welt akzeptiert wird, im Großen und Ganzen dargelegt, aber keine bestimmte Doktrin durchgesetzt wird, wird die ganze Betonung auf die Individualität der Personen gelegt − der Apostel, der Magdalena und der Mutter Christi − und auf den kollektiven Charakter der Gruppen, wie etwa der Frauen, die über die Fürsorge der Magdalena empört sind, und der Menge, die „Kreuzige ihn!" schreit. Als Begleitung zum Drama hören wir den mystischen Chor von Engeln, die den Fortschritt der irdischen Angelegenheiten kommentieren und den süßen, leidenschaftslosen Jubel sündloser Wesen nach der Himmelfahrt zum Ausdruck bringen. Für diejenigen, die „Gerontius" kennen, ist es fast überflüssig zu sagen, dass der Komponist die Musik des himmlischen Chors in Höchstform wiedergibt. Seine wunderbare Fähigkeit, Musik zu finden, die unweigerlich zu den Worten passt, sodass die Assoziationen, wenn man sie einmal hört, schon seit langem bekannt zu sein scheinen, wird hier wiederholt veranschaulicht. Die vielleicht vollkommensten Beispiele finden sich bei den Worten „Was sind das für Wunden in Deinen Händen?" und in der wiederkehrenden Phrase „Halleluja".

Elgars Strenge kommt in „Die Apostel" stärker zum Ausdruck als in „Gerontius", ebenso wie seine Kühnheit, mit der er die besonderen Mittel des modernen dramatischen Orchesters nutzte, um ein religiöses Thema darzulegen. Den alten pompösen Oratorienstil hat er in unermesslicher Distanz hinter sich gelassen. In seiner Entschlossenheit, sich auf die Grenzen der menschlichen Natur zu beschränken, alle Abstraktionen und Konventionen abzulehnen und eine Idee oder Tatsache religiöser Erfahrung in ihrer Beziehung zu tatsächlichem Fleisch und Blut zu veranschaulichen, hält er an nichts fest. Die düsteren Teile des Oratoriums erinnern in ihrem allgemeinen Ton, ihrer Atmosphäre und ihrer Farbgebung an die Szene in Klopstocks „Messias", in der ein Racheengel die Seele des Judas nach Golgatha trägt und ihm dort die Ergebnisse seiner Arbeit zeigt. So mächtig die Musik auch ist, sie ist alles rein illustrativ und so bleibt der Schwerpunkt im Text.

einige Zeit vergehen, bevor jemand „Die Apostel" als Kunstwerk mit Gewissheit einschätzen kann. Es wird sich herausstellen, dass es zu „Gerontius" in etwa in der Beziehung steht, die Beethovens Neunte Symphonie zu seiner Siebten hat, wobei das spätere Werk von größerer Tiefe und Bedeutung ist, aber weniger perfekt vollendet.

„Die Apostel",

Vorläufiger Artikel.

25. Februar 1904.

Elgars jüngstes Oratorium „Die Apostel", das heute Abend zum ersten Mal vom Manchester-Publikum gehört wird, steht in einem ähnlichen Verhältnis zu neueren Werken in Oratorienform anderer Komponisten wie eines der späteren Musikdramen Wagners zu der Art von Oper, die in Mode war, als er zu schreiben begann. Nach heutigen Vorstellungen, die durch die Praxis vieler bekannter Komponisten bestätigt werden, entsteht ein Oratorium durch einen Prozess wie den folgenden. Ein Komponist sucht nach einem Thema, wobei er sich entweder bei seiner Wahl von Überlegungen leiten lässt, was in irgendeiner Weise für den jeweiligen Anlass angemessen ist, oder er wählt einfach eine Geschichte aus der Bibel, die zuvor nicht oder nicht allzu oft für musikalische Zwecke verwendet wurde. Dann nimmt er entweder die Dienste eines Librettisten in Anspruch oder arrangiert selbst ein Libretto, das die ausgewählte Geschichte enthält. Bei der Erstellung des Librettos ist es am wichtigsten, dem Komponisten „Gelegenheiten" zu bieten – hier eine wirkungsvolle Arie für die Hauptfigur, dort ein Chor mit Spielraum für wirkungsvolle kontrapunktische Kompositionen, überall die gebührende Berücksichtigung der abwechslungsreichen Themen, die das Publikum liebt, und am Ende eines Teils die Bereitstellung eines wirkungsvollen Finales. Aber eine anerkannte Art musikalischer Gelegenheit ist immer die Hauptsache. Niemand kümmert sich viel um das Thema, außer insoweit es eine anerkannte musikalische Gelegenheit bietet. Es handelt sich um Chor, Arie, konzertantes Stück, Marsch, Arie für eine andere Art von Stimme und Finale, mit verbindenden Rezitativen als notwendiges Übel, und das Ganze steht und fällt damit, ob der Komponist die besagten Gelegenheiten ergreift und sie auf die anerkannte Weise nutzt oder ob er dies versäumt oder nicht tut. Diese Art von Oratorium wurde vom Publikum schon so lange als die einzig mögliche angesehen, dass selbst heute noch unzählige Menschen Werke wie „Gerontius" und „Die Apostel" nach den alten Grundsätzen diskutieren. Dass ein Musiker einen Verstand und eine Botschaft haben sollte, der Noten und Akkorde dienen, ist eine so neue Idee, dass sie beunruhigend wirkt, wenn man sie nicht gleich als absurd abtut. Die Leute sind so sehr daran gewöhnt zu sagen, dass sie sich nie um das Thema eines musikalischen Werks gekümmert haben; dass das kein vernünftiger Mensch tut; dass, wenn die Musik schön ist, das Werk gut ist; und damit ist die Sache erledigt. Doch jetzt kommt ein Komponist und macht das Thema zur Hauptsache, indem er Musik schreibt, die niemanden auch nur im Geringsten dazu anregt, sich für sie zu interessieren, abgesehen vom Thema – kurz gesagt, er zeigt die vollkommenste Gleichgültigkeit gegenüber allem, was man früher von einem Komponisten erwartete, und gibt uns allen zu verstehen, dass die Musik in einem religiösen Werk überhaupt nicht gerechtfertigt ist, wenn sie nicht in irgendeiner klaren Weise zur Darstellung des Themas beiträgt. In dieser Hinsicht sind sich „Gerontius" und „Die Apostel" ähnlich. Die Leute können sie annehmen oder ablehnen, aber sie können sie nicht als schöne Musik darstellen, die man genießen kann, ohne sich um das Thema zu „kümmern". Denn Elgar ordnet an, dass wir entweder mit dem Kopf und dem Herzen genießen müssen oder gar nicht. Er erlaubt uns nicht, einfach mit den Nerven zu genießen oder indem wir anerkannte Arten musikalischer Rhetorik anerkennen .

Was auch immer Elgar in Zukunft tun mag, er kann sich niemals einem gewichtigeren Thema nähern, als es in den beiden Teilen von „Die Apostel" dargelegt wird, aus denen das Oratorium in seiner gegenwärtigen Form besteht. Hier geht es um die Berufung der Apostel und um einige der wichtigsten Ereignisse im Leben des Erlösers während seines Wirkens. Jeder, der das Werk hören möchte, sollte den kurzen und klaren Bericht in Canon Gortons „Interpretation of the Text" lesen. Dem Autor gelingt es bemerkenswert gut, die tiefe Konsequenz und psychologische Einsicht hervorzuheben, die diesen Oratorientext so deutlich von den meisten anderen unterscheidet. Besonders hervorzuheben ist die Charakterisierung der drei Apostel Johannes, Petrus und Judas, die hauptsächlich auf den Seiten 13 und 15 erläutert wird. Canon Gorton zeigt uns auch die Quellen, aus denen einige der fruchtbarsten Ideen und aussagekräftigen Symbole des Oratoriums stammen abgeleitet wurde. Die Musik veranschaulicht eine Weiterentwicklung im Sinne von „Gerontius". In den Mitteln, die er ins Spiel bringt, ist der Komponist ein durch und durch Moderner. Sein Orchester ist von großer Größe, und er verachtet weder die besonders modernen Instrumente noch die moderne Tendenz, auf raffinierte und subtile Weise zu gruppieren und zu unterteilen. In der Qualität seiner absoluten musikalischen Erfindungsgabe erweist er sich weder als Klassiker noch als Romantiker, sondern als psychologischer Musiker. Sein thematisches Netz ist das genaue Analogon des emotionalen und fantasievollen Spiels, zu dem die Darstellung der Geschichte von Punkt zu Punkt führt, und nimmt somit an der Natur der Sprache teil. Der Komponist kümmert sich nicht um akzeptierte Ansichten darüber, was der Würde eines Oratoriums entspricht; aber im Vertrauen darauf, dass seine Gesamtkonzeption jeden Teil veredelt, erlaubt er sich, hier und da äußerst realistisch zu sein, ganz so, wie es die großen religiösen Maler getan haben. Er arbeitet in großem Umfang; Im Umgang mit musikalischen Symbolen schreckt er nicht vor Aufgaben zurück, die durchaus als unmöglich gelten könnten, und erinnert damit an das Kompliment, das Erasmus Albrecht Dürer machte : „Es gibt nichts, was er mit seinem Schwarz-Weiß-Donner nicht ausdrücken kann.“ Blitz, ein Windstoß, Gott, der Allmächtige, und das himmlische Heer.“

„Die Apostel“,

Hallé-Konzerte.

26. Februar 1904.

Eine einwandfreie Wiedergabe von „Die Apostel“ ist nicht zu erwarten. Dasselbe wurde über „Gerontius“ gesagt, und die Partitur des späteren Werks übersteigt noch deutlicher die Kräfte der am besten ausgestatteten und diszipliniertesten musikalischen Kräfte, um es auf eine Weise wiederzugeben, die „keine Wünsche offen lässt“. Alle Hoffnung, das Ende ihrer Aufgabe mit einem Gefühl der Selbstgefälligkeit zu erreichen, müssen Chor, Orchester, Solisten und Dirigent aufgeben, die sich an die Aufführung von „Die Apostel“ machen, die von der technischen Schwierigkeit her eine „Symphonie Fantastique“ ist. und Masse in D kombiniert. Dennoch kann eine Wiedergabe in einem relativen Sinne zufriedenstellend sein – in dem Sinne, dass sie den Kern der Sache in sich trägt, nicht in dem Sinne, dass sie in jedem Detail fehlerfrei ist – und in diesem Sinne sollten wir die Wiedergabe von gestern als höchst zufriedenstellend bezeichnen . Der allgemeine Tonfall des Chores war besser als bei jedem anderen Anlass zuvor, und der zarte Flötenrausch der himmlischen Chöre am Ende klang wunderbar süß und ließ nicht die geringste Spur von Müdigkeit erkennen. Das Orchesterspiel war subtiler als in Birmingham und schien die außergewöhnliche Farbgebung des Komponisten besser zu rechtfertigen . Es wäre schwer, eine bessere Darstellung für einen der Soloparts vorzuschlagen. Wie in Birmingham sprach Herr Ffrangcon Davies die Worte des Erlösers mit bewundernswerter Würde und hier und da mit einem Trompetenton in seiner Stimme, der einen Ammergau- Pilger an den verstorbenen Joseph Mayer hätte erinnern können. Als Erzähler und Apostel John lieferte Mr. Coates zu Beginn der Staffel eine Darstellung ab, die seines Gerontius würdig war. In den Stimmen für Frauenstimmen bewiesen Miss Agnes Nicholls und Miss Muriel Foster einmal mehr ihre unermessliche Überlegenheit gegenüber Sängerinnen der „Star"-Klasse in Musik von wirklich poetischer Qualität. Herr Black gab eine äußerst aussagekräftige Interpretation der Rolle des Judas, die, wie im Passionsspiel in Oberammergau, eine größere dramatische Bedeutung hat als alle anderen. Alle Solopartien, mit Ausnahme der des Erlösers, sind in bestimmten Abschnitten so stark miteinander und mit dem Chor verwoben, dass das Gesamtergebnis das individuelle Interesse übersteigt, obwohl es in den Teilen der Magdalena und des Judas auch wichtige unabhängige Entwicklungen gibt. Es besteht kein Zweifel an der allgemeinen Exzellenz der Darbietung, und das Publikum war genauso groß wie bei der Aufführung von „Gerontius" im November; aber der Empfang war ganz anders. Natürlich gab es gestern Beifall, aber keine so große Begeisterung wie das frühere und einfachere Oratorium. Einige Personen scheinen der Meinung zu sein, dass die relative Zurückhaltung des Publikums auf die extreme Feierlichkeit des Themas zurückzuführen sei; dass sie von der Musik wirklich beeindruckt waren, aber in einer Art und Weise, dass sie keine Neigung hatten, demonstrativ zu sein. Darin mag etwas Wahres sein; Aber da „Die Apostel" zweifellos viel strenger und schwerer zu verstehen sind als „Gerontius", neigen wir dazu, die einfachere Erklärung zu akzeptieren, dass es dem Publikum nicht so gut gefiel.

Es scheint unmöglich zu leugnen, dass die Musik von „The Apostles" in vielerlei Hinsicht einen Fortschritt gegenüber dem früheren Oratorium darstellt. Das poetische Thema des gesamten Werks ist unvergleichlich anspruchsvoller und die musikalische Erfindung in vielerlei Hinsicht von größerer Kraft. In Bezug auf diesen Punkt liegt es nahe, Herrn Jaegers Beispiel 3 (Novello-Ausgabe) heranzuziehen, „Christus, der Mann der Schmerzen", wobei dieses *Motiv* häufiger und vielfältiger verwendet wird als jedes andere. Hier finden wir einen unverkennbaren Fortschritt. In seiner einfachsten Form ist das Thema intensiver und gefühlvoller als jedes andere in „Gerontius", und darüber hinaus entwickelt sich seine Bedeutung im gesamten Werk bis zur Himmelfahrtsphrase, wo es in seiner ausgedehntesten Form vorkommt , wenn auch nicht zum letzten Mal, zeigt einen großen Fortschritt in der Kunst des Komponisten. Auch hier ist das Interesse an der „Apostles"-Musik viel vielfältiger. Die ganze Symbolik, die sich auf Christus in der Einsamkeit bezieht, übt einen äußerst starken Reiz auf die Vorstellungskraft aus; und die Öffnung der Tempeltore im Morgengrauen ist eine Szene von erstaunlich anschaulicher Kraft und kühnem Design. Im zweiten Teil wird die Tragödie der Passion in vier Szenen von enormer Intensität dargestellt, und dann, im Abschnitt mit der Überschrift „Am Grab ", beginnen wir, uns des Geistes bewusst zu werden, der Elgars seltenster und wunderbarster Besitz ist. „Und sehr früh am Morgen", heißt es im Text, „kamen sie zum Grab , als die Sonne aufging." Daraufhin hört man die Zuschauer ein Echo der Musik der großen Sonnenaufgangsszene zu Beginn singen. Nach einem Dutzend Takten beginnen die Flötentöne eines himmlischen Chors hereinzuglitten, und dann haben wir ein Beispiel für diese *Naivität* Mittelalterlichkeit, auf die der zweite Teil von „Gerontius" hier und da hinweist. In der Musik beginnt eine Art überirdische Heiterkeit zu klingen. Die Auferstehung hat eine neue Tatsache in eine traurige Welt gebracht. Es ist ein erhabenes Abenteuer, bei dessen Nachricht Himmel und Erde in Gesang sprudeln. Im gesamten übrigen Werk schafft der Komponist jenen Sinn für die Vielfältigkeit, der Teilen des Hymnus „Praise to the Holyiest" im früheren Oratorium eigen ist. Aber die engelhafte Verzückung, die die Auferstehung und Himmelfahrt in den „Aposteln" begleitet, ist weitaus größer und wunderbarer. Der himmlische Ton wird auf so viele verschiedene Arten wiederholt, dass die Luft voll davon zu sein scheint, und er verliert niemals seinen engelhaften Charakter, indem er kämpferisch oder durchsetzungsfähig wird. Es bleibt bis zum Ende ein Aufblühen des Gesangs – die sündlose, streitlose, unermüdliche, süß flötende Verzückung des himmlischen Chores, der sich mit den gehaltvolleren Tönen heiliger Männer und Frauen auf Erden vermischt oder abwechselt. Elgar kann auch die Trauer der Engel für uns wiedergeben. Dies tut er auf einer Seite von unvergleichlicher Schönheit, in der er beschreibt, wie Petrus, nachdem er seinen Meister verleugnet hatte, hinausging und bitterlich weinte. Allein diese Seite könnte die Komposition vor dem Vergessen bewahren.

Die weniger überzeugenden Teile des Oratoriums sind Abschnitte II. und iii., insbesondere die Teile, die den Seligpreisungen und der Bekehrung der Magdalena gewidmet sind. Es handelt sich offensichtlich um ein Werk, dessen Geheimnisse nur mit Hilfe vieler Anhörungen und intensiven Studiums zu ergründen sind. Gegenwärtig sind wir geneigt, „Gerontius" als das vollkommenere Kunstwerk zu betrachten, obwohl die einzelnen Schönheiten der „Apostel" größer und wundervoller sind. Fast alles im späteren Oratorium ist stärker. Die Symbole der Kirche weisen einen kaum weniger bemerkenswerten Fortschritt gegenüber den entsprechenden Teilen von „Gerontius" auf als die Symbole des himmlischen Chores. Das seltsame alttestamentarische Element, das mit dem Tempelgottesdienst verbunden ist, zeigt erneut eine Vorstellungskraft ganz neuer Art, die den Hintergrund der Komposition wunderbar bereichert, und die tragische Kraft der „Passionsszenen" ist immens größer als alles in „Gerontius". Doch mit unserem heutigen Kenntnisstand vermissen wir in den „Aposteln" jene krönende künstlerische Einheit, die uns dazu veranlasste, „Gerontius" als eine Perle unter den Oratorien zu bezeichnen.

"Im Süden."

4. November 1904.

Sir Edward Elgars jüngste Ouvertüre „In the South" hat eine malerische Wirkung oder vielmehr eine Art grafische Kraft, die aus einem weitreichenden Spiel der Vorstellungskraft entsteht. In der thematischen Erfindung ist sie vielleicht stärker von Elgars Originalität geprägt als jedes andere Werk. Ihr Gesamtklang, ihre Atmosphäre und ihre Farbgebung sind in der Musik grundlegend neu; der einzige Hinweis auf den Einfluss eines anderen Komponisten findet sich im Bratschensolo, das eine schwache Anspielung auf Berlioz' „Harold in Italien" enthält. Da es sich jedoch um ein sekundäres Element im letzten Teil der Ouvertüre handelt, ist es lediglich als eine Art von Referenz zu betrachten, die in der Musik ebenso zulässig ist wie in der Literatur. Das *grandiose* Thema, das in as-Moll beginnt und von den römischen Überresten von La Turbie inspiriert wurde , ist so bemerkenswert, dass es bereits viele Spitznamen erhalten hat. Es wurde das „Dampfwalzen"-Thema genannt, anderswo das „Siebenmeilenstiefel"-Thema, das „Jack the Giant-Killer"-Thema und bei den Deutschen das „ Siebentöter "-Thema. Auf jeden Fall ist es ein höchst außergewöhnliches Stück musikalischen Ausdrucks, wie es kaum ein anderer Komponist vorweggenommen hat, außer ein- oder zweimal von Beethoven, der als erster das musikalische Symbol großer historischer oder kosmischer Kräfte oder der Emotionen suchte und fand, die das Spiel oder die Nachwirkungen solcher Kräfte im menschlichen Bewusstsein hervorriefen. Zu dieser Ouvertüre muss noch eines gesagt werden. Das Verfahren des Komponisten ist ein Kompromiss zwischen dem alten Verfahren der thematischen Entwicklung und dem neueren Verfahren der dramatischen Suggestion, und es gelingt ihm nicht immer, beide vollständig zu verschmelzen, wie es beispielsweise Beethoven in seiner größeren „Leonora" tut; aber hier und da lässt er das Gefühl aufkommen, dass das eine das andere beeinträchtigt. Insbesondere kann der Komposition eine gewisse Schwäche in der thematischen Entwicklung vorgeworfen werden; das hindert sie jedoch nicht daran, insgesamt ein sehr eindrucksvolles, schönes und originelles Klangbild zu sein. Dr. Richters Interpretation hat alle Stärken sehr gut offenbart. Er sparte dem Komponisten drei Minuten seiner eigenen Zeit, indem er die *Vivace*-Abschnitte in einem etwas schnelleren Tempo spielte. Wie im vergangenen März in Covent Garden spielte Herr Speelman das beiläufige Bratschensolo mit wunderbarer Klangschönheit.

„Die Krönungs-Ode."

3. Oktober 1902.

Ich hörte mir die Krönungsode mit großer Neugier an, erinnerte mich an das gewöhnliche Schicksal, das patriotische Komponisten ereilt, und fragte mich, was Sir Edward Elgar wohl aus diesem Thema machen würde. Ich finde, er hat sich von der Nymphe derselben Quelle inspirieren lassen, aus der die beiden entzückenden Märsche von Tommy Atkins, bekannt als „Pomp and

Circumstance", flossen. Es handelt sich um populäre Musik einer Art, die in diesem Land schon lange nicht mehr gemacht wurde – seit Dibdins Zeiten kaum noch. Zumindest kann man das von den besten Teilen sagen, wie dem Basssolo und dem Refrain „Britain, ask of thyself" und dem Altsolo und dem Refrain „Land of hope and glory". Ersteres ist klingende Kriegsmusik, letzteres eine Art Kirchenparadenlied mit dem Hauch einer Nationalhymne. Es ist die Melodie, die als zweites Hauptthema des längeren Marsches „Pomp and Circumstance" auftritt, der, wie ich annehme, so breit ist wie „God Save the King", „Rule Britannia" und „See the Conquering Hero" und vielleicht die breiteste Open-Air-Melodie ist, die seit Beethovens „Freude schöner Götterfunken ." Außerdem ist es ausgesprochen britisch – zugleich kräftig und luftig. Es ist erstaunlich, dass Leute Elgar dafür kritisieren, dass er diese Melodie in zwei verschiedenen Kompositionen verwendet. Ich finde das ganz natürlich bei einem Komponisten, für den Musik eine Sprache ist, in der man, wenn man genau dasselbe noch einmal sagen möchte, keine andere Wahl hat, als es in denselben Noten auszudrücken. Außerdem werden solche Melodien seltener als einmal in fünfzig Jahren komponiert. Wie kann man Elgar dann dafür verurteilen, dass er nicht zwei in sechs Monaten komponiert hat? Der Chor hatte seinen Spaß daran, und das Publikum auch. Was die sentimentalen Teile der Ode angeht, finde ich sie ehrlich gesagt einfallslos.

KAPITEL VIII.

RICHARD STRAUSS.

„Don Quijote"

Düsseldorf.

26. Mai 1899.

Richard Strauss ist heute ohne Frage die bedeutendste Persönlichkeit unter den jüngeren Komponisten Deutschlands. Er wurde 1864 in München geboren. Schon in jungen Jahren erlernte er die verschiedenen Kompositionskünste und schuf Werke von Originalität und Kraft. Zu seinen frühen Werken zählen ein 1881 komponiertes Streichquartett und eine im folgenden Jahr uraufgeführte Sinfonie. Innerhalb weniger Jahre komponierte er außerdem eine Sonate für Cello, eine Serenade für Blasinstrumente, ein Konzert für Violine, ein Konzert für Horn sowie Lieder und Klavierstücke. Diese frühen Werke zeigen den Einfluss klassischer Vorbilder und in drei Fällen - der Sonate für Cello und den Konzerten für Violine und Horn - auch den Einfluss Mendelssohns. In späterer Zeit wurde Richard Strauss ein Schüler der Wagner-Liszt-Schule und machte die Symphonische Dichtung zu seinem wichtigsten Ausdrucksmittel. Seine wunderbare Sonate in Es-Dur für Klavier und Violine markiert die Übergangsphase. In seiner späteren Phase erscheint Strauss als Psychologe und Esprit *fin* . Seine Beschäftigung mit Nietzsches Philosophie kommt nicht nur in seinem „Zarathustra" zum Ausdruck, sondern in fast allen seinen „Symphonischen Dichtungen". Das „ Heldenleben " könnte man durchaus mit dem Nietzscheschen Ausdruck „Der Übermensch " bezeichnen . Strauss scheint also in einer ähnlichen Beziehung zu Nietzsche zu stehen wie Wagner zu Schopenhauer, und es ist ein merkwürdiger Punkt, dass der Musiker in jedem dieser Fälle ziemlich stark vom Geschmack seines philosophischen Meisters abweicht. Diese beiden Philosophen – die einzigen, die sich wirklich für moderne Musik interessierten – hatten beide einen eher rudimentären, wenn auch guten Musikgeschmack. Schopenhauer bevorzugte Rossini und Nietzsche Bizet, und so wie sich Wagners Stil *völlig* von dem Rossinis unterscheidet, so kennzeichnen Strauss' unglaublicher Reichtum an phantasievollen Details und seine Gleichgültigkeit gegenüber rhythmischem Charme ihn als etwas ganz anderes als jene „ halkyonischen " Komponisten, die Nietzsche liebte. Strauss wird in England wahrscheinlich nicht populär werden, aber zwei oder drei seiner größeren Orchesterwerke, insbesondere das „ Heldenleben ", würden wahrscheinlich bei einem Teil des englischen Publikums Anklang finden . Für die Mandarine und die Mehrheit ist und bleibt er ein Gräuel.

Am dritten und letzten Tag dieses Festivals war Strauss' „Don Quijote" das Werk, auf das sich die Neugier des Publikums am meisten konzentrierte. In diesen „Phantastischen Variationen" findet sich der Komponist wieder einmal in einem Stil, der ebenso offen grotesk ist wie in „Till Eulenspiegel ". Die lange und wichtige Einleitung steht in einer Beziehung zum Rest des Werks, die meines Wissens einzigartig ist. Sie ist eine Vorbereitung auf das Hauptthema und betont nacheinander alle möglichen Bedeutungen, die dieses Thema enthalten soll. Zuerst haben wir eine naive, gestelzte und pompöse Phrase, die Don Quijotes Versunkenheit in Ritterromane andeutet. Die folgenden Passagen berühren die galante Pose des Helden und die große Vorherrschaft der Vorstellungskraft über die Vernunft, die ihn in groteske Abenteuer führt. Die psychologische Methode des Komponisten veranlasst ihn, die Krise hervorzuheben, die den *Ausgangspunkt* von Don Quijotes Karriere bildet – ein Gelübde der Sühne für Sünden und Torheiten. Endlich erhalten wir das Thema in seiner vollständigen Form – ein Meisterwerk drolliger Charakterisierung – und gleich danach den prosaischen Trab von Sancho Panza. In der ersten Variation wird ein musikalisches Element eingeführt, das Don Quijotes weibliches Ideal verkörpert – Dulcinea von Toboso . Es endet mit dem Vorfall mit der Windmühle. Man hört das luftige Schwingen der Mühlenflügel, das wütende Herannahen des Ritters und seinen plötzlichen Sturz. Variation Nr. 2 zeigt die Begegnung mit der Schafherde. In der dritten haben wir ein Zwiegespräch zwischen Don Quijote und Sancho, das einen kunstvollen Satz bildet. Als nächstes kommt der Streit mit den Pilgern und dann die Szene in der Taverne, wo Don Quijote seine reguläre Aufnahme in den Ritterorden durchmacht, indem er die ganze Nacht über seine Rüstung Wache hält . Nr. 6 zeigt die Szene mit der Bäuerin, die mit Dulcinea verwechselt wird, und Nr. 7 den Ritt der beiden Gefährten auf hölzernen Pferden über den Jahrmarkt. In den Nummern 8 und 9 geht es um das verzauberte Boot und die für Zauberer gehaltenen Priester. In Nr. 10 wird der verheerende Kampf mit dem Ritter des leuchtenden Mondes dargestellt. Es gibt auch ein Finale, das die Träumereien Don Quijotes in seinem Alter und schließlich seinen Tod darstellt. Neben den rein grotesken Elementen gibt es viele Anflüge wunderbarer poetischer Schönheit, unter denen die Szene von Don Quijotes Mitternachtswache und vor allem die Schlussmelodie – ein Seufzer von unaussprechlichem Pathos – zu erwähnen sind. Andererseits kann man gegen die Begegnung mit der Schafherde einwenden, dass solche Klänge nicht wirklich in den Bereich der Musik gehören, sondern eher in den der Hofimitationen. Insgesamt erscheint mir „Don Quijote" als ein weniger bewundernswertes Werk als das „Heldenleben " , das ich am Vortag gehört habe. Das Highlight der Interpretation am Dienstag war die hervorragende Wiedergabe des Violoncello-Solos durch Professor Hugo Becker aus Frankfurt, das im gesamten Werk mit der Person des Titelhelden identifiziert wird.

"Don Juan,"

Vorläufiger Artikel.

17. Januar 1901.

„Don Juan" ist zwar viel weniger exzentrisch als die meisten anderen „Symphonischen Gedichte" von Richard Strauss, aber ein typisches Beispiel für seine überwältigend reiche und wirkungsvolle Orchestrierung. Es veranschaulicht auch die besondere Qualität seines Entwurfs, der von einer Düreresken Vielfalt an Formen und Details übersät ist, seine Gleichgültigkeit gegenüber Symmetrie und anhaltendem rhythmischen Fluss und sein systematisches Bestreben , das musikalische Medium weniger vage und nahezu artikuliert zu machen, als es jemals zuvor war. durch die Erweiterung des Spektrums des emotionalen Ausdrucks, die Schärfung der Instrumente der grafischen Darstellung und die Erforschung der geheimnisvollen Nebenwege der Tonwelt. Zwei imaginäre Figuren, die ihren Ursprung in der spanischen Literatur haben, sind Eigentum der Menschheit geworden. Während Don Quijote isoliert dasteht und keine enge Analogie in der Romantik anderer Länder hat, hat Don Juan – eine etwas spätere Schöpfung – viel mit mehreren Helden germanischer Legenden gemeinsam, wie etwa Tannhäuser, dem Wilden Jäger und Faust. Die engste Parallele besteht zwischen Don Juan und Faust. Beide sind rebellische Geister; Aber Faust wird durch intellektuellen Stolz ruiniert, Juan durch sinnliche Leidenschaft. Da diese beiden Arten der Revolte zu den hartnäckigen Tatsachen des Lebens gehören, können weder Juan noch Faust jemals aufhören, interessant zu sein. Es ist ganz natürlich, dass jedes von ihnen Gegenstand unzähliger Theaterstücke, Gedichte, Romanzen, Opern und Ballette ist. Das poetische Schema, das der Symphonischen Dichtung von Richard Strauss zugrunde liegt, ist bemerkenswert einfach. Es liegt kein Vorfall eindeutiger Art vor. Don Juan wird einfach als Verkörperung der direktesten und lebendigsten Bestätigung dessen verstanden, was Schopenhauer den „Willen zum Leben" nannte. Er ist nicht in eine bestimmte Frau verliebt , sondern in all die Schönheit und den Charme, die die Frau ausmacht. Er hat eine neue Art von Liebe für jede Art von Schönheit. Mit dämonischer Rücksichtslosigkeit trotzt er den Gesetzen der Götter und der Menschen, eilt von einem Vergnügen zum nächsten und hinterlässt dabei die Spur weinender Opfer, während er selbst die Inkarnation der Fröhlichkeit bleibt – denn sein Herz kennt keine Reue, und er kommt nie mit Eine Liebesaffäre dauert einen Moment länger, als sie ihm Spaß macht, und es fehlt ihm auch nie an neuen Genüssen. Die Musik von Strauss lässt uns sofort in diesen Wirbel berauschender Fröhlichkeit eintauchen. Es folgt eine Reihe von Liebesepisoden, von denen jede mit erstaunlicher Subtilität individualisiert wird. Es ist natürlich nichts Neues, dass männliche und weibliche Elemente in der Musik klar unterscheidbar sind; Aber der Reichtum an Ressourcen, den Strauss in diesen

Dialogen voller Tändelei und Leidenschaft an den Tag legt, kommt einer Originalität ganz besonderer Art gleich. Nach mehreren solchen Episoden gibt es einen Abschnitt, der einen Maskenball symbolisiert und sehr stark vom Genie des Komponisten als musikalischer Humorist geprägt ist . Im letzten Teil beginnt der Geist von Juan zu schwächeln. Erinnerungen an die vorangegangenen Episoden kehren mit einer bedrohlichen Veränderung der emotionalen Färbung wieder , und am Ende wird Juan mit der schwarzen und kalten Glut seines einst so glühenden Herzens konfrontiert.

Beethoven protestierte gegen die Schändung der Musik durch ein so skandalöses Thema wie die Don-Juan-Geschichte. Aber Mozart schuf aus demselben Thema die preisgekrönte Oper aller Zeiten. Es scheint auch, dass Richard Strauss daraus sein Meisterwerk gemacht hat.

"Don Juan,"

Hallé-Konzerte.

18. Januar 1901.

Es lässt sich nicht bestreiten, dass Strauss' Don Juan-Fantasie gestern mit viel Applaus aufgenommen wurde. Aber es ist fraglich, ob die Begeisterung, die hier zum Ausdruck kam, nicht eher der kühnen und höchst malerischen Orchestrierung als den im Wesentlichen musikalischen Qualitäten des Werks geschuldet war. Richard Strauss setzt ein Publikum mit großer geistiger Aktivität voraus. Er erwartet, sofort verstanden zu werden, anstatt eine musikalische Idee allmählich in den Geist des Zuhörers eindringen zu lassen, wie es die älteren Komponisten taten. Um diese geistige Aktivität anzuregen , wendet er ständig seltsame und heftige Effekte an. Daher die Verärgerung orthodoxer Musiker, die bei so viel Lärm und Geklimper zu schnell zu dem Schluss kommen, dass nichts dahintersteckt; während sie vielleicht, wenn sie etwas länger zuhörten, entdecken würden, dass Strauss fast jede Gabe besitzt, die jemals ein Komponist hatte – jede Gabe, das heißt, außer denen von sehr tiefgründiger oder sehr erhabener Art. Seine Fähigkeit, thematisches Material zu erfinden, das genau einer besonderen Gefühlsstimmung entspricht, ist fast so bemerkenswert wie die von Wagner. Der Beginn der Don Juan-Fantasie ist charakteristisch für jenen aufgeregten Gemütszustand, der bei dem Komponisten so häufig vorkommt. Eine Passage, die mit einem Aufschwung der Streicher beginnt, zeigt uns Juans Karriere. Dann folgt eine schnelle Passage, hauptsächlich in Triolen, für Holz-, Blas- und später Streicher, die die eifrige Jagd nach Vergnügen andeutet. Als nächstes wird der ungestüme Don selbst charakterisiert . Aus diesen Elementen wird ein Klangbild berauschender Fröhlichkeit komponiert. Dann folgen die Liebesepisoden, von denen die schönste die ist, in der die Oboe die Melodie hat, während die unteren Streicher *a divisi* eine reiche und düstere Begleitung hinzufügen. Die Maskenballszene ist stellenweise ein wenig wie eine Travestie der Venusberg-

Musik. Dies führt zu der Szene, in der Juan von einem Unglück heimgesucht wird – wahrscheinlich einem Schwertstich. Während er niedergeschlagen daliegt, überkommen ihn die Erinnerungen an frühere Tage. Ein oder zwei Augenblicke lang kehrt sein altes Feuer und seine alte Energie zurück. Aber schließlich kommt seine Zeit und seine Seele verlässt ihn mit einem Schaudern. Strauss versteht es, eine solche Szene wunderbar ergreifend zu gestalten . Seine wunderbarste Leistung dieser Art ist der Abschiedsseufzer von Don Quijote in dem Werk zu diesem Thema. Aber auch seine Behandlung von Juans Tod ist sehr kraftvoll.

"Till Eulenspiegel ."

14. Februar 1902.

„Till Eulenspiegel " war das große Mittelalter *Farceur* . Sein Name ist den Folklore-Studenten wohlbekannt. In flämischen Büchern wird es als Thyl bezeichnet Uylenspiegel , auf Englisch als Till Owlglass . Wie andere Helden populärer Geschichten ist Till an mehr als einem Ort begraben, und jeder seiner Grabsteine ist mit seinem Wappen geschmückt – einer Eule, die auf einem Handspiegel sitzt. Er stammte aus Westfalen oder einem Land am Niederrhein und lebte dort größtenteils; Aber er war ein Wandermensch, und eine seiner am besten belegten Heldentaten ereignete sich in Polen, wo er einen Geschicklichkeitswettbewerb mit dem Berufsnarren des Königs austrug. Till ist die Verkörperung von Spott, Satire und Possenreißer, manchmal witzig und meist grob. Er stellt eine literarische Entwicklung dar, die als eine Art Scherzo nach dem Andante der Troubadours, Minnesänger und anderer höfischer Dichter angesehen werden kann – die unvermeidliche Reaktion des Volksgeistes auf zu übertriebene Gefühle. Die legendäre Figur des Till hat mit den außergewöhnlichsten Ergebnissen jenen Komponisten angesprochen, der als Erster die spezifischen Qualitäten der süddeutschen Vorstellungskraft, wie sie beispielsweise von Holbein, Dürer und Adam Krafft vertreten wurden, in den Bereich der Musikkunst einbrachte . Prägnant, anschaulich, kunstvoll und von nicht weniger unerhörter Charakterisierungskraft ist Richard Strauss in seiner Musik als die anderen Meister in ihren grafischen oder plastischen Leistungen. Sein „Till" erinnert an Dürers Holzschnittillustrationen zur Apokalypse, allerdings natürlich mit hinzugefügter Farbe . Und welche Farbe ! und welche Charakterisierung in der Farbe ! Er beherrscht das Orchester genau wie ein guter Schauspieler die Töne seiner eigenen Stimme. Er kann dafür sorgen, dass es die feinsten Gefühlsnuancen wiedergibt. „Till" ist ein musikalisches Wunder, das gleichzeitig die Quellen des Lachens und der Tränen freisetzt. Es erweitert die Vorstellungen davon, was in der Musik möglich ist, so vielfältig und unvorstellbar sind die Skurrilitäten, so ungeheuerlich die technischen Kühnheiten, die der Komponist zu rechtfertigen vermag. Strauss hat gewissermaßen eine Kunst wiederbelebt, die es angeblich schon in der Antike gab: das Erzählen einer Geschichte in Form eines Tanzes. Von dem Punkt an, an dem dieser chromatische Ton zu hören ist, der symbolisiert Bis er auf der Suche nach Material für die Ausübung seiner Talente umherirrt, ist die Fantasie gebannt.

Strauss geht in der Artikulation seiner musikalischen Phrasen deutlich über Wagner hinaus, und er weiß besser als jeder andere Komponist, dass es die besondere Aufgabe der Musik ist, auszudrücken, was auf keine andere Weise ausgedrückt werden kann – was zu zart oder zu unfein ist , auf andere Weise ausgedrückt werden. Die wunderbarste Qualität von „Till" ist sein Mittelalterlichkeit . Hören Sie sich diese Triolen in vierstimmiger chromatischer Harmonie für fünf Soloviolinen mit *Sordini an* , die die Qual des Schreckens zum Ausdruck bringen, in die Till durch seine eigene böse Verhöhnung der Religion stürzt. Mit solchen Mitteln beschwört der Komponist die Atmosphäre der Zeit herauf, die durch „ Furcht auf der Gasse, Furcht " gekennzeichnet ist im Herzen." Die Behandlung des Prologs und des Epilogs, in der Tills Themen nun, da er zur Geschichte geworden ist, von allem Schmähenden befreit wird, ist von unvorstellbarer Glückseligkeit.

"Sehnsucht."

18. März 1902.

Das Lied „Sehnsucht" von Richard Strauss wirft viele interessante Fragen auf, etwa ob die wesentliche Qualität von Strauss' Musik nicht doch eher von der Harmonie als von der Klangfarbe abhängt ; ob der bedeutende süddeutsche Komponist es für nötig gehalten hätte, in seinem Vorgehen so beharrlich elektrisierend vorzugehen, wenn er sich nicht mit Tschaikowski an eine musikalische Generation gewandt hätte, die allzu gerne Opium konsumiert ; Ob er so viele schlichte Liebesliedtexte mit Eulenspieglischer Absicht vertont, die eine Verachtung für bloße Lyrik verraten, oder ob er die Tendenz seines eigenen Talents wirklich missversteht. So könnte man auf unbestimmte Zeit weitermachen; denn es ist die regelmäßige Wirkung der Musik von Strauss, dass sie den Geist des Zuhörers in einen riesigen, fragenden Ton verwickelt. Allerdings muss noch eine weitere und wichtigere Frage hinzugefügt werden. Ist es die bewusste Absicht von Strauss, den Rhythmus abzuschaffen? Würde er dem bekannten Sprichwort „ *Am Anfang war der Rhythmus* " den Reiter „ *aber jetzt nicht mehr* " *hinzufügen* ? Das zu stark gesalzene und zu stark gewürzte „Sehnsucht" wurde bewundernswert gesungen, und die Faszination, die nicht ohne Entsetzen war, war so groß, dass es wiederholt werden musste. Nichts an Strauss ist beunruhigender als seine Nachwirkung auf den musikalischen Gaumen. Ob man seinen Stil mag oder nicht, alle anderen Klänge wirken im Gegensatz dazu harmlos, und ein

naiver und milder Komponist wie Grieg (der Hans Andersen der Musik)
wirkt fast wie Brot und Butter.

„Faust-Symphonie",

Düsseldorf.

23. Mai 1902.

Die vielen gewalttätigen Liszt- Gegner in England sollten gerade jetzt
besonders darauf achten, ihr Pulver trocken zu halten. Sie werden mit diesem
eulenspiegelischen Herrn Strauss große Schwierigkeiten haben. Eine
beträchtliche Gruppe englischer Besucher hörte am Montagabend seine
Interpretation der „Faust-Symphonie", und sie werden sie wahrscheinlich
nicht vergessen. Strauss gehört nicht zu der kleinen Gruppe internationaler
Dirigenten, die von Ort zu Ort reisen und überall und in Musik jeden Stils
Erfolg haben können. Er hat das Dirigentenverhalten nicht sorgfältig genug
studiert, um dem Publikum allgemein zu gefallen. Gleichzeitig kommt sein
dämonisches Talent beim Dirigieren deutlich genug zum Vorschein, wenn er
sich mit einem Werk auseinandersetzen muss, das seine Sympathien
besonders anspricht. Es scheint seine Mission zu sein, Liszt nach
Jahrzehnten des Missverständnisses und der Verleumdung zu rechtfertigen.
Seine Interpretation der „Faust-Symphonie" war einfach ein gigantischer
Erfolg. Die Anspannung und Qual des ersten Satzes, die wunderbare Süße
und der Charme der Gretchenmusik, die fast unglaubliche Eindringlichkeit
und Prägnanz der charakteristischen Musik im Mephistopheles-Abschnitt
des Finales und die beispiellose Erhabenheit des Schlussgedankens, wo die
Maske vom Gesicht des "Geistes, der leugnet" gerissen wird und der "Chorus
mysticus " mit der letzten Strophe eintritt, was zur Krönung des ganzen
Dramas führt, "Das Ewig- Weibliche zieht uns hinan " - diese Schönheiten
und Pracht der Komposition wurden mit der unfehlbaren Berührung eines
Meisters enthüllt, in dessen Fleisch und Blut sie vor langer Zeit übergegangen
ist: und das Publikum, darunter sogar die englischen Besucher, spürte es. Die
"Faust Symphonie" erklärt, dass der Komponist in seiner Einstellung zur
Kunst und zum Leben Hugo, Delacroix und den anderen großen
französischen Romantikern verwandt sei, und das Ergebnis dieser
Einstellung scheint in der Musik vollkommener glücklich zu sein als in der
Malerei oder Literatur. Sie lässt einen mit neidischer Sehnsucht auf die
Frische und überschäumende Vitalität jener Leute zurückblicken, die so
große Freude an den großen, breiten, grundlegenden menschlichen Themen
fanden und so große Ressourcen in deren Behandlung. Sie provoziert auch
verwirrte Überlegungen über die komplexe und rätselhafte Persönlichkeit des
Komponisten, der trotz all seiner religiösen Orthodoxie ein gewaltigerer
Revolutionär in der Kunst war als Wagner und tatsächlich der Urheber
bestimmter besonders fruchtbarer Wagnerscher Ideen war. All dies und

vieles mehr kann man aus den Liszt-Interpretationen von Strauss lernen - einem eine sphinxartige Person, die, während ihr ungewöhnlich großer Kopf auf seiner hohen und massigen Gestalt hin und her schwankt, begleitet von phantastischen Gesten, ihr Publikum in eine Art phosphoreszierendes Fieber versetzt und hier und da einen Prozess scharfer Selbstprüfung auslöst.

"Tod und Verklärung ."

17. Oktober 1902.

Es ist schwierig, die vorherrschende Geisteshaltung in diesem Land in Bezug auf Richard Strauss – Richard II., wie er in Deutschland oft genannt wird – zu erkennen. Natürlich wollen die Verfechter einer rübenköpfigen Orthodoxie nichts von ihm hören, ebenso wenig wie sie vor einem Vierteljahrhundert von Richard I. gehört haben, und er scheint auf alle Kritiker eine irritierende Wirkung auszuüben, mit Ausnahme einer gewissen sehr kleinen Minderheit, deren Temperament etwas enthält, das ihnen den Schlüssel zu einem Teil von Strauss' Genie gibt. Was die Kritiker irritiert, ist einfach die Schwierigkeit, eine Formel für Strauss zu finden. Er hat die lästige Unverschämtheit, in keine ihrer Schubladen zu passen. Er ist rätselhaft, sphinxartig, eine komplexe Persönlichkeit, die sich nicht bequem katalogisieren lässt. Diese komplexe Persönlichkeit wollen wir hier nicht analysieren , aber in einem Punkt wagen wir es, eine eindeutige Meinung zu äußern. Diejenigen, die behaupten, Strauss sei ein bloßer Exzentriker, werden früher oder später feststellen, dass sie im Unrecht sind. Er hat dem Publikum in einigen Fällen Streiche gespielt, aber er ist dennoch ein Meisterkomponist im vollen und einfachen Sinne dieser Worte – ein Meisterkomponist, genau wie Mozart es war. In „Tod und Verklärung " finden wir ihn in einer Stimmung absoluter Ernsthaftigkeit. Das Thema ist eine Sterbeszene, die Phantasmagorie eines kranken Gehirns während der letzten Momente des irdischen Bewusstseins, der letzte Kampf mit dem Tod und dann eine wunderbare Andeutung des Wiedererwachens zur Unsterblichkeit. Die Komposition ist somit, wie ein deutscher Kritiker betont hat, das Gegenstück zu Elgars „Gerontius", was das Thema betrifft; aber in keiner anderen Hinsicht haben die beiden Werke irgendeine Ähnlichkeit. Die Eigenschaften, mit denen Strauss' Name am häufigsten in Verbindung gebracht wird – kühner und grotesker Realismus, prachtvolle, berauschende Orchesterfiguration und -färbung – sind hier völlig außer Kraft gesetzt. Die Stimmung des Eröffnungsteils ist mit dem dritten Akt des Tristan verwandt – dieselbe Stille und Beklemmung in der Höhle des Kranken –, nicht jedoch die musikalische Behandlung, die bei Strauss viel mehr Bezug auf äußere Einzelheiten ($z.$ *B.* das Ticken der Uhr) hat als bei Wagner. Die einleitenden Töne sind voll unheimlicher Kraft und führen zu einer ausgesprochen pathetischen „ Seelenmalerei ". Im darauffolgenden Agitato-Teil wird jeder Zuhörer, der früher oder später andere Symphonische Dichtungen desselben Komponisten kennt, wahrscheinlich überrascht sein über seine vergleichsweise Mäßigung und Zurückhaltung bei der Darstellung der Schrecken des Kampfes mit dem Tod. Es lässt sich nicht leugnen, dass Strauss sich stark mit solchen Ideen beschäftigt. Er hat den Tod selbst bei mindestens vier verschiedenen Gelegenheiten vertont („Tod und Verklärung ", „Don Juan", „Till" und „Don Quixote"). Die Hinrichtung von „Till" ist in ihrem Realismus unvorstellbar drastisch, und der letzte Seufzer von Don Quijote ist das Unheimlichste, was es in der Musik gibt. Don Juans Tod ist rein *makaber* ; aber in „Tod und Verklärung " ist eine gewisse Andeutung des *Makabren* macht etwas ganz anderem Platz — der Andeutung, dass die Seele zur Unsterblichkeit aufsteigt; und so wird der letzte Abschnitt eingeleitet, der von dem edlen und schönen Thema der „Verklärung" dominiert wird. Diejenigen Bewunderer des Komponisten, die „immer dachten, er sei ein heidnischer Chinese", finden hier vielleicht Stoff für innere Erforschung . Denn die Sache ist zu gut gemacht, um nicht aufrichtig empfunden worden zu sein.

„Zarathustra."

29. Januar 1904.

" Auch sprach Zarathustra" ist das erste Werk in Strauss' fortgeschrittenster Manier. Es ist für das folgende riesige Orchester besetzt: - Eine Piccoloflöte und drei Flöten; drei Oboen und eine Kor Englisch ; eine Klarinette in Es, zwei Klarinetten in B und eine Bassklarinette in B; drei Fagotte und ein Kontrafagott; sechs Hörner in F, vier Trompeten in C, drei Posaunen und zwei Basstuben; Pauken, Große Trommel, Becken, Triangel und Glockenspiel; eine Glocke in E; Orgel, zwei Harfen und die üblichen Streichinstrumente; und die Anforderungen an die *Technik* der Interpreten sind ebenso außergewöhnlich wie die Anzahl der eingesetzten Instrumente. Dass Dr. Richter nicht vor der Aufgabe zurückschreckte, eine so umfangreiche und verwirrende Partitur zu interpretieren, ist ein ebenso eindrucksvolles Beispiel für Dr. Richters Energie, wie dass er in seinem Alter die typischsten und modernsten Kompositionen vortragen wollte — was wir in Bezug auf Thema und Behandlung als Strauss' „Zarathustra" ansehen. Wir bezweifeln, dass ein anderer lebender Musiker in Dr. Richters Alter in gleichem Maße diese jugendliche Elastizität besitzt, die den Werken einer jüngeren Generation voll gerecht werden kann. Darüber hinaus ist er in keinem besonderen Sinne ein Straussianer . Er weiß einfach, wie jeder, der mit den musikalischen Angelegenheiten der Gegenwart vertraut ist, dass Strauss ein Komponist von sehr großem und beeindruckendem Talent ist, und er denkt, dass in einem Musikzentrum wie Manchester seine wichtigeren Werke bekannt sein sollten. Trotz einer eher entmutigenden Haltung des Publikums und einer Menge zusätzlicher Mühe, die kaum zu beziffern ist, gibt er daher von Zeit zu Zeit eines davon. Es ist nicht Lancashire, ebenso wenig wie London, das unter den britischen Musikzentren die bereitwilligste Wertschätzung für Strauss gezeigt hat – den großen und typischen Modernen. Es ist der Teil des Landes, der vom Scottish Orchestra betreut wird, wo „Tod und Verklärung " bereits für die Aufführung bei einem *Plebiszitkonzert ausgewählt wurde*. Das erscheint ganz natürlich, denn „Tod und Verklärung " ist das klarste, einfachste und am wenigsten heterodoxe Orchesterwerk von Strauss und beim ersten Anhören viel leichter zu verstehen als Beethovens c-Moll-Sinfonie. Es wurde tatsächlich fast überall als Klassiker anerkannt , obwohl es hier immer noch dem Verdacht ausgesetzt ist, ein bloßes Stück Exzentrizität zu sein. Wir können nur hoffen, dass einige unserer Kriegsdienstverweigerer nach dem Anhören von „Zarathustra" – was sicherlich eine ziemlich große Herausforderung ist – ihre Position überdenken. Das Außergewöhnliche ist, dass es besser aufgenommen wurde als das weitaus allgemein verständlichere „Tod und Verklärung ". Dies war zweifellos teilweise auf pures Erstaunen zurückzuführen, aber wir glauben auch, dass es der Wahrnehmung zu verdanken ist, dass das Werk, was auch immer es sonst enthalten mag, eine gewisse Erhabenheit der Wahrnehmung aufweist. Es ist kaum möglich, dem einleitenden Tonbild des Sonnenaufgangs mit seinem großen dröhnenden Naturgrundton, der an die Einleitung zu Wagners „Rheingold" erinnert, und den klingenden Trompetenharmonien, die den drei Tönen des seelenlosen Naturthemas folgen, in einem Zustand völliger Gleichgültigkeit zuzuhören. Der Plan des Tongedichts, das sich allmählich entfaltet, ist einer der klarsten. Er folgt demselben Plan wie die Rede des Heiligen Franziskus über „La Joie Parfaite", die Sabatier aus den „Fioretti" zitiert, wo der heilige Mann, um Bruder Leo besser zu vermitteln, worin vollkommene Freude besteht, zuerst eine Reihe von Dingen aufzählt, in denen sie nicht besteht, und uns dann, nachdem er die irrigen Meinungen über die verschiedenen Stufen des aufwärts führenden Pfads zur wahren Weisheit ausgeräumt hat, schließlich sagt, was vollkommene Freude ist. Die Weisheit Zarathustras ist natürlich sehr verschieden von der Weisheit des Heiligen Franziskus, aber seine Methode, sie zu vermitteln, ist dieselbe. Auch er hat sein Fleisch mit dem „ Hinterweltler " abgetötet (vielleicht ist „Jenseitsmenschen" das nächste englische Äquivalent) und sich zur Abwechslung in den Wirbel aufregender Freuden gestürzt – die „Freuden und Leidenschaften ", die er nennt, als ob man von den „Ergüssen und Leidenschaften der Jugend" sprechen könnte. Es ist bezeichnend, dass er die Religion an die erste Stelle setzt und die aufregenden Freuden erst danach. Er „besuchte auch eifrig Ärzte und Heilige und hörte große Argumente", wobei diese Erfahrung durch Strauss' „Fuge der Wissenschaft" symbolisiert wird . Aber nichts davon, so gibt er uns durch die nachdrückliche Verwendung des Themas „Ekel" zu verstehen, ist die Perle von großem Wert oder vollkommene Freude oder irgendetwas in dieser Art. Der vorletzte Teil des Tongedichts handelt von der Verwandlung Zarathustras in einen tanzenden Philosophen – von seinem Lernen der großen Lektion, dass man „die Schwere loswerden" muss; und hier ist der Musiker natürlich ganz in seinem Element. Sehr bemerkenswert und überraschend ist der Schluss. Strauss hat erklärt, die ganze Komposition sei einfach seine Hommage an das Genie Nietzsches, aber man kann sich des Eindrucks nicht erwehren, dass er mit der Art des Schlusses versucht hat , eine Verbesserung Nietzsches anzudeuten – und er könnte durchaus selbstzufrieden und ein wenig anmaßend sein, nachdem er dieses „ Tanzlied " (eine Art Walzer für Halbgötter oder „ Übermenschen ") geschrieben hat, das ihm viel besser gelungen ist, als es irgendein anderer Komponist je gekonnt hätte. Er endet mit einem Nachtbild in B-Dur, gegen dessen Schlussnoten das hartnäckige Naturthema in C-Dur sich noch einmal als Pizzicato- Bass behauptet – mit den Worten: „Aber du hast das Rätsel der schmerzhaften Erde trotz all deiner Weisheit genauso ungelöst gelassen wie zuvor." Ob dieser Schluss nun treffender ist als der von Nietzsche oder nicht, es ist wirklich wunderbar, dass man Musiknoten so deutlich sprechen und sogar etwas ganz Wichtiges aussagen lassen kann.

„Ein Heldenleben ",

Orchester der Liverpool Orchestra

8. Februar 1904.

Wir müssen uns hier mit der jüngsten Phase von Strauss befassen, und um zu einer annähernd wahren Einschätzung von „ Heldenleben " zu gelangen, müssen wir bedenken, dass Strauss ein Reformer und der anerkannte Führer einer Partei ist, die, ob es uns gefällt oder nicht, hat in der Welt der Musik eine große Rolle gespielt und spielt sie auch weiterhin. Das zentrale Prinzip der Strauss-Schule beruht auf der völlig korrekten Beobachtung, dass die allgemeine Entwicklung der Musik in den letzten zwei Jahrhunderten einen kontinuierlichen Fortschritt hin zu größerer Artikulation aufweist und dass es keinen Grund gibt, diesen Fortschritt mit Berlioz als am Ende angekommen zu betrachten. Liszt und Wagner. Brahms und die Neoklassizisten seien auf einem falschen Weg gewesen, meinen sie, und es sei die Mission von Strauss und seinen Vertrauten, die Kunst wieder auf die Bahnen des wahren Fortschritts zu bringen. Dies zeigt den Sinn, in dem Strauss als Reformator bezeichnet wird. Es ist das übliche Schicksal von Reformern, über das Ziel hinauszuschießen; Herr Weingartner ist der Meinung, dass Strauss dies in seinen letzten drei Symphonischen Dichtungen – „Zarathustra", „Don Quijote" und „ Heldenleben " – sehr ernsthaft getan hat, und ich bin gezwungen, mich der Ansicht von Herrn Weingartner anzuschließen. In jedem der drei genannten Werke steckt vieles, was nur das Genie hätte hervorbringen können, aber auch etwas, das dem Genie fremd ist. Der bewussten Kakophonie zu einem symbolischen Zweck begegnen wir erstmals in „Zarathustra“, wo sie vorsichtig und zurückhaltend und in sehr kleinem Maßstab geschieht. In „Don Quijote“ wird das gleiche Verfahren in größerem Maßstab und mit viel größerer Kühnheit angewendet, und in „ Heldenleben “ hat es im Abschnitt „Schlacht“ zu einem ausgedehnten Satz geführt, den ich nur als Gräueltat bezeichnen kann. Dieser Abschnitt zeigt den Komponisten in einer Stimmung beispielloser Extravaganz. Nimmt man die Harmonie im weitesten Sinne, die möglich ist, so bleibt sie dennoch ein Ding außerhalb der Grenzen, in denen Strauss‘ Schlachtenbild liegt. Ich schlage daher vor, dass es überhaupt nicht gelingt, den Fortschritt der Musik hin zu größerer Artikulation fortzusetzen. Es ist keine Musik und hat überhaupt nichts mit der Musik zu tun. Es ist ein monströser Auswuchs und Makel – ein Produkt musikalischen Wahnsinns, das keinerlei Spuren des Genies aufweist, das das schöne und perfekte „Tod und Verklärung “ und das herrlich rassige und kernige Orchesterscherzo „Till Eulenspiegel “ hervorgebracht hat.

Die Äußerung solcher Ansichten bringt die schreckliche Konsequenz mit sich, mit den „Gegnern“ identifiziert zu werden, die Strauss, indem er die Kritik mit einer neuartigen Methode entwaffnet, in den schrecklichen Wendungen symbolisiert , die als Beispiele 4 und 5 in Mr. Newmans Programm angeführt werden . Aber man muss gemäß seiner Überzeugung aussagen, und ich gestehe, dass ich mich mit Abschnitt 4 von „ Heldenleben “ nicht abfinden kann und in Abschnitt 5 ein erhebliches Element lediglich merkwürdiger Mystifizierung entdecke. Das Prinzip des „horizontalen Zuhörens“, das die kompromisslosen Straussianer empfehlen, hilft mir nicht weiter. Horizontales Zuhören wird unter der mörderischen Kakophonie dieses Kampfabschnitts zum bloßen Zuhören auf dem Rücken.

In anderen Teilen des Werkes gibt es vieles, was Strauss durchaus würdig ist. Am attraktivsten ist vielleicht das Violinsolo, das das weibliche Element in der Lebenserfahrung des Helden darstellt. Die unberechenbare Emotionalität dieses Teils wird vom Komponisten mit einer wahrhaft magischen Note wiedergegeben, die zeigt, mit welch wunderbarer Frische er die Aufgabe einer solchen Charakterdarstellung in Tönen begreift. Wie sehr unterscheidet sich doch die Straussianerin von den Chopin-Prinzessinnen ! Wie unendlich subtiler, abwechslungsreicher, interessanter und psychologisch wahrer! Auch der Held ist kraftvoll gezeichnet, obwohl man sich in dem gesamten Abschnitt, der ihm speziell gewidmet ist, eher des Gigantischen als des Heroischen bewusst ist. Der größte Teil der thematischen Erfindung ist aussagekräftig – vielleicht noch mehr als in

„Zarathustra" – und die „ Seelenmalerei " in der Liebesmusik und danach in der Verzichtsmusik ist allesamt sehr fein gemacht. Selbst die drastische Musiksatire der „Adversaries" ist in ihren früheren Phasen durchaus akzeptabel. Es ist die Polyphonie in den Abschnitten Sturm und Drang, die schief geht. Das Thema des Werkes als Ganzes hat den Vorzug der allgemeinen Verständlichkeit. Aber der Komponist identifiziert den Helden viel zu eindringlich mit sich selbst; Er behält auch nicht die für ein Kunstwerk typische Tonkonsistenz bei. Wenn die Abschnitte 3, 4, 5 und 6 das Versprechen der Abschnitte 1 und 2 erfüllen würden, hätten wir eine Art gigantische Gulliversche Humoreske. Aber mit Abschnitt 3 wird eine neue Atmosphäre heraufbeschworen, und fortan pendelt das Werk zwischen zwei unversöhnlichen Elementen hin und her – das eine drastisch, sarkastisch und kataplastisch , das andere zunächst subtil, geschwungen und gefühlvoll und wendet sich dann einer Stimmung zu von religiöser Erhebung und strenger Kontemplation.

Quartett in c-Moll.

10. März 1904.

Der Fall Strauss ist für die Anhänger des Neoklassizismus von Brahms sicherlich ein heikler. In Werken wie dem Quartett op. 13 und der Violinsonate op. 18, die vor zwanzig oder mehr Jahren geschrieben wurden, erklärt er sich selbst zum absoluten Brahmsianer , der vor allem den wohlkonstruierten musikalischen Satz verehrt und die ausgedehnten Harmonien und die üppige Figuration der modernen Technik verwendet, um Emotionen auszudrücken, die kaum individuell sind und lediglich typisch für den durch und durch deutschen Sentimentalisten sind. Tatsächlich zeigt er sich hier als besserer Brahmsianer als Brahms, indem er alle schlimmsten Fehler seines Vorbilds vermeidet, wie sein Herumtasten und Herumtasten, sein Murmeln und Jammern, und nur auf eine ganz gesunde Art sentimentalisiert und mit einem so üppigen und leichten Fluss, dass es undenkbar erscheint, Fehler zu finden. Doch trotz all dieser wunderbaren Voraussetzungen für eine große Brahmsianerkarriere wollte Strauss nichts davon wissen, außer in seiner jugendlichsten Zeit. Seit vielen Jahren zeigt er nun schon seine völlige Verachtung für wohlkonstruierte musikalische Sätze, für deutschen Sentimentalismus und für alle anderen traditionellen Themen musikalischer Beredsamkeit. Als Orchesterkomponist hat er einen Weg abenteuerlicher Kühnheit beschritten, der in der Kunstgeschichte kaum seinesgleichen findet, und er betrachtet seine Brahms'sche Kammermusik als eine Phase der ersten Phase seines Talents. Da es den Brahmsianern nicht gestattet ist , zu behaupten, dass diese frühen Werke Strauss' Unfähigkeit als Komponist orthodoxer Art beweisen, bleibt ihnen nur zu sagen, dass die Kammermusik bei weitem das Beste seines gesamten Schaffens ist. Früher oder später werden wir das zweifellos zu hören bekommen, und in der

Zwischenzeit können diejenigen, die die frühen Werke mögen, sie spielen oder ihnen mit der beruhigenden Gewissheit zuhören, dass der Komponist keine Einwände dagegen haben würde, da er selbst erst vor kurzem an öffentlichen Aufführungen derselben teilgenommen hat. Das Quartett – das Dr. Brodsky und seine üblichen Mitarbeiter, unterstützt von Herrn Isidor Cohn, gestern spielten – könnte als das reife Werk von jedem anderen gelten, außer von Strauss. Es ist, relativ zum Komponisten, jugendlich in der emotionalen Grundlage der Musik; aber nicht in der handwerklichen Kunst und am allerwenigsten in der Erfindungsgabe, die all die Mark und das Gewicht hat, die gewöhnlich von reifer Erfahrung zeugen. Kurz gesagt, es ist ein äußerst gutes Quartett der orthodoxen Art – man könnte sogar sagen, eines der besten existierenden Werke für Klavier und drei Bogeninstrumente. Das Andante ist nicht ganz so ein Wunderwerk wie der langsame Satz der Violinsonate, aber es ist fast ebenso gut in der Erfindungsgabe und ebenso gut in seiner Anpassung an das Medium – das heißt, an die besondere Instrumentengruppe. Das Scherzo ist so markig wie das Andante glühend sentimental ist, und die einrahmenden Sätze sind großartig gemacht. Die Wiedergabe dieser immens interessanten Komposition war völlig angemessen. Das Tempo im Scherzo war schneller als das des Komponisten selbst; aber da es ihm nicht möglich ist, die Technik eines Solopianisten beizubehalten, vermeidet er vielleicht aus diesem Grund ein sehr schnelles Tempo. Herr Cohn brachte alle Passagen klar genug heraus, obwohl das schnelle Tempo eine gewisse Trockenheit im Streicherton verursachte. Die anderen Sätze waren in jeder Hinsicht zufriedenstellend. Es ist interessant, in diesem Quartett ein frühes Beispiel für Strauss' Tendenz zu bemerken, eine bestimmte Stimmung mit einer bestimmten Tonart zu verbinden. Einen kontrastierenden Abschnitt mit einem leichteren Fluss ordnet er B-Dur zu, und während der gesamten Wiederholungen bleibt die ursprüngliche Tonartzuordnung auf eine Weise erhalten, die dem Verfahren der älteren Komponisten sehr unähnlich ist. Während des gesamten Werks bleibt die Verbindung zwischen Tonalität und emotionaler Bedeutung im Detail erhalten, und wir bemerken hier eine Weiterentwicklung des Prinzips, das Beethoven dazu veranlasste, seine überwiegend dunkle und mysteriöse Schicksalssinfonie in c-Moll und seine Rhythmische oder Tanzende Sinfonie in A-Dur zu verlegen, was bei ihm jedoch nur auf sehr breite Anerkennung stieß.

KAPITEL IX.
--
KAMMERMUSIK.

Dvorák
-Quintett in A-Dur.

2. Februar 1897.

Musik für Pianoforte, kombiniert mit zwei oder mehr Streichinstrumenten, basiert normalerweise auf alles andere als demokratischen Prinzipien, da das Schlaginstrument zu den anderen in einer ziemlich ähnlichen Beziehung steht wie Jupiter zu seinen Satelliten. Aber das prächtige Quintett von Dvorák , das gestern Abend aufgeführt wurde, stellt eine ehrenvolle Ausnahme von diesem Prinzip dar, da die bekannte Vorliebe des böhmischen Komponisten für Streichinstrumente offenbar der üblichen Tendenz entgegengewirkt hat, den Pianoforte-Part zu stark hervorzuheben. Im gesamten Quintett gibt es eine unendliche Fülle und Fruchtbarkeit an schönen Ideen. Das Eröffnungsallegro basiert auf zwei Hauptelementen, die einen wirksamen Kontrast bilden: Das eine bewegt sich überwiegend im synkopierten Doppeltakt, das andere nähert sich dem Charakter einer Tarantelle an. Der Klavierpart ist manchmal von eigenständigem Interesse und besteht manchmal aus wunderschönen Begleitpassagen, die aus Akkorden in ausgedehnter Position aufgebaut sind. Der zweite Satz trägt den Namen „Dumka", der unserer Meinung nach erstmals von Dvoràk als Name einer Musikbewegung verwendet wurde oder zumindest durch seine Werke der Welt allgemein bekannt wurde. Es leitet sich von einer slawischen Wurzel ab, die „denken" bedeutet, und kann als so etwas wie das Äquivalent von „Meditation" verstanden werden. Es gibt mehrere besonders interessante und bezaubernde Sätze in den Werken des böhmischen Komponisten, die diesen Namen tragen, und der Satz im Quintett ist einer der besten. Es ist in der relativen Moll-Tonart der Eröffnungstonart gehalten und stellt den Komponisten als einen Dichter der gleichen Art wie Burns dar – robust im Auftreten und zart im Gefühl zugleich. Hier und da vermittelt der Klavierpart eine Andeutung von Chopin; aber das höfische Gefühl von Chopin verschmilzt bald mit einer breiteren und vollwertigeren Gefühlsader. Das thematische Material ist bemerkenswert abwechslungsreich und episodisch, während das Scherzo – wie in anderen böhmischen Kompositionen „ Furiant " genannt – kompakt und frei von jeder Spur weitschweifiger Tendenz ist. Das Finale wird von einem Tanzthema im Doppeltakt von enormer Energie und Lebendigkeit dominiert.

Dvorák-
Quartett, Op. 96.

Die Operation. Das Quartett Nr. 96 könnte fast genauso gut „Aus der neuen Welt" heißen wie die Symphonie. Ob sie während des Aufenthalts des Komponisten in Amerika geschrieben wurde, wissen wir nicht, aber sie ist sicherlich ein Ergebnis seiner amerikanischen Erfahrungen, nicht weniger als die Symphonie „Neue Welt". Alle Themen dieser beiden Werke sind idealisierte Neger- oder Indianermelodien, und obwohl die Ergebnisse im Quartett vielleicht nicht ganz so wunderbar gelungen sind wie in der Symphonie, sind sie doch gut genug, um es zu einem äußerst interessanten Merkmal in der Musik des Quartetts zu machen wundervolle amerikanische Periode des böhmischen Komponisten. Diese Musik hat einigen von uns eine ziemlich wichtige Lektion erteilt. Der Wert der Volksmelodie ist seit langem bekannt , aber bis diese Werke von Dvoràk bekannt wurden, glaubte man allgemein, dass Negermelodien eine Ausnahme von dem Grundsatz darstellten, dass jede aufrichtige, ungekünstelte und originelle musikalische Äußerung künstlerischen Wert habe. Dvoràk hat uns die Gefahr gelehrt, etwas Natürliches als gewöhnlich oder unrein zu betrachten. Er hat gezeigt, dass Negermelodien ebenso wunderschöne Kunstwerke hervorbringen können wie irische, ungarische oder skandinavische Melodien. Dvorák ist der am schwersten einzuordnende Komponist aller Zeiten. Er ist naiv und doch ein Meister komplexer und genialer Gestaltung; ein Verächter der schulischen Kunst und gleichzeitig ein erfolgreicher Arbeiter in den klassischen Formen; der originellste Komponist, der in der zweiten Hälfte des 19. Jahrhunderts bekannt wurde und dennoch gelegentlich des unverschämtesten Plagiats verdächtigt wurde. Es ist schwer zu sagen, ob sein absoluter musikalischer Erfindungsreichtum, sein Können, sein Geschmack und seine Ressourcen beim Spielen einzelner Saiteninstrumente oder sein Gespür für Orchesterfarben die bemerkenswertesten Fähigkeiten sind. Er ist der Musiker, der scheinbar nur wenig aus Lehrbüchern und Professoren gelernt hat, und doch vermeidet er durch eine ständige Reihe von Wundern alle Fallstricke, die den Weg des ungebildeten Komponisten bedrängen. Er ist nie ratlos, tut nie etwas Schwaches oder Unwirksames, sondern überwältigt und erfreut uns immer wieder mit seinem unerschöpflichen Strom rassiger und vollblütiger Melodien und mit seinem großartigen Umgang mit jedem Instrument oder jeder Instrumentengruppe, die er auch mag entscheiden, damit umzugehen.

Beethoven
Razoumoffsky Quartett, Nr. 3.

5. Dezember 1901.

Das dritte Razoumoffsky- Quartett zählt ebenso zu Beethovens Kammerkompositionen wie die c-Moll-Symphonie zu seinen Orchesterwerken. Es ist eine große Schwierigkeit , die Eigenschaften zu definieren, aufgrund derer diese beiden verwandten Werke die Vorstellungskraft so stark und direkt ansprechen. Sie gehören zur gleichen Zeit; und obwohl sie in Form und Detail völlig unterschiedlich sind, sind sie einander im Geiste ähnlich. Beide zeigen den Komponisten während dieser kurzen, aber goldenen Blütezeit seines künstlerischen Lebens, als er mit technischen Experimenten fertig war; und als die strenge Gleichgültigkeit gegenüber der rein sinnlichen Schönheit des Klangs, die seine Taubheit im Laufe der Zeit unweigerlich mit sich brachte, noch nicht begonnen hatte. Daher sind diese Werke perfekter ausbalanciert , auch wenn sie weit hinter der Erhabenheit, Intensität und schroffen Erhabenheit vieler Kompositionen der dritten Tonart zurückbleiben . Sie sind auch völlig frei von bestimmten perversen – man könnte fast sagen menschenfeindlichen – Elementen, die in vielen Werken Beethovens ein Hindernis darstellen. Das Glück der Erfindung ist so groß, dass jedes neue thematische Element wie eine Offenbarung auf das Ohr eindringt. Nirgendwo gibt es eine überlange Entwicklung oder irgendetwas, das verwirrt oder befremdet. Das Andante quasi Allegretto des Quartetts offenbart den Komponisten in einer äußerst seltenen Stimmung. Die zarte Romantik erinnert an den langsamen Satz des Schumann-Quintetts, so tiefgründig Beethoven auch sein mag. Die Harmonie ist voller traumhafter Schönheit, und hier und da erwecken Akzente von außerordentlich beredter Anziehungskraft den bei Wagner häufig vorkommenden Eindruck von Musik, die am Rande einer artikulierten Sprache zittert. Ein typisches Beispiel ist das wiederkehrende Ges in der Bratschenstimme in den Takten 8, 9 und 10 nach der zweiten Wiederholung. Der Pizzicato-Bass ist ein weiteres Merkmal, das die Aufmerksamkeit unwiderstehlich auf sich zieht. Der unvergleichliche Reiz dieses bezaubernden Werks wurde dem Publikum durch eine Aufführung nahegebracht, die nicht nur meisterhaft war, sondern auch von besonderer Glückseligkeit geprägt war. Alles im wunderbaren Allegretto wurde in eine Art zartes Relief gebracht, und das Fugenfinale wurde mit größter Lebendigkeit und Perfektion der Details dargeboten.

Bach-
Konzert in d-Moll.

15. Januar 1903.

Die Begegnung von Lady Hallé und Dr. Brodsky in Bachs Konzert für zwei Violinen brachte gestern das mit Abstand größte Publikum zusammen, das jemals bei diesen Konzerten gesehen wurde. Das d-Moll mit zwei Solostimmen ist zweifellos das schönste in Bachs Violinkonzerten. Das Largo, in einer Form gegossen , die der Komponist mehr als einmal verwendet hat, nimmt unter den Sätzen dieser Art offensichtlich den ersten Platz ein, aufgrund seiner stattlichen Pracht gepaart mit einer gewissen königlichen Milde und Liebenswürdigkeit des Ausdrucks. Andere Beispiele mögen tiefgründiger oder ergreifender im Gefühl sein, aber kein anderes ist so reichhaltig und perfekt organisiert in der Struktur oder so sanft und wohlwollend im Ausdruck. Die beiden Soloinstrumente werden vom Komponisten absolut gleichberechtigt behandelt, und die Art und Weise, wie seine Absichten gestern von den beiden meisterhaften Interpreten umgesetzt wurden, war über jedes Lob erhaben. Warum (man wird sich wahrscheinlich fragen, wenn man eine solche Aufführung hört) hat ein Komponist, der ein paar Instrumente so süß und anmutig singen lassen konnte und auf eine Art und Weise, die so perfekt zu ihrem eigentlichen Genie passte, die Singstimme sehr oft gezwungen, einem a zu folgen? krabbelige Linie, eher instrumentaler als vokaler Natur? In den lebhafteren Sätzen vor und nach dem Largo hätte nichts Schöneres sein können als das zarte Zusammenspiel der beiden gut aufeinander abgestimmten Solostimmen, und die gesamte Komposition verlor wenig oder gar nichts durch die Wiedergabe der Begleitung durch ein Pianoforte anstelle des kleinen Orchesters für den es ursprünglich gewertet wurde. Als Klavierbegleiterin bewies Frau Olga Neruda unfehlbare Diskretion und trug so nicht wenig zum exquisiten Eindruck bei, den das gesamte Werk hervorrief.

Beethoven
B-Dur-Quartett.

In Beethovens B-Dur-Quartett – dem letzten des dritten Bandes – wurden die komplizierten Linien der Komposition mit bewundernswerter Einmütigkeit herausgearbeitet , wobei die Perfektion des *Ensembles* in der äußersten Leidenschaft und Freiheit der Ausführung in den rasanten Teilen kein einziges Mal verloren ging. Das Quartett, dessen Aufführung gut 45 Minuten dauert, ist bemerkenswert für seinen Eröffnungssatz, in dem sich Adagio- und Allegro-Abschnitte mit unkontrollierter Häufigkeit abwechseln, für den eigentümlichen vierten Satz in einer Art Ländler-Rhythmus und für die Cavatina in Es, die dem Finale vorangeht. Es ist kapriziös und vielseitig, weist aber weder die Abstrusität noch die gelegentliche Gewalttätigkeit des späteren Beethoven auf, wie sie in den letzten Quartetten und Sonaten zum Ausdruck kommt.

Tschaikowsky-
Quartett in D-Dur.

An Tschaikowskys erstes Quartett erinnert man sich vor allem im Zusammenhang mit dem Andante, das einen besonderen Reiz auf die Fantasie ausübt. Obwohl die thematische Grundlage offensichtlich aus der

Volksmusik stammt und die Klänge der gedämpften Instrumente so sind, wie man sie mit „sanften lydischen Arien" assoziiert, die lediglich die Sinne ohne weitere Bedeutung ansprechen, liegt in diesem Satz eine seltsame mystische Erhebung kommt bei Tschaikowsky nicht oft vor . Es klingt wie ein Traum der Hirten, die nachts ihre Herden bewachten und die Engel singen hörten, oder wie eine Illustration eines verwandten Themas, in dem eine heimelige und pastorale Note mit frommen und freudigen Gefühlen verbunden ist. Es ist der Satz, der Graf Tolstoi so sehr bewegte, als er in Begleitung des Komponisten eine Aufführung davon hörte, die ebenfalls von Dr. Brodsky geleitet wurde. Der Rest dieses schönen und schwungvollen Werks lässt einen fragen, wie es dem Komponisten so früh in seiner Karriere gelungen ist, Streichinstrumente mit so freier, bereitwilliger und natürlicher Beredsamkeit zum Sprechen zu bringen.

**Tschaikowsky-
Trio in a-Moll.**

26. Februar 1903.

Am erstaunlichsten sind die Kommentare, die man gelegentlich zu solchen „In Memoriam"-Stücken wie Tschaikowskis edlem Trio hört und liest, das zu Ehren von Nicolas Rubinstein geschrieben wurde – dem Bruder des berühmteren Anton und einem Pianisten von fast gleicher Bedeutung. Die psychologische Grundlage dieses Trios ist von außergewöhnlicher Klarheit; sie ist wahrscheinlich klarer als in jeder anderen Komposition von ähnlichem Umfang. Gestern spielte Herr Siloti bei diesen Konzerten zum zweiten, wenn nicht zum dritten Mal den Klavierpart. Die Stammgäste hatten daher ungewöhnlich gute Gelegenheiten, sich mit der Musik vertraut zu machen, die wir insgesamt als das beste Beispiel für Tschaikowskis Kammerkomposition betrachten. Wie in Schuberts „Wanderer -Fantasie " ist das Zentrum des Ganzen das Thema des zweiten Satzes – eine schöne und ausdrucksstarke Melodie, die in der Vorstellung des Komponisten offensichtlich die Persönlichkeit seines verlorenen Freundes symbolisierte . Die folgenden Variationen – darunter ein Walzer, eine Mazurka und andere, die alles andere als düster sind – drehen sich um Szenen und Erinnerungen, die mit dieser Persönlichkeit verbunden sind. Der Komponist gibt sich mal einer lebhaften Charakterisierung hin , mal wird er durch das wiederkehrende Bewusstsein des Todes des Freundes wieder in eine elegische Stimmung versetzt. Gelegentlich vermischen sich die beiden Stimmungen, wie in dem Teil des Walzers, in dem die zierliche Tändelei des Klavierparts von der tragischen Variante des zentralen Themas in den Streichern begleitet wird. Der Eröffnungssatz „ Pezzo elegiaco " wird von jener tragischen Variante beherrscht, die gleich zu Beginn mit großer Eloquenz von den reichsten Tönen des Cellos vorgetragen wird - eine klagende Klage, die in vielen verschiedenen Formen wiederkehrt und alle drei Sätze auf die eine oder andere Weise durchdringt. Wenn wir die Komposition daher nicht in Bezug auf musikalische technische Details, sondern psychologisch analysieren , stellen wir fest, dass sie aus drei Hauptelementen besteht : (1) Die Zuneigung des Komponisten zu seinem Freund und die Trauer über dessen Verlust; (2) biografische Erinnerungen und Betrachtungen darüber; (3) die Trauerrede. Bis zu einem gewissen Grad sind diese Elemente im gesamten Werk vermischt; sie dominieren jedoch die jeweiligen Sätze, wie sie hier nummeriert sind, so dass man den ersten Satz im Großen und Ganzen als "Klage", den zweiten als "Erinnerungen" und den dritten als "Eulogie" bezeichnen kann. In allen wichtigen Punkten erscheint uns das Trio als durch und durch originell, obwohl der Komponist in einigen oberflächlichen Angelegenheiten Hinweise von bestimmten Vorgängern zu übernehmen scheint. Wahrscheinlich beeinflusste die "Wanderer- Fantasie " die allgemeine Gestaltung bis zu einem gewissen Grad; der Beginn des Finales erinnert durch seinen Rhythmus und seine Atmosphäre an den entsprechenden Teil von Schumanns „Etudes Symphoniques ", und der kurze „Trauermarsch"-Abschnitt am Ende enthält einen offensichtlichen Bezug auf Chopin. Man kann kaum eine bessere Wiedergabe des Klavierparts hören als die von Herrn Siloti , der durchweg von höchster Bedeutung ist. Wie Dr. Brodsky war Herr Siloti ein enger Freund des Komponisten, und da er auch ein anerkannter Meister der Klaviertechnik und ein äußerst versierter Musiker ist, besitzen seine Tschaikowski- Interpretationen eine gewisse Autorität. Darüber hinaus kann kein lebender Instrumentalist eine Melodie auf eine elegantere und natürlichere Weise zum Leben erwecken, und die Linien einer Komposition fallen in seinen Interpretationen immer an ihren richtigen Platz. Dr. Brodsky, der mit der Musik seines berühmten Landsmannes und Freundes immer in Höchstform war, lieferte eine äußerst eloquente Interpretation des Violinparts und wurde dabei von Herrn Fuchs ebenbürtig, der wie zuvor das grandiose Eröffnungsthema mit erstaunlicher Wärme und stilistischer Breite vortrug und den Rest seines Parts auf eine Weise sang, die dieses großartigen Beitrags würdig war.

César Franck
Quintett in f-Moll.

12. Dezember 1903.

Das Quintett für Klavier und Streicher in F-Moll und Dur ist ein typisches Beispiel für die tiefe Gelehrsamkeit und immense technische Meisterschaft des Komponisten, für sein hohes Ideal als Musikkünstler und für seine ganz wunderbare Originalität. Einer solchen Komposition nach zu urteilen, würde man César Franck wohl kaum die Gabe melodischen Charmes zuschreiben. Er verfügt über wenig oder gar keinen Lyrismus und scheint vor allem daran interessiert zu sein, die Musik aus den Fesseln des Tonika- und Dominantsystems zu befreien, während er gleichzeitig von jedem Instrument das charakteristischste an seinen technischen Möglichkeiten verlangt. Damit ist er weitestgehend von Grieg und den singenden Männern der letzten Zeit entfernt. Er ist ein großer Meister der Form, aber er dramatisiert die kammermusikalischen Formen genauso, wie Beethoven die Symphonie dramatisierte , indem er den Anspruch an Struktur und Emotion mit dem Hauch unverkennbarer Genialität in Einklang brachte. Das große Quintett ist für Interpreten geschrieben, deren Technik keinen Einschränkungen unterliegt. Jeder Teil ist äußerst lebendig und an vielen Stellen wird die Fantasie des Zuhörers in Bereiche getragen, die noch nie zuvor erschlossen wurden. Die Musik beweist, dass der Komponist sein Medium außerordentlich gründlich verstand. Einige seiner kühnen Fortschritte, seine beharrlichen Reduktionen und seine rauschenden Unisono-Passagen könnte man auf den ersten Blick als Orchester bezeichnen, doch bei sorgfältigerer Beobachtung wird man schnell davon überzeugt, dass es sich nicht um Orchester handelt, sondern dass die besondere Art der Eloquenz in der Musik wesentlich dazugehört auf die bestimmte Kombination, für die es geschrieben wurde. Das Schlüsselsystem ist zunächst beunruhigend. Der Komponist scheint darauf zu bestehen, dass zwei Akkorde, die der Grundtonart und der Dominante so unähnlich sind, wie F-Dur und Des-Moll (wer glaubt, dass es keine solche Tonart gibt , kann César Franck nicht studiert haben), sich genauso gut für die Hauptstützen einer ausgedehnten Komposition eignen; und er hat das Beste vom Argument. Das technische Interesse der Arbeit ist vom Anfang bis zum Ende am deutlichsten; aber das poetische Interesse scheint sich langsam zu entwickeln, und das fantasievolle Spiel ist nirgends so eindeutig wie im Finale, das mit starken Passagen extremer nervöser Erregung beginnt und in einem turbulenten *Dénoûment* mit starkem, wiederholtem Beharren auf den beiden oben genannten Akkorden gipfelt, über denen die Streicher stehen stürmen in einem Gleichklang von beispielloser Energie und Weite ihrem Ruhepunkt entgegen. Die subtile und schwere Emotion des langsamen Satzes erinnert an Maeterlinck. César Franck (1822-90) war ein Lütticher , der nach Paris auswanderte, wo er zum Begründer der jungen französischen Schule wurde – jener Schule, deren Hauptornament heute Herr Vincent d'Indy ist. Ein weiterer Anhänger, der weitaus weniger angesehen ist als d'Indy , aber hierzulande bekannter ist, ist Gabriel Fauré. Franck ist der einzige große Komponist, den Belgien in der Neuzeit hervorgebracht hat. Die Aufgabe, das wunderbare Quintett zu interpretieren, war eine der gewaltigsten, die Dr. Brodsky und seine Mitarbeiter jemals in Angriff nahmen. Aber sie waren dem Anlass gewachsen. Mit einem so alten Meister wie Herrn Busoni am Klavier konnte es keine Unsicherheit hinsichtlich der Interpretation geben, und die äußerst schwierigen Streicherstimmen wurden mit jener Ruhe und Sicherheit des

Anschlags wiedergegeben, die allein eine große und komplexe Komposition verständlich machen können.

KAPITEL X.

KLAVIERSPIELEN.

Reisenauer.

13. Februar 1896.

Der Empfang von Herrn Alfred Reisenauer durch das zahlreiche Publikum im Gentleman's Hall gestern Nachmittag war von großer Zurückhaltung geprägt. Während des Konzerts war kein einziges Mal Begeisterung zu erkennen. Dennoch lässt sich nicht sagen, dass die Leistung dem guten Ruf von Herrn Reisenauer nicht gerecht wurde. Bei seiner Wiedergabe von Schumanns „Carnaval" wurde kein Punkt ausgelassen, und das „Paganini"-Intermezzo, das mitten im langsamen Walzer stattfand, gab einen Vorgeschmack auf die ganz außergewöhnlichen technischen Kräfte, die später noch deutlicher zur Geltung kamen. Das „ Davidsbündler "-Finale wurde mit weniger Lärm und mehr Subtilität gespielt, als es diesem merkwürdigen Marsch normalerweise zuteil wird, wobei sich der Großvaterstanz unbemerkt einschleicht, so wie sich die „Marseillaise" in den „ Faschingschwank in Wien" desselben Komponisten einschleicht. In bestimmten Stücken neigte der Pianist dazu, Stücke mit zweitrangigem und fast trivialem Charakter zu bevorzugen, wie zum Beispiel das „Rondo à Capriccio", dem Beethoven den skurrilen Untertitel „Wut über den verlorenen Groschen, der in einer Caprice herausstürmt" gegeben hat. Nicht, dass diese Arbeit völlig leichtfertig wäre. Wie in fast allen Werken Beethovens enthalten die Ausarbeitungsabschnitte viel Schönes und Interessantes; aber das Eröffnungsthema ist genauso kahl wie das *Motiv* von Haydns „Überraschungssymphonie". Im ersten Teil des Programms – also bis zum Ende der Beethoven-Auswahl – gab es vergleichsweise wenige Hinweise auf das wahre Kaliber des Pianisten . Aber in Liszts Transkription der „Forelle" begann Herr Reisenauer, einige jener Wunder zu offenbaren, deren allein er und vielleicht ein anderer lebender Pianist innewohnen. Dieser endlose Triller, bei dem das Liedmotiv *frei* und ausdrucksvoll von derselben Hand zuerst unterhalb und dann darüber gespielt wurde, war ein unvergessliches Erlebnis. Von jenen Lizenzen , die sich selbst erstklassige Spieler üblicherweise leisten, um solche Manöver zu ermöglichen , war nichts zu spüren . Für das Ohr war der Effekt absolut der von drei unabhängigen Händen. Die „ Erlkönig "-Transkription war dagegen deutlich weniger beeindruckend. Es wurde mit einem übertriebenen *Rubato-Tempo* aufgeführt und war insgesamt zu laut. Es ist schwierig, über das Chopin-Nocturne in Des, wie es gestern Nachmittag dargeboten wurde, in gemessenen Worten zu sprechen. Herr Reisenauer scheint von Laien im Allgemeinen als jemand abgetan zu werden, der an „Seele" mangelt. Aber wenn ja, muss man sicherlich zugeben, dass er ohne ihn außerordentlich gut zurechtkommt. Wie auch immer, seine Interpretation der Nocturne war eine Offenbarung, ob Seele hin oder her. Inmitten eines fast nebulösen Pianissimo wurden die Stimmen dennoch mit perfekter Meisterschaft differenziert und insgesamt eine wohl einzigartige Wissenschaft der Tonabstufungen zur Schau gestellt. Keine verborgene Schönheit in der Komposition entgeht seiner Forschung oder übersteigt sein Interpretationsvermögen. Für die Schlussnummer wurde Liszts „Ungarische Fantasie" ausgewählt, und auch dieses Stück scheiterte bei einem Großteil des Publikums völlig, möglicherweise aufgrund mangelnder Vertrautheit mit dem ungarischen Stil. Denn diese Fantasie basiert auf ungarischen Volksliedern und ist mit Passagen geschmückt, die eine Art verherrlichte Nachahmung der Darbietung eines ungarischen Improvisators auf dem „Cembalo" darstellen. Die Liedthemen gehören zu den schönsten und interessantesten in allen Rhapsodien und Fantasien von Liszt, insbesondere in der ersten, die in Korbays Ausgabe auf die Worte „Sie haben ihn tot auf die schwarz drapierte Bahre gelegt" gesetzt ist ‚" und das wundervolle „Crane"-Lied, das den gesamten letzten Teil der Fantasia färbt . Die Schwierigkeiten des Stücks gehören zu den herzzerreißendsten, die es in der Literatur zu diesem Instrument gibt.

Moszkowski .

18. November 1898.

Für diejenigen, die Herrn Moszkowski bereits als Komponisten kannten, muss es gestern interessant gewesen sein, ihn als Pianisten kennenzulernen. Sein Spiel ist das genaue Gegenstück zu seinem Komponieren. Es ist brillant, genial, elegant. Es zeugt von einer so vollendeten Kenntnis der Pianoforte-Technik, dass der Zuhörer leicht völlig geblendet ist und vergisst, dass unser alter Freund, das Pianoforte, neben der Beredsamkeit der technischen Darbietung auch zu anderen Arten der Beredsamkeit fähig ist. Dabei ist es keineswegs unsere Absicht, die technische Leistung von Herrn Moszkowski geringzuschätzen . Auch wenn die Technik nicht das Allerhöchste in der Musik ist, ist sie doch eine sehr wichtige Sache, und wenn sie auf ein so hohes Maß an Exzellenz gebracht wird, besitzt sie eine Art eigenständige Schönheit, die mit dem Glanz von Perlen und Diamanten verglichen werden kann. Vielleicht hat es keine Bedeutung; aber es ist schön, ermutigend, belebend. Es hebt die Stimmung ein wenig wie Champagner, aber besser als Champagner, und es hat all die Arroganz und kostspielige Unvernunft in sich, die an edlem Schmuck so faszinierend sind , mit der es eine Art großartigen Protest gegen Sachlichkeit und Sachlichkeit zu vermitteln scheint Düsternis. Der wunderbare Reiz des Komponierens und Spielens von Herrn Moszkowski beruht außerdem auf der Tatsache, dass er nichts anderes versucht als das, was er perfekt machen kann. Er weiß genau, dass es einen Beethoven und einen Brahms gab, für die Musik Ausdruck tiefgründiger poetischer Ideen war. Aber solche Ideen sind nicht seine Sache. Er lässt sie offen in Ruhe, in der begründeten Zuversicht, dass fast jede Idee seinen unterhaltsamsten Zwecken dienen wird. Das gestern gespielte Konzert ist ein durchaus charakteristisches Werk. Es mangelt völlig an Originalität in Bezug auf das Material, ist aber dennoch mit einem untrüglichen Sinn für Stil zusammengestellt und alles so ausgeschmückt und für das Soloinstrument ausgelegt, dass es vom Anfang bis zum Ende keine Langeweile aufkommen lässt. Wenn auch nur als Kompendium aller aufschlussreichsten musikalischen Effekte, die dem Pianoforte absolut eigen sind, wird das Konzert wahrscheinlich in Erinnerung bleiben. Die beiden Mazurken, die im zweiten Teil des Konzerts gespielt wurden, waren interessante Beispiele dieser Form, mit der offenbar kein Komponist außer slawischer Abstammung erfolgreich umgehen kann. Man kann hoffen, dass jeder, der ihnen aufmerksam zugehört hat, ansatzweise begriffen hat, dass es zwischen dem schwerfälligen Tanz Westeuropas, der Polka Mazurka, und dem aufwändigen Figurentanz, dessen Musik in der „Polka Mazurka " so wunderbar idealisiert wurde, nichts gemeinsam hat Mazurken von Chopin, Tschaikowski , Wiéniawski , Moszkowski und Scharwenka.

Busoni, das ist mein Name.

23. Dezember 1898.

Von den vier Hauptklavierstilen – den Bach-, Beethoven-, Chopin- und Liszt-Stilen – ist Mr. Busoni hat sich als Altmeister erwiesen. Es wurde gesagt, dass diese vier die einzigen echten Pianoforte-Stile seien. Aber wenn es eine Quinte gibt, deren typische Originalität sich von allen anderen unterscheidet, dann ist es der Brahms-Stil, und in diesem Stil war Herr Busoni gestern Abend zum ersten Mal zu hören. Seine Interpretation des ersten Konzerts von Brahms war nicht weniger meisterhaft als seine Interpretationen von Bach, Beethoven, Chopin und Liszt. Die Arbeit ist von außerordentlicher Bedeutung. Geschrieben, als der Komponist erst 25 Jahre alt war, und fast völlig unbekannt, erwies es sich, als es in Leipzig uraufgeführt wurde, mit dem Komponisten selbst als Solist, als völliger Misserfolg, war es dennoch, wie Carlyles „Französische Revolution", das erstes Werk, das den Autor als echten und originellen, genialen Mann zeigt. Es zeigt, wie er bewusst alles ablehnte, was traditionell mit der Idee eines Werks im „Konzertstil" verbunden war, dem Solisten keine der herkömmlichen Möglichkeiten zur Darstellung einräumte und von ihm die Beherrschung einer enorm schwierigen Technik voller Doppelnoten verlangte Passagen voller schwerer und erschöpfender Reduktionen; Er erfordert außerdem außergewöhnliches Taktgefühl, Intelligenz und Geistesgegenwart, wie sie nur bei wenigen Spielern allerersten Ranges zu finden sind. Die Musik des ersten Satzes ist von zutiefst unheimlicher und tragischer Bedeutung und schildert die Wut, Trauer und Unruhe in einem

Kampf der heroischen Seele. Es hat nichts Unterhaltsames und nichts, was
den oberflächlichen Geschmack besänftigen könnte. Kein Wunder, dass es
1859 in Leipzig scheiterte, als dieses Zentrum der Aufklärung dem
Mendelssohn-Kult überlassen wurde! Nach dem Komponisten selbst war
Hans von Bülow der erste Pianist, der sich mit dem Konzert beschäftigte,
und mit einer Aufführung bei einem Philharmonischen Konzert in Berlin
erlangte er schon früh Anerkennung für dessen überragende Verdienste.
Weitere Künstler, die zum Erfolg der Arbeit in der Welt im Allgemeinen
beitrugen, waren Madame Schumann und Mr. D'Albert. Zum jetzigen
Zeitpunkt kann man bezweifeln, ob es einen besseren Vertreter dafür gibt
als Herrn Busoni. Das erste Motiv, das ein deutscher Schriftsteller das
„Himmelsstürmen" nannte, wurde auf eine Art und Weise vorgetragen, die
seine poetische Bedeutung perfekt verstand, und die tragische Beredsamkeit
der darauffolgenden Entwicklung wurde weder durch technische Mängel
noch durch einen unangemessenen Ausdruck getrübt . Das „Benedictus",
das den langsamen Satz bildet, ist von jenem tiefen religiösen Gefühl erfüllt,
dessen musikalischer Ausdruck nur Bach, Beethoven und Brahms erreicht
haben. Es war nicht weniger perfekt wiedergegeben als der Eröffnungssatz,
und das abschließende Rondo wurde mit angemessener Breite, Energie und
Beherrschung schwerer und komplizierter Passagen gespielt. Danach wurde
ein anderes Werk für die gleiche Instrumentalkombination gespielt, nämlich
Liszts „Spanische Rhapsodie", die Herr Busoni ganz ähnlich behandelte, wie
Liszt selbst die „Wanderer- Fantasie " von Schubert behandelte, indem er
eine Bearbeitung nach dem Prinzip des Konzerts mit einer Stimme anfertigte
für Klavier und Orchesterbegleitung. Die Rhapsodie ist nach dem gleichen
Prinzip wie die Ungarischen Rhapsodien aufgebaut, mit majestätischen
Motiven im ersten Teil und anschließenden Tanzthemen mit Variationen
und Verzierungen in der für Liszt typischen transzendentalen Art und Weise.
Die Orchestrierung von Herrn Busoni ist allesamt sehr klug und
aussagekräftig, und indem er den Solopart spielte, der über alle Maßen
brillant ist, stieg er sozusagen vom Podest der Ernsthaftigkeit herab und
zeigte, dass er gelegentlich auch einfach sein kann unterhaltsam. Als
Extrastück ohne Orchester spielte Herr Busoni Liszts „Campanella" – die
wohl eingängigste und schwierigste Konzertstudie, die es gibt. Die fast
unglaubliche Brillanz, mit der es dargeboten wurde, schien das Publikum
halb benommen und völlig gefesselt zurückzulassen.

Busoni.

25. November 1904.

Das Konzert war bemerkenswert für einen der kometenhaften Auftritte von
Herrn Busoni, dessen besondere Funktion in der Naturordnung darin zu
bestehen scheint, Kritiker in einen Zustand völliger Verwirrung und
Fassungslosigkeit zu versetzen. Er wurde heftiger gelobt und heftiger

getadelt als jeder andere Pianist der Gegenwart, und er versäumt es nie, sowohl Lob als auch Tadel zu rechtfertigen. Er ist die moderne Sphinx unter den führenden Musikern, genau wie Strauss unter den Komponisten. Nichts ist sicher außer seiner unvergleichlichen technischen Kraft und der unheimlichen Kraft seiner eigenen Individualität, die, ohne Missverständnisse oder unzulängliche Vorstellungen, aus einer Art innerer Notwendigkeit jedem Komponisten Gewalt zufügt. Gegen Herrn Busoni wurde jeder Vorwurf außer dem der Dumpfheit oder Schwäche erhoben, und zwar mit Recht. Dennoch kann er es sich durchaus leisten, seine Kritiker anzulächeln; denn die Wut des einen ist ein ebenso beredtes Zeugnis wie die Verzückung eines anderen für seine erstaunliche Fähigkeit zur Anregung. Der größte Teil der Fehlersuche ist ein verdeckter Ausdruck der Wut über die hoffnungslose Unfähigkeit des Autors, ein so erstaunliches Talent einzuschätzen oder zu erraten, was es „als nächstes tun" wird. Henselts Konzert, in Deutschland abgedroschen, in England jedoch fast unbekannt, war gestern sein Begleitstück. Es ist das bedeutendste Werk dieses neugierigen Komponisten, der sich einen großen Ruf als Pianist erwarb, obwohl er kaum jemals öffentlich spielte, und einen gewissen Ruf als Komponist, obwohl er nie etwas Originelleres als die Etüde „Si oiseau " für das Klavier schuf j'étais " und begnügten sich zum größten Teil damit, abgeschwächte Reproduktionen von Chopins Ideen zu geben, die durch Arpeggio-Begleitungen in ausgedehnten Harmonien und Zierpassagen in Doppelnoten kaum verdeckt wurden. In einigen Punkten, wie zum Beispiel der Verwendung von *Martellato-* Oktaven und Akkordpassagen, Er hatte eine modernere Technik als die von Chopin; aber es gibt keine Rechtfertigung für seine Kompositionen, abgesehen von der guten Gestaltung des Instruments. Von Anfang bis Ende kultiviert Herr Busoni die gleiche Art von mildem und voluminösem Wohlklang Sein üblicher Stil löste alle technischen Probleme, die sie darstellen, intelligenter als alle anderen. Seine unbegleiteten Soli waren zunächst zwei erstaunlich geniale Präludien, die auf Themen von Chorälen von Bach aufgebaut waren, die als *Canti fermi behandelt* und von Passagen in begleitet wurden Der blumige Kontrapunkt hatte den Charakter eines *Obligatos* . Das Thema des ersten war „Sleepers, wake", und des zweiten der hierzulande als „Luthers Hymne" bekannte Choral. Das dritte Stück war Liszts selten gehörte Transkription von Beethovens „Liszt". Adelaide."

Borwick.

10. Februar 1899.

Unter allen Arten des Solospiels ist das Klavierspiel ein besonders charakteristisches hohes Niveau für unsere Zeit. Die Violine wurde im 17. Jahrhundert perfektioniert, und obwohl die Technik der Violine in verhältnismäßig jüngerer Zeit von Paganini und anderen weiterentwickelt wurde, gab es im 19. Jahrhundert keinen anderen Fortschritt in einer bestimmten Art der musikalischen Darbietung, der mit dem Fortschritt des Klavierspiels vergleichbar wäre, das, abgesehen von Verbesserungen in der Konstruktion des Instruments, im Allgemeinen dem Genie Liszts zugeschrieben wird. Manchmal wird vergessen, dass Liszt nicht ganz allein dastand. Er war der brillanteste Schüler einer bestimmten Schule, nämlich der Czerny-Schule. Aber Czerny, obwohl wahrscheinlich der größte aller Klavierpädagogen, steht nicht ganz allein als Vater des modernen Spiels. Es gab einen anderen großen Pädagogen mit einem unabhängigen System, nämlich Friedrich Wieck, dessen brillanteste Schülerin seine Tochter Madame Schumann war. Die moderne Kunst des Klavierspiels kann auf einen dieser beiden bemerkenswerten Lehrer, Czerny und Wieck, zurückgeführt werden. Der berühmteste Vertreter der Czerny-Liszt-Schule ist heute Herr Paderewski, und der berühmteste Vertreter der anderen – der Wieck-Schumann-Schule – ist Herr Borwick. Lange Zeit ging man davon aus, dass kein Angehöriger der englischsprachigen Rassen in der Lage sei, einen Rang unter den erstklassigen Solospielern einzunehmen, und es ist daher erfreulich, dass Herr Borwick – ein waschechter Brite – die Position innehat, die er heute innehat. Als sein erstes Stück wählte Herr Borwick passenderweise das Klavierkonzert von Schumann, das Rubinstein für eine nicht weniger glückliche Inspiration hielt als Mendelssohns Violinkonzert. Es ist das wichtigste aller Klavierwerke von Schumann , und Herr Borwick ist als Schüler der Schumann-Schule natürlich völlig in seinem Element, wenn er es spielt. Gestern schien er durch und durch wohlgesinnt, und er spielte das ganze Werk mit bewundernswerter Reinheit des Stils und Einsicht in seine zarten Einfälle und romantischen Schönheiten. Bei seinem zweiten Auftritt spielte Herr Borwick eine Ballade von Grieg in Form von fünfzehn Variationen über eine norwegische Melodie. Die Melodie ist klagend und schön und in der Harmonisierung stark von der Individualität des Komponisten geprägt. Einige der Variationen enthalten auch Beispiele anmutiger Bewegungen, aber viel mehr gibt es über sie nicht zu sagen. Sie sind nicht im Geringsten mit den typischen modernen Werken in Variationsform zu vergleichen, wie etwa Mendelssohns „Variations Sérieuses" , Schumanns „Etudes Symphoniques " oder den Variationen über einen Choral von Haydn von Brahms. Das einzige wirklich schöne Werk von Grieg mit beträchtlichem Spielraum für Klavier ist das Konzert. Alles, was man aus der Ballade machen konnte, machte jedoch Herr Borwick daraus.

Siloti .

9. März 1900.

Über Svendsen, den zeitgenössischen Skandinavier, dessen Name gestern auf dem Programm an erster Stelle stand , wissen wir sehr wenig. Bis gestern hatten wir von ihm nichts außer der bekannten Romanze für Violine gehört. Das erste Hören seiner maurischen „Legende" für Orchester hinterließ einen

Eindruck von Süße und malerischem Charme, aber auch von einem Talent, das kaum mit der Konzeption und Gestaltung ausgedehnter Orchesterwerke mithalten kann. Wie Maler manchmal sagen, war das Interesse an dem Bild eher literarisch als künstlerisch. Es war schön, die hübsche Geschichte im Programm zu der hübschen Musik zu lesen, die im Orchester erklang. Aber ob die Musik durch ihre eigene Eloquenz den Wunsch hätte wecken können, zu erfahren, was die fantasievolle oder erzählerische Grundlage der Tongestaltung war, ist fraglich. Abgesehen von einem kurzen Abschnitt am Ende, der einige leichte Andeutungen einer Entwicklung enthält, ist die Komposition fast vollständig arabesk, was vielleicht eine angemessene Anordnung ist, da das Thema maurisch ist. Die erstaunliche doppelte Fähigkeit, die Liszt besaß, vom Orchester zum Klavier und vom Klavier zum Orchester zu übersetzen, wurde sicherlich von keinem anderen Sterblichen erreicht. Beide Prozesse führte er mit vollendeter Fähigkeit aus. Herr Siloti trug den Solopart mit der Zurückhaltung und der reifen Beherrschung seiner Mittel vor, die für ihn charakteristisch sind. Er zerreißt keine Leidenschaft in Fetzen; er spielt nicht „im Stil von Ercles "; die Tricks der „ Oktavenbändiger " erfreuen ihn nicht; noch kitzelt und streichelt er die Noten in dem samtig-unaussprechlichen Stil. Herr Siloti ist so rücksichtsvoll, dass er den Komponisten in keiner Weise auslöscht. Es gibt eine gewisse Größe und Sanftheit in seiner Art. Seine technische Kraft ist unbegrenzt, aber er verwendet nicht mehr davon, als nötig ist, um die Komposition hervorzuheben, und in Bezug auf Tonabstufungen, Pedale und die gesamte Handhabung des Klaviers – als Medium des musikalischen Ausdrucks, nicht der akrobatischen Darbietung – kann man sagen, dass „er alles weiß, was es zu wissen gibt". Unter den herausragenden Pianisten unserer Zeit gibt es vielleicht keinen anderen, dessen Stil ein so gutes Vorbild für Lernende ist. Viele andere Pianisten haben große Fähigkeiten, aber fast jeder andere hat einen fürchterlichen Fehler, während Herr Siloti keinen ernsthaften Fehler hat. Er ist einfach, ausgeglichen, Gentleman, meisterhaft. Er versucht nicht zu blenden, zu verwirren, aufzudrängen, zu erschrecken, zu versteinern – sondern einfach zu überzeugen. Er *bringt die Musik zum Vorschein* , die der Komponist geschrieben hat, und das ist es, was ein Pianist tun sollte. Die Gruppe russischer Stücke, die Herr Siloti bei seinem zweiten Auftritt spielte, fanden wir im Großen und Ganzen sehr reizvoll, insbesondere die Caprice von Arensky. Das abschließende Stück von Rubinstein war nicht ganz so interessant, aber es gab dem Künstler die Gelegenheit, das Publikum mit jenem „Amoklauf" zu verwöhnen, der als der einzig richtige Abschluss einer Gruppe von Klaviersolos gilt; und es hatte auf jeden Fall den Vorteil, nicht abgedroschen zu sein.

Rosenthal.

23. November 1900.

Herr Rosenthal und das Orchester lieferten eine außerordentlich bemerkenswerte Aufführung von Schumanns Klavierkonzert. Bei keiner anderen Aufführung, an die wir uns erinnern, blieb das Gleichgewicht zwischen Orchester- und Solopart so gut erhalten. Herr Rosenthal spielte mit seiner gewohnt perfekten technischen Meisterschaft; seine Phrasierung war wunderschön intelligent, und die Besonderheit seines Stils war nicht weniger in der schlichten Süße und anmutigen Fantasie des Intermezzos als im reichen und komplexen Allegro zu erkennen. Auch im Finale ermöglichten seine wunderbare Genauigkeit und feine Phrasierung den Zuhörern, jede *Nuance* der Komposition zu genießen, trotz einer Tendenz zur Eile, die an bestimmten Stellen wahrnehmbar war. Die gewaltige „Don Juan"-Fantasie, nur für Klavier, gab Herrn Rosenthal die Gelegenheit, seine technischen Fähigkeiten in einer der kühnsten *Bravourkompositionen zu zeigen* , die es gibt. Bei vielen Menschen weckt die feine Raserei, die durch den mittleren und letzten Teil dieses Stücks tobt, kein Mitgefühl. Dennoch hat es einen legitimen Platz im Palast der Kunst, da es nichts weiter ist als die logische Entwicklung zum höchstmöglichen Punkt des *Bravourstils* , der von Liszt stammt. Die letzte der beiden Variationen über „ *Là ci darem* " – der Abschnitt, der dem Einsatz des Champagnerliedes vorausgeht – ist für das breite Publikum der verwirrendste und abstoßendste Teil des Stücks. Aus diesem Grund und auch wegen seiner herzzerreißenden Schwierigkeiten wird die fragliche Variation oft weggelassen. Aber Herr Rosenthal hat gestern nichts ausgelassen. Er schleuderte die dionysische Kriegserklärung gegen alle frostigen Konventionen und Schicklichkeiten, die Prüderie und Prüderie von Frau Grundy, die den eigentlichen Inhalt des Stücks bildet, mit jener technischen Kraft vor, in der ihn kein lebender Interpret übertroffen hat. Nach vielen Rückrufen war er gezwungen, noch einmal zu spielen; und als schärfsten Kontrast spielte er Chopins „ Berceuse", wobei er die ganze zarte, mondscheinartige Filigranarbeit der rechten Hand mit unendlicher Subtilität hervorhob.

Paderewski.

29. Oktober 1902.

Das Konzert gestern Abend in der Free Trade Hall scheint für einige Zeit das letzte Werk von Herrn Paderewski gewesen zu sein, das wir wahrscheinlich hören werden. Es wird nicht erwartet, dass er Manchester in den nächsten Jahren noch einmal besuchen wird, und daher scheint der Anlass angemessen für eine allgemeinere Diskussion seines Spiels, als es bei einer einfachen Bekanntmachung eines Konzerts üblich ist. Zweifellos ist Herr Paderewski im Großen und Ganzen der angesehenste Musiker, der derzeit vor der Öffentlichkeit auftritt. Die Paderewski-„Begeisterung" in England und Amerika ist nicht nur eine Frage der Mode und des Wahnsinns, sondern wird von Experten und Brüdern des Fachs geteilt, von denen viele von Herrn Paderewskis Spiel unwiderstehlich fasziniert sind, auch wenn sie vieles von ihm missbilligen tut. Warum besteht er darauf, ein Klavier mit so hartem Klang zu verwenden? Warum ist das Klopfen seiner Hand auf den Tasten so häufig vom entferntesten Punkt des Saals aus zu hören, als ein von den Noten völlig getrennter Klang? Warum spielt er nie Bach? Warum spielt er immer Liszts zweite Rhapsodie ? Dies sind einige der Herzensfragen , die die öffentlichen Auftritte von Herrn Paderewski hervorrufen, und auf keine davon gibt es – wahrscheinlich – eine vollständige und zufriedenstellende Antwort. Das flach klingende Instrument ermöglicht eine größere Klarheit im Bass und verfügt über eine schillernde Brillanz in den oberen Oktaven, und Herr Paderewski, der bei allen Passagen ein wenig Staccato mag, bevorzugt dies natürlich. Die Wut seines „con gran bravura" verleiht seinem *Grazioso* -Stil durch das Prinzip des Kontrasts noch mehr Reiz – ein Punkt, den er oft durch schnelle Wechsel der beiden Stile hervorhebt. Die Wiederholung von Prunkstücken wie der zweiten Rhapsodie ist bei einem Pianisten, der unaufhörlich durch die beiden Welten tourt und zu Land und zu Wasser vor allen möglichen Menschen spielt, verzeihlich. Über die Bach-Frage wissen wir nichts. Möglicherweise hat er Bach sogar in anderen Teilen der Welt gespielt. Die herausragende Eigenschaft von Herrn Paderewski ist eine bestimmte außergewöhnliche Energie – nicht nur eine einseitige physische oder sogar eine zweiseitige physische und intellektuelle Energie; Es betrifft die Finger und Handgelenke, den Verstand, die Vorstellungskraft, das Herz und die Seele, und es macht Herrn Paderewski zum interessantesten Spieler, wenn auch zu einem extremen Spezialisten, der in Probleme der Tonerzeugung versunken ist Er ist bis heute nicht der absolutste Meister seines Instruments. Seine Kunst hat eine gewisse fürstliche Qualität. Es ist unbeschreiblich *galant* und *ritterlich* . Er kennt alle Geheimnisse der subtilsten Tanzrhythmen. Er ist eine Reinkarnation von Chopin, mit fast der zusätzlichen Männlichkeit eines Rubinsteins. Kein Wunder, dass ein solcher Mann das Publikum fasziniert, verwirrt und verzaubert! Weit übertroffen von Busoni in der Interpretation Beethovens, von Pachmann in der Berührung, die beharrlich Rundheit, Süße und Fülle des Tons hervorbringt, und von Godowsky in der Beherrschung komplizierter Linien und der Kraft, den allerletzten Tropfen Melodie herauszusaugen Paderewski ist nach wie vor der brillanteste, faszinierendste und kühnste aller zeitgenössischen Musiker, der jeden Teil einer Komposition ausführt, und die breite Öffentlichkeit hat wahrscheinlich Recht, wenn sie ihn bevorzugt, auch wenn vor allem der begeisterte Schüler des Klaviers mehr von Godowsky lernen kann , und der ernsthafte Liebhaber der Musikklassiker im Allgemeinen, mehr von Busoni.

Das Programm des gestrigen Konzerts entsprach den üblichen Grundsätzen, mit Ausnahme der Paganini-Variationen von Brahms, von denen eine Auswahl aus den beiden Bänden mit erstaunlicher Eleganz und Prägnanz

gespielt wurde. Die unbekannte Fantasia von Schumann wurde vielleicht
etwas interessanter gestaltet, als es jeder andere Spieler hätte schaffen
können. Beethovens cis-Moll-Sonate wurde in einer für Herrn Paderewskis
Beethoven-Interpretationen typischen Weise vorgetragen, außer dass es im
ersten und zweiten Satz zufällig nichts gibt, was seinem slawischen
Temperament fremd wäre. Das Finale, das zu jenem Element bei Beethoven
gehört, das an eine breiter angelegte menschliche Natur appelliert, klang
fadenscheinig. Die Stücke von Chopin und Liszt waren alle großartig
gemacht. Die lang anhaltenden Begeisterungsbekundungen im letzten Teil
des Konzerts führten zu drei weiteren Stücken, nämlich einer Nocturne aus
der eigenen Komposition des Interpreten, der unvermeidlichen Rhapsodie ,
die bereits erwähnt wurde, und Chopins As-Dur-Walzer mit einer Mischung
aus Doppel- und Dreiertakt.

Godowsky.

17. März 1903.

Es ist ein wenig schwierig, den Qualitäten von Herrn Godowskys
Klavierspiel gerecht zu werden, ohne gleichzeitig zu viel zu sagen und
Behauptungen aufzustellen, die durch die Fakten nicht gerechtfertigt sind.
Man muss bedenken, dass es heutzutage keinen Liszt oder Rubinstein mehr
gibt. Diese Männer waren Giganten – mächtige Persönlichkeiten, die die
Musikwelt beherrschten und im Wesentlichen sowohl großartige als auch
gute Spieler waren. Die heutige Generation hat keine solche Persönlichkeit
unter den Solokünstlern. Talente, die an die Spitze gelangen, zeigen eine
Spezialisierungstendenz , und es ist nicht mehr möglich zu sagen, dass der
oder die der größte Pianist der Zeit ist. Man kann nur sagen, dass Herr Busoni
der größte Musiker ist, der heute Klaviersoli öffentlich spielt, und Herr
Paderewski der brillanteste Klavierspieler ist und Herr Godowsky der
absolute Experte in der Tonerzeugung auf demselben Instrument. Es lässt
sich nicht leugnen, dass man Herrn Godowskys Kunst als Ganzes betrachtet
und somit auch die musikalische Konzeption einschließt, sie beeindruckend
findet. Er kommt nie auch nur annähernd an einen schlechten Stil heran: Er
gibt immer eine im Wesentlichen gute Wiedergabe von allem, was er
aufzuführen versucht. Aber was man hauptsächlich bewundert, sind nicht
sein Verstand, seine Vorstellungskraft oder sein Temperament, sondern
einfach seine Hände – seine warmen, feinen und übernatürlich geschickten
Handgelenke und Finger. Offenbar war man gewarnt worden, dass die
besondere Akustik des Saals dazu neigt, jedes Pianoforte so klingen zu lassen,
als sei das Pedal fast die ganze Zeit durchgetreten, und so vermied er gestern
den verwirrend kunstvollen Stil, den er zu seiner Spezialität gemacht hat .
Aber neben der makellosen Perfektion aller Passagen gab es in der Reihe der
Stücke von Beethoven, Chopin und Liszt reichlich Gelegenheit, diese
wunderbare Kontrolle des Tons zu bewundern, die es ihm oft ermöglicht, in

ganz vertrauten Kompositionen eine frische Melodie zu offenbaren. Die Stücke, die am wenigsten von den Querschwingungen des Saals betroffen waren, waren die Etüde in ausgedehnten Akkorden und das cis-Moll-Scherzo von Chopin. Andererseits kann sich niemand, der Herrn Godowsky nicht schon einmal unter günstigeren Umständen gehört hat , nach dem Erlebnis des gestrigen Abends die magische Wirkung seiner Darbietung der Etüde in Terzen in gis-Moll für die rechte Hand vorstellen. Bei der Interpretation der exquisiten Konzertetüde in f-Moll von Liszt hielt er den Ton absichtlich auf ein Minimum, um so viel Trubel und Verwirrung wie möglich zu vermeiden. Liszts Transkription der Ouvertüre „Tannhäuser" wurde für das Paradestück verwendet, das das Publikum am Ende eines Konzerts erwartet. Es ist charakteristisch für Herrn Godowsky, dass sein Lieblingsvergnügen darin besteht, Neuarrangements von Chopins Etüden zu machen – die „Godowsky-Teufelskreise", wie Herr Huneker sie nennt. Dazu gehören die berühmte Kombination der beiden Etüden in Ges-Moll, bei der die linke Hand die im ersten Buch spielen muss, während die rechte die Legato- und Staccato-Improvisation aus dem zweiten Band spielt, und eine andere, bei der drei Etüden in a-Moll kontrapunktisch zusammengeführt werden . Obwohl sie für den Puristen natürlich alle ein Gräuel sind, ist der Einfallsreichtum, der in einigen dieser Dinge zum Ausdruck kommt, so erstaunlich, dass ihnen niemand, der sich für das Klavierspiel interessiert, gleichgültig gegenüberstehen kann.

Lamond.

15. Dezember 1903.

Die stärksten Seiten von Herrn Frederic Lamond als Pianist sind nicht jene, die das breite Publikum am ehesten zu schätzen weiß. Er ist kein Pianist im engeren Sinne wie die Herren Pachmann und Godowsky, für die eine saubere Fingertechnik und eine sanfte Tonerzeugung viel wichtiger sind als die musikalische Interpretation. Herr Lamond ist vor allem ein viriler Spieler. Sein Stil ist breit und ein wenig streng. Ihm fehlt die besondere Anmut und der Charme von Herrn Paderewski bei der Behandlung des Tanzrhythmus ebenso offensichtlich wie jene Fähigkeit, die der eines japanischen Jongleurs ähnelt und Herrn Pachmann ermöglicht, dem Klavier einen sanfteren und süßeren Ton zu entlocken , als man es sich je zuvor für möglich gehalten hätte. Herrn Lamonds Qualitäten sind völlig anders. Plastische Kraft, technisches und phantasievolles Erfassen der größeren Ideen der großen Komponisten, ein tiefer und kraftvoller, aber eher rauer Ton – das sind die Merkmale seines Spiels, und diese Merkmale werden in Deutschland mehr geschätzt als in diesem Land, wo Musikliebhaber zu viel von dem bloß Sanften und bloß Geschickten und dem „süß Hübschen" halten. Es ist ziemlich überraschend, dass bei keinem seiner jüngsten Auftritte in Manchester ein Beethoven-Stück zu hören war , dessen größere Sonaten Mr.

Lamond heute wahrscheinlich der beste lebende Interpret ist, mit Ausnahme von Mr. Busoni. Natürlich hatte er ganz recht, viel Liszt zu spielen, aber es kann bedauert werden, dass er so viel vom späteren Liszt spielte – der sich seiner selbst als weltberühmter Zauberer des Klaviers bewusst war und oft über ziemlich schlechte Themen improvisierte, als wollte er zeigen, dass jedes Thema, wie schwach es auch sein mag, durch seinen transzendentalen Stil der Verzierung interessant gemacht werden kann – und nicht vom früheren Liszt, der so kraftvolle und beredte Stücke wie die „Mazeppa"-Etüde schrieb. Mr. Lamonds Gedanken scheinen sich in letzter Zeit mit Liszts Tarantelle-Fantasien beschäftigt zu haben. Er spielte die Tarantelle „Venezia e Napoli" beim Hallé-Konzert und gestern die Tarantelle „ Muette de Portici" – beide Stücke sind vor allem deshalb interessant, weil sie beweisen, dass Liszt über jede erdenkliche Art von Themenmaterial wirkungsvoll improvisieren konnte. Es wäre viel interessanter gewesen, die „Mazeppa" zu hören, die Herr Lamond in Anwesenheit des Komponisten und zu seiner offensichtlichen Zufriedenheit spielte, als er das letzte Mal in London war, wenige Monate vor seinem Tod im Jahr 1886, oder ein anderes Stück in dieser prägnanten frühen Art. Seine beste Darbietung gestern war Chopins Polonaise in As-Dur – eine Komposition von solcher Exzellenz, dass sie, so abgedroschen sie auch sein mag, bei einer guten Wiedergabe unweigerlich Freude bereitet. Herr Lamond wurde der majestätischen Schönheit der Themen, die alle absolut gut sind, voll gerecht und brachte den berühmten *Basso-Ostinato-* Abschnitt in mancher Hinsicht besser zur Geltung, als wir ihn seit Rubinsteins Tod gehört haben. Er übernahm keine der überarbeiteten Versionen der Oktavpassagen für die linke Hand, die von einigen bedeutenden modernen Interpreten bevorzugt werden . Andererseits übernahm er Rubinsteins Version des Schlusses mit dem unerwarteten und vielsagenden Akkord in C-Dur kurz vor der letzten Phrase. In Rubinsteins Barcarolle in f- Moll – so interessant im Rhythmus, so originell in der Farbgebung – war Herr Lamond nicht ganz erfolgreich, da sein Temperament anscheinend keinen Schlüssel zur lyrischen Ader lieferte, in der das Stück konzipiert ist. Doch in Liszts „ Liebestraum " war er perfekt, obwohl man hätte erwarten können, dass sein beethovenscher Geschmack gegen die Treibhausatmosphäre der Komposition rebelliert hätte. Die Eröffnungsaufführung von Schumanns „Carnaval" war kraftvoll und vornehm, aber stilistisch zu breit, um dem Untertitel „ Scènes " zu entsprechen. Mignonnes ." Bei keiner dieser jüngsten Gelegenheiten hat Herr Lamond etwas Eigenes gespielt, obwohl er jede Menge wirkungsvolles Material für sein Instrument komponiert hat. Er ist ohne jeden Zweifel der bei weitem bedeutendste Pianist britischer Herkunft, der je hervorgetreten ist.

KAPITEL XI.

GEIGENSPIELEN.

Ysaye.

8. November 1900.

Zwei vollständige Konzerte, jedes in den orthodoxen drei Sätzen, zeigten den Stil des angesehenen belgischen Meisters, zunächst in streng klassischer, dann in blumigerer und farbenfroherer moderner Musik. Von den Konzerten des großen Bach für eine einzelne Solovioline sind nur zwei erhalten. Eines in a-Moll wurde hier in den letzten Jahren häufig von Dr. Joachim und Herrn Brodsky gespielt. Das andere in E-Dur ist vergleichsweise unbekannt. Vielleicht wurde die Begleitung, die in der Originalpartitur nur für Streicher vorgesehen ist, als eher dürftig empfunden, und auch die äußerst einfache Form des abschließenden Rondos wurde möglicherweise als unbefriedigend empfunden. Für Herrn Ysayes Aufführung des E-Dur-Konzerts wurde die Begleitung durch einen Orgelpart verstärkt, der von Herrn Gevaert, dem Direktor des Conservatoire de Musique in Brüssel, geschrieben wurde, und es kann kaum bezweifelt werden, dass das Werk, wie er es präsentiert, schön, interessant und als Konzertstück höchst zufriedenstellend ist. Der charakteristischste Teil ist der Mittelsatz, der wie in Bachs Sonate für dasselbe Instrument und in derselben Tonart in Chaconne-Form gehalten ist, mit einem Bassthema, das frei durch verschiedene Tonarten wandert, während die hohen Streicher einen Abstieg spielen und das Soloinstrument ausschmückt. Dieses edle Adagio wurde äußerst kraftvoll und eindrucksvoll aufgeführt, wobei die Begleitung einer kleinen Gruppe von Orchesterspielern zusammen mit der Orgel übertragen wurde und der Solist alle Mittel seiner Kunst darauf verwendete, die zarte Figuration der hohen Stimme mit unbeschreiblich süßem Ton und subtiler Phrasierung hervorzuheben. Der erste Satz ist bemerkenswert für einen solchen Reichtum an thematischer Entwicklung, wie man ihn in einem Werk, das so lange vor Beethovens Zeit komponiert wurde, kaum erwartet, und das Finale beendet das Werk mit einer Note einfachen und herzlichen Gefühls. Wenn ein starker Kontrast zum Stil Bachs gewünscht war, war das Konzert von Saint-Saëns eine gute Wahl für das zweite Beispiel der Violinmusik. Farbenreich und voller sinnlicher Freuden schreitet die Komposition des modernen Franzosen auf ihrer triumphalen Karriere voran wie eine feine Dame, strahlend vor natürlicher Schönheit und prächtig gekleidet, geistreich, anmutig, charmant und in jeder Hinsicht wirkungsvoll – vielleicht umso wirkungsvoller, da sie ein wenig herzlos ist. Bei der Aufführung dieser Musik war Herr Ysaye ganz in Hochform. Seine erstaunliche Wärme und Tontiefe verliehen dieser neuen Phase des Soloparts neue Eloquenz. Er ließ sein

Instrument sein Andantino-Thema mit hinreißender Süße singen und seine überwältigende technische Kraft ermöglichte es ihm, in den rauschenden und fliegenden Passagen des mephistophelischen Finales zu schwelgen. Alles war großartig, sogar die Harmonien in der Coda des langsamen Satzes, und das Konzert endete in einem Triumphfeuer. Herrn Ysaye gibt es nur einen Fehler , nämlich, dass er alles modern klingen lässt.

<h2 style="text-align:center">Ysaye und Busoni.</h2>

6. Februar 1902.

Wenn ein anderer und älterer Geigenmeister gemeinhin – sozusagen als *emeritierter* – als größter lebender Geiger bezeichnet wird, ist es zweifellos Herr Ysaye , der diesen Titel im vollen Sinne trägt. Unvergleichliche Wärme, Fülle und Klangfülle, gepaart mit souveräner Beherrschung der Technik und einem wunderbaren Temperament, voller feuriger Energie und doch scheinbar unfähig zur Übertreibung – das sind die offensichtlichsten Qualitäten von Herrn Ysayes Kunst. Er ist kein echter Klassiker wie Joachim. Bach und Beethoven spielt er mit unfehlbarem künstlerischem *Savoir-vivre* ; aber er hat offensichtlich größere Sympathie für eine Sonate oder ein Konzert von Saint-Saëns, eine Suite von Vieuxtemps oder eine Fantasia von Wiéniawski . Doch sein künstlerisches *Savoir-vivre* ist so umfassend, dass es fast immer unmöglich ist, an seinen Interpretationen der Klassiker einen konkreten Fehler zu finden. Dies war gestern in der Bach-Sonate der Fall, die das Programm leitete . Jeder der vier Sätze verdeutlichte die Meisterschaft des Streichers, nicht weniger als des Pianisten Herrn Busoni – echte Seelenverwandte von Bach und Beethoven. Auch die Vieuxtemps-Suite war mit einer solchen Klangschönheit vorgetragen, dass die Oberflächlichkeit der Komposition völlig verschleiert wurde und der langsame Satz fast so klang, als hätte Bach ihn geschrieben. In der abschließenden Sonate – einem Spätwerk von Saint-Saëns – muss man kaum sagen, dass das Geigenspiel perfekt war. Vielleicht erinnerten sich einige der Zuhörer an eine Aufführung des Dritten Konzerts von Saint-Saëns durch denselben Geiger vor nicht allzu langer Zeit bei einem Hallé-Konzert. Gestern wurden wir erneut mit einem Spiel verwöhnt, das die Sinne verwirrt und die transzendentale Klugheit des französischen Komponisten auf eine Stufe mit der wirklichen Vorstellungskraft größerer Männer zu stellen schien. Herr Ysaye war äußerst wohlwollend – tatsächlich sogar von seiner besten Seite – und erhielt begeisterten Applaus. Als Extrastück gab er Beethovens Romanze in G-Dur, deren Wiedergabe über jede Kritik erhaben war.

So unterschiedlich die Herren Ysaye und Busoni in Temperament und künstlerischem Charakter auch sind, sie begegnen sich als Meistermusiker, und die Verbindung ist im höchsten Maße interessant. Der eine ist ganz Sinn und der andere ganz Geist, und man hat das Gefühl, dass nur die immens hohe Leistung beider die Verbindung möglich macht. Herr Busonis Solo war diese höchst kapriziöse und strenge Sonate, Beethovens 109. Werk. Sie war alles unvergleichlich gut wiedergegeben, und die Variationen im letzten Satz, die sich schließlich in eine Art Fantasie verwandeln, waren eine erstaunliche Offenbarung technischer Kraft. Es ist lange her, dass man in dieser Stadt eine solche Klavieraufführung gehört hat – eine Aufführung, die von strenger Schönheit und erhabener Idealität geprägt und frei von allen irdischen Elementen ist. Welcher andere Pianist der heutigen Zeit, so wagen wir zu fragen, könnte uns so etwas bieten?

Kubelik .

5. November 1902.

Die Popularität, die Herr Jan Kubelik , der junge böhmische Geiger, derzeit genießt, macht es sehr schwierig, seine Leistung zu kritisieren . Er muss nicht die gleichen Bedingungen erfüllen wie andere Geiger. Tausende Menschen, die sich wenig oder gar nichts für Musik interessieren, besuchen seine Konzerte, nur weil er ein anerkannter Liebling der Gesellschaft ist und er ein Honorar verlangt, das es Orchestervereinen unmöglich macht, ihn zu engagieren. Die Einschränkungen, die dieser Zustand mit sich bringt, liegen auf der Hand. Er kann nur mit Pianoforte-Begleitung oder auch ohne Klavierbegleitung spielen; er ist gezwungen, sich fast ausschließlich an Musik zu halten, die leicht im Stil ist und nur zweitrangigen künstlerischen Wert hat, und während eines bestimmten Teils jedes Konzerts muss er sich ganz der Sensationslust hingeben. Nachdem wir ihn also drei komplette Konzertprogramme spielen hören haben , fühlen wir uns nicht dazu berufen, mehr als eine sehr bruchstückhafte Meinung über seine Kunst zu äußern. Dass er die gesamte gewöhnliche Technik des Instruments an seinen Fingerspitzen besitzt, ist eine berüchtigte Tatsache. Sein Ton zeichnet sich nie durch Lautstärke aus, sondern oft durch Süße. Seine Intonationstreue inmitten der komplizierten Passagen ist bemerkenswert und verleiht dem Hörsinn eine seltene Befriedigung. Sein Gedächtnis scheint absolut vertrauenswürdig zu sein und sein Verhalten ist frei von Affektiertheit; aber was seine musikalische Konzeption betrifft, können wir nur sagen, dass sie der Interpretation eines so bezaubernden Stücks leichter, rassiger und populärer Musik wie Griegs dritter Sonate durchaus angemessen ist. Das einzige Stück Bach, das er gestern spielte – das unbegleitete Präludium in E-Dur – war nicht besonders gut gemacht, und wie er Beethoven, Mozart oder einen der großen Meister spielt, wissen wir überhaupt nicht. Seine am meisten *gesuchten* Klangeffekte scheint Herr Kubelik für die Zugabestücke übrig zu haben. Im Allegretto-Satz der Grieg-Sonate – einer kleinen nordischen Romanze voller Heimweh und Liebeskummer – ließ er seine

Violine nicht mit all der Süße singen, zu der sie fähig ist, wie sich später in der Bearbeitung von Schuberts „Ave Maria" zeigte in einer unveröffentlichten Serenade des Interpreten, seines Freundes und Landsmanns Drdla – beide wurden als zusätzliche Stücke am Ende des Konzerts gespielt. Virtuose Musik, in deren Wiedergabe Herr Kubelik bekanntermaßen ein großer Experte ist, wurde im gestrigen Konzert durch folgende Stücke repräsentiert: Wieniawskis Fantasie über Themen aus Gounods „Faust", Paganinis Caprice „I Palpiti ", Bazzinis „ Letzteres spielte unter den Zugabestücken „ Ronde des Lutins ". Im Allgemeinen interessieren wir uns nicht für die Fantasia in Opernaufführungen, aber Wieniawskis „Faust"-Fantasia ist mit so wunderbarem Einfallsreichtum und musikalischem Können geschrieben, dass sie nicht in die gleiche Kategorie wie die bloßen Melodienfolgen mit oberflächlichen Begleitungen eingeordnet werden kann Verbindungsabschnitte, die solche Stücke normalerweise sind. Die Variation über das Walzerthema mit der harmonischen Melodie und der rauschenden Begleitfigur im gewöhnlichen Klang des Instruments ist ein Wunderwerk gelungener Kühnheit. Zufälligerweise war die Wiedergabe dieser fast unmöglichen Variation das Genialste am gestrigen Konzert.

Kreisler.

6. November 1902.

Wir leben in einer Zeit, die in Zukunft wahrscheinlich als die Zeit der Stargeiger bekannt sein wird. Es ist interessant zu sehen, wie die Musikwelt das Sprichwort „Es regnet nie, aber es regnet in Strömen" illustriert. In einer Zeit haben wir eine lange Reihe pianistischer Wunderkinder. Hoffmann, Hegner, Hamburg – sie rücken schnell nach vorne, einer nach dem anderen, werden immer jünger und beginnen fast immer mit „h". Dann beginnt die Zeit der jugendlichen Geiger, die mit „k" beginnen. Kubelik , Kocian, Kreisler überschlagen sich gegenseitig und jeder von ihnen bringt die Kritiker in Verlegenheit, weil er keine stärkeren Lobesworte findet als der letzte. Es stimmt, dass die Streicher nicht so jung sind wie die Pianisten bei ihrem ersten Auftritt. Das jüngste der Geigenwunder war Bronislav Hubermann, der vor nicht allzu vielen Jahren bei der Wiener Philharmonischen Gesellschaft seine Elfenlocken schüttelte und es beinahe geschafft hätte, diesem erhabenen, beeindruckenden und streng kritischen Gremium den Kopf zu verdrehen, als man es für möglich gehalten hätte. Im Moment beschäftigen wir uns hauptsächlich mit Herrn Kreisler, der nicht so verzweifelt jugendlich ist, sondern ein reifer und militärisch aussehender Mann, obwohl er allgemein zu den Spielern der neuen Schule oder der aufstrebenden Generation gezählt wird. Sein Programm gestern war einigen der gleichen Einwände ausgesetzt wie das von Herrn Kubelik am Dienstagabend. Es enthielt nichts von den großen Propheten der Musik; das wichtigste Stück war Tartinis Sonate „Trillo del Diavolo" – zweifellos eines der besten Beispiele dieser Schule, die in Italien kurz nach der Perfektionierung der Geige am Ende des 17. Jahrhunderts entstand. In einem gut kontrastierenden Stil war das einzige andere Stück in mehr als einem Satz, das er spielte, nämlich Vieuxtemps' zweites Konzert. Bei der Wiedergabe dieser Stücke fiel eine besonders prägnante Art auf, allen Einzelheiten der Figuration ihren vollen Wert zu verleihen, und auch ein singender Ton von reicher und seltsam durchdringender Qualität. Herrn Kreislers Stil steht in scharfem Kontrast zu dem von Herrn Kubelik . Anstatt das Instrument zu streicheln und ihm den Ton zu entlocken, ringt er mit ihm und reißt das Herz seines Mysteriums heraus. Auch scheint er sich nicht um das stotternde Heidentum zu kümmern, das Herrn Kubelik so am Herzen liegt . Seine Stücke im zweiten Teil des Programms waren ein eher mozarthisches Larghetto aus einer Sonate von Nardini (einem Italiener des 18. Jahrhunderts); ein „Tambourin" von Leclair (einem Franzosen des 18. Jahrhunderts), das im Arrangement stark modernisiert wurde ; eine Bagatelle namens „ L'Abeille " von Franz Schubert aus Dresden – natürlich nicht der berühmte Schubert, sondern ein Violinist, der vor etwa 25 Jahren starb; eine Bearbeitung des „Liedes ohne Worte" in F von Tschaikowski durch Marcello Rossi und schließlich das Allegretto grazioso aus derselben Nardini-Sonate, das als Zugabe gespielt wurde. „ L'Abeille " – ein raffiniertes Paradestück in Perpetuum mobile-Triolen, gespielt mit einem Dämpfer am Steg – wurde als Zugabe gespielt und wiederholt.

KAPITEL XII.

MUSIK IM 19. JAHRHUNDERT.

Mr. JA Fuller Maitlands englische Musik im 19. Jahrhundert.

20. Mai 1902.

Im Hinblick auf Parry, Stanford oder Mackenzie sei der Vorwurf, „akademisch" zu sein, absolut unzutreffend, heißt es. Diese würdigen Dons sind kreative Künstler der höchsten Klasse, die mit Bach, Beethoven und Wagner gleichzusetzen sind, und es scheint, dass die britische Musik um die Mitte des Jahrhunderts wie eine Lerche entstand und sich sofort zu den höchsten Melodien der Welt erhob Welkin; dass man, um eine Parallele für die Offenbarung des Genies während der fünfzig folgenden britischen Jahre zu finden, über zwei deutsche Jahrhunderte blicken muss! Nicht einmal Beethoven darf von der Liste der Dinge ausgenommen werden , denen unsere Professoren-Lerchen, Schwäne, Riesen, Helden, Engel und Halbgötter gleichkamen! Nun, das alles stellt einen ziemlich beklagenswerten Zustand dar. Warum kommt es – ich kann nicht umhin, noch einmal zu fragen –, dass derzeit in diesem Land so viel schlimmerer Unsinn über Musik geschrieben wird als über Theater, Literatur oder andere verwandte Themen? Die Inszenierung von „Paolo und Francesca" sorgte kürzlich für großes Aufsehen, doch kein Bewunderer von Herrn Stephen Phillips hielt es für nötig, ihn als Shakespeare ebenbürtig zu bezeichnen. Es gibt sicherlich diese Entschuldigung für Herrn Fuller Maitland, dass in der Londoner Presse der letzten Jahre viel Extravaganz der gegenteiligen Art aufgetaucht ist – übermäßige und in einigen Fällen geradezu brutale Herabwürdigung von Parry und Stanford und ihrer Schule – und vielleicht auch die Die Hauptschuld an dem hysterischen Unsinn der Anhänger liegt bei bestimmten Gegnern, die ohne Rücksicht auf die Sachlage oder auch nur auf die guten Sitten angegriffen haben. Auf jeden Fall ist ein Zustand herbeigeführt worden, bei dem eine Partei „Inkompetenter Humbug!" heult. während der andere „Genie auf höchstem Niveau!" schreit.

in der Zwischenzeit mit der Wahrheit und der kritischen Bedeutung? Und ist es nicht schade, dass Mr. Fuller Maitland die Gelegenheit verpasst hat, die ihm durch das Schreiben dieser Geschichte geboten wurde, um die kontroverse Raserei beiseite zu legen und zu einem eher sachlichen Geist zurückzukehren? Wir, die wir mit der Welt der Musik zu tun haben, sind uns alle vollkommen bewusst – ob wir Parry und Stanford nun als „akademisch" bezeichnen oder gegen dieses Epitheton protestieren –, dass sie Männer von hohem Ansehen sind, die eine führende und brillante Rolle bei der englischen musikalischen Renaissance gespielt und sich im Allgemeinen um die musikalische Republik verdient gemacht haben. Ich für meinen Teil bin der Meinung, dass ihre Ansprüche, sie als absolut kreative Künstler zu betrachten, von ihren Anhängern in der Presse gewöhnlich übertrieben werden, obwohl ich ihre Erhabenheit sowohl in Bezug auf Talent als auch Charakter voll anerkenne . Das Auftreten von Parry sorgte für beträchtliches Aufsehen. Sein imposantes Verständnis der Chorpolyphonie war etwas Neues in der englischen Musik. Seine große Intelligenz, sein breites Einfühlungsvermögen und seine Freundlichkeit, seine Männlichkeit und sein Fleiß – all diese Eigenschaften vereinten sich, um begeisterte Hoffnungen zu wecken. Aber, wie Mr. Fuller Maitland auf Seite 185 schreibt, „wird die Gruppe der Komponisten im Laufe der Jahre eine immer wahrere Perspektive bekommen." Seit diesen ersten Kompositionen sind bereits beträchtliche Jahre vergangen, aber die anfängliche enthusiastische Einschätzung hat sich nicht bestätigt. Außerhalb des Kreises seiner Schüler und persönlichen Freunde scheint sich heute niemand mehr für seine Musik zu interessieren. Hier im Norden Englands stellen Konzertgesellschaften fest, dass die öffentliche Bewunderung für sie rapide abnimmt. Vor drei Jahren wurden hier seine Stücke „Job" und „Blest Pair of Sirens" aufgeführt, aber seit dieser Gelegenheit ist sein Name für unsere Konzertgesellschaften eine Art Schrecken. Eine häufige Erfahrung mit Parrys Musik ist, dass sie beim ersten Anhören durch Massivität und Energie oder markante und unkonventionelle dramatische Akzente beeindruckt, beim zweiten und darauffolgenden Anhören jedoch entmutigend ist. „Job" ist das günstigste Beispiel unter den Chor- und Orchesterwerken, die ich gehört habe. Es ist durch und durch künstlerisch konzipiert und unkonventionell in der Behandlung. Außerdem unterstützt das lyrische Zwischenspiel des Liedes des Hirtenjungen den ersten Teil sehr gut, und Mr. Plunket Greene ist in den „Klageliedern" immer eloquent. Trotzdem war das zweite Hören für mich eine traurige Erfahrung. Der Eindruck, dass mit Parrys Musik etwas nicht stimmt – trotz all der Gelehrsamkeit, des Einfallsreichtums, der großen Sympathie, der Intelligenz usw., die sie zeigt – ist zweifellos sehr allgemein. Es ist äußerst selten, dass sich jemand, der nicht persönlich mit dem Komponisten verbunden ist, eines seiner Werke annimmt, ob groß oder klein. Die persönliche Popularität des Komponisten ist groß, aber außerhalb des Zauberkreises scheint niemand bereit zu sein, einen Schilling auszugeben, um seine Sachen anzuhören, oder einen Schilling zu riskieren, um sie zu geben. Mr. Fuller Maitland sagt, dass die Chorgesellschaften der Provinz Parry treu sind, und das mag in einigen Fällen zutreffen. Für eine Gesellschaft, die sich gewöhnlich mit den Kantaten von Dr. Gaul beschäftigt, könnte ich mir vorstellen, dass Parry wie der siebte Himmel der Kunst erscheint. Aber in den großen Zentren oder an jedem anderen Ort, wo es leidenschaftliche Seelen gibt, die sich nicht über die Echtheit der Musik täuschen lassen, halte ich eine Wiederbelebung des Interesses an Parry für sehr unwahrscheinlich.

In seinen schlechtesten Momenten, z. B. in „König Saul", ist er ansprechend; in seinen besten Momenten, z. B. in „Soldatenzelt" (Lied mit Orchesterbegleitung), ist er beinahe überzeugend. Aber die Schrecken der leeren Tonmassen, die einem in den „Saul"-Chören an den Kopf geschleudert werden, oder der purpurnen Flecken der Wagnerschen Orchestrierung, die mit ungeschickten Gesangsphrasen im Hauptmonolog desselben Oratoriums verbunden sind – diese Schrecken sind so sehr echt, während der Charme eines Liedes wie „Soldatenzelt", in dem der Komponist vergleichsweise gut auf den Punkt kommt und mit vergleichsweise guter Schlagfertigkeit punktet, noch etwas zweifelhaft ist. Eine Bemerkung von Herrn Fuller Maitland hilft mir bei einer möglichen Erklärung für das, was nicht stimmt. Er lobt den „feinen Humor " von „When icicles hang by the wall" in Parrys English Lyrics. Nun habe ich dieses Lied bestimmt nie gehört, aber ich muss es irgendwo gelesen haben, denn ich erinnere mich deutlich an die humorvolle und ausdrucksstarke Begleitung bei den Worten „Husten ertränkt die Säge des Pfarrers". Mir fällt auch wieder ein, dass andere Passagen, wie der achtstimmige Kontrapunkt am Ende von „Blest Pair of Sirens", auf dem Papier außerordentlich gut aussehen. Möglicherweise liegt der Schlüssel des Mysteriums also darin, dass Parrys Musik jenen Stücken ähnelt, die sich gut lesen, aber schlecht spielen. Vielleicht genießt man sie, indem man sie liest und die Fruchtbarkeit der Erfindung bewundert, während man sich sehr davor hütet, sie zu hören, und so dem Bewusstsein entgeht, dass der eigentliche Wein dieser Musik, wenn sie hervorströmt, nicht ganz das Original ist; dass die Qualität trotz bemerkenswerter Fülle des Körpers körnig, der Geschmack etwas scharf und tintenartig, das Bukett künstlich und vielschichtig zusammengesetzt ist.

Die Wurzel des Unheils liegt meiner Ansicht nach darin, dass es dem Komponisten – trotz all seiner großen und imposanten Fähigkeiten, seines feinen Geschmacks, seiner profunden und vielfältigen Gelehrsamkeit – an der Sicherheit des Anschlags und folglich an der Fähigkeit mangelt, diese Entsprechung zwischen Form und Idee herzustellen Ohne die kann man eigentlich nicht sagen, dass ein Kunstwerk existiert. Mr. Fuller Maitland behauptet für Parry und seine Gruppe, dass sie „über weitaus umfangreichere Ressourcen in den verschiedenen Musikstilen verfügen" als beispielsweise die modernen Russen, und das bringt uns zurück zum Punkt des Vorwurfs, der mit dem Beinamen zum Ausdruck gebracht wird „ akademisch." Für Musiker, die offizielle Ämter bekleiden und in einer weltlichen Karriere erfolgreich sein wollen, ist es von größter Bedeutung, „umfangreiche Ressourcen in den verschiedenen Musikstilen vorzuweisen", und in der großen Sammlung von Parrys Kompositionen finde ich weitaus mehr

Beweise für diesen Wunsch so umfangreiche Ressourcen vorzuweisen, als von dem künstlerischen Drang, Musik zu machen, die absolut echt ist. Sullivan ist für mich mit seinen viel niedrigeren Zielen und Idealen eine ausgeglichenere Persönlichkeit und ein wahrerer Künstler. Ein Großteil seiner Musik in den komischen Opern ist sehr auf den Punkt gebracht. Die äußere Form entspricht der inneren Idee in einer gewissen absoluten und endgültigen Weise, die unverkennbar ist. Daher die Klarheit von Sullivans musikalischer Individualität oder Physiognomie. Ihm ging es nicht darum, Ressourcen zu zeigen, sondern darum, sein Material so zu modellieren, dass es seiner Idee entsprach, und weil er in seiner besten Form dazu in der Lage war, ist seine Physiognomie für uns klar und seine Kunst lebenswichtig. Es scheint also, dass ein Kommerzialismus wie der von Sullivan weniger Schaden anrichtet als akademische Tendenzen wie der von Parry.

Im Fall von Stanford habe ich oft gegen die wahllose Verwendung des Beinamens „akademisch" protestiert. Mir scheint, dass seine Kompositionen zu irischen Themen als etwas ganz Besonderes betrachtet werden müssen. So beklagenswert diese Brahms- Ader auch sein mag, die sich durch einen großen Teil seiner nicht-irischen Musik zieht, so entkommt er doch in seinem „ Phaudrig ", „Shamus" und der Irish Symphony und in vielen seiner irischen Lieder völlig aus seinem Gemeinschaftsraum Gib uns Open-Air-Musik. Zweifellos ist der Humor der Dogberry-Szenen in Stanfords neuester Oper bewundernswert, wie Mr. Fuller Maitland sehr zu Recht betont. Das sind die Szenen, in denen sich der Komponist am ehesten an Verdis „Falstaff" angelehnt hat . An anderer Stelle hat er sich vorgenommen, origineller zu sein, und es ist ihm nicht so gut gelungen. Die Musik der Liebesszenen ist schrecklich. All dieses verdrehte, kluge Zeug kann auf eine Seele, in der noch ein Funke Jugendlichkeit oder Sympathie für die Jugend übrig ist, nur eine abschreckende, quälende, entfremdende Wirkung haben. Stanfords musikalische Klugheit, die die jedes anderen Sterblichen außer Camille Saint-Saëns übertrifft, war sein Fluch. Auch sein Sinn für Humor ist pervers angepasst. Wenn es um irgendetwas anderes als ein irisches Thema geht, ist es immer leicht, ihn in die Irre zu führen, und ich habe kaum Zweifel, dass es ebenso sehr der Humorist wie der Don in ihm ist, der es ihm heutzutage unmöglich macht, eine Liebespassage anders zu behandeln ein kühler, kluger, anspielungsreicher, nur für den Eingeweihten verständlicher Stil. Als sein „Bower of Roses by Bendeemer's Stream" 1881 zum ersten Mal gehört wurde, war er ein ganz anderer Mensch. Nicht, dass er seine Fähigkeit zur lyrischen Zärtlichkeit auch jetzt noch völlig verloren hätte. Wenn das Gefühl mit einem Säugling in Verbindung gebracht wird oder von einem Gefühl des Seltsamen und Unheimlichen durchdrungen ist oder mit (irischen) patriotischen Gefühlen vermischt ist, kann er immer noch das Symbol finden, wie in seiner ganz neuen Musik zu Moira O'Neills „Songs from the". „Glens of Antrim" beweist dies voll und ganz. Aber die Note von Wärme und Einfachheit, die der Jugendromantik eigen ist, scheint er verloren zu haben. Ein besonderer Fall unter Stanfords Kompositionen ist die Irish Symphony, zu der Herr Fuller Maitland nichts zu sagen hat. Ungeachtet des irischen Themas scheint hier das Gewand an einer Stelle leicht durchzuscheinen, nämlich im Durchführungsteil des ersten Satzes. Der konventionelle Kritiker bemängelt das Scherzo in Form eines irischen Jigs als unsymphonisch , was es zweifellos auch ist. Sinnvoller wäre jedoch die Annahme, dass sich der Komponist dazu entschließen sollte, im gesamten Werk völlig unsymphonisch zu sein und seinen ersten Satz mit der feinen Sennachee- Improvisation, die an zweiter Stelle steht, dem großartigen, rasanten Juckreiz und dem beschwingten Finale in Einklang zu bringen . Wir hätten also eine irische Rhapsodie in vier Sätzen ohne Mängel haben müssen. Selbst jetzt ist der eine Hauch des bösen Genies des Komponisten, der im ersten Satz zum Vorschein kommt, zu gering, um das Werk zu verderben, das seit langem Freude bereitet und seinen Charme nicht zu verlieren scheint. Daher scheint mir Stanford ein viel zu guter Mann für einen „Akademiker" zu sein, obwohl ich nicht leugnen kann, dass dieser Beiname tatsächlich durch mehr als die Hälfte seiner gesamten veröffentlichten Werke gerechtfertigt ist.

Schließlich war es unwahrscheinlich, dass die plötzliche Blüte der englischen Musik nach einer langen Periode der Unfruchtbarkeit sofort zu Früchten voller Reife führen würde. Wir sind jetzt in der zweiten Generation seit der Wiederbelebung angekommen, und es wäre schade, wenn unsere besten Männer von heute den Führern, die vor dreißig Jahren hervortraten, auch nur ansatzweise voraus wären.

Hundertjähriger Artikel.

1. Januar 1901.

Zu Beginn des 19. Jahrhunderts war die Musik in diesem Land auf einem Tiefpunkt angelangt. Purcell war seit über hundert Jahren tot und Händel seit etwa vierzig Jahren. Der Geist des Puritanismus hatte den Madrigalgesang des Englands Shakespeares vernichtet und jede andere Manifestation des populären musikalischen Genies unterdrückt. Karl II. war von seinem langen Auslandsaufenthalt mit einer Verachtung für englische Musik, sowohl geistliche als auch weltliche, zurückgekehrt, die er, wie Pepys' Tagebuch zeigt, ohne zu zögern öffentlich zum Ausdruck brachte, und so brachten die Festlichkeiten der Restauration keine Wiederbelebung der nationalen Kunst mit sich. Auch war es unwahrscheinlich, dass die Situation hinsichtlich des höfischen Einflusses durch das Haus Hannover verbessert werden würde -

zum Zeitpunkt seiner Thronbesteigung ein Volk von Ausländern, die keinerlei Sympathie für die nationale Entwicklung der Kunst hatten. Bezeichnend für die Einstellung kultivierter Engländer zur Musik um die Mitte des 18. Jahrhunderts ist ein Brief von Lord Chesterfield [3], den er während eines Aufenthaltes seines Sohnes in Venedig schrieb, um ihn vor all dem „Gesang, Dudelsack und Geigenspiel" Italiens zu warnen. Er gibt dem jungen Mann zu verstehen, dass es sich für einen Gentleman nicht schicke, an solchen Dingen teilzunehmen, auch wenn er einen Geiger dafür bezahlen könne, für ihn zu spielen. Auch an anderer Stelle ist Lord Chesterfield noch vernichtender. Er betont die unvermeidliche Verbindung zwischen Musik und schlechter Gesellschaft. Der Brief aus Venedig wurde 1749 geschrieben – sechs Jahre nach der Uraufführung des „Messias" in London und zehn Jahre vor Händels Tod. Vielleicht war Chesterfields Einstellung zur Musik deshalb damals eine Ausnahme. Aber sie muss im folgenden halben Jahrhundert weiter verbreitet gewesen sein, und die Ansicht von Musik als minderwertiger Kunst, die Lord Chesterfield in ihrer extremen Form vertrat, ist heute noch lange nicht ausgestorben. Um den niedrigen Musikgeschmack im England des Jahres 1801 voll und ganz zu erklären, muss man zugleich die relative Vernachlässigung aller außerpolitischen und militärischen Angelegenheiten berücksichtigen, die durch die gewaltigen Erschütterungen der Französischen Revolution und der Napoleonischen Kriege bedingt war.

Im ersten Jahr des 19. Jahrhunderts begann die triumphale Karriere von John Braham, dem ersten der drei großen englischen Tenorsänger, die nacheinander die folgenden hundert Jahre glänzten. Braham war ein guter Sänger, aber vielleicht der beklagenswerteste Komponist, dem es jemals gelang, einem geschmacklosen Publikum seinen Unsinn aufzudrängen. Sein „Tod von Nelson" besteht bis zum heutigen Tag, als Rechtfertigung für diejenigen, die Lord Chesterfields musikalische Ansichten teilen, und selbst diese unverzeihliche Mischung aus sentimentalem Ausrutscher und halbherzigem Gekritzel scheint ein gewesen zu sein vergleichsweise gutes Beispiel für die Kompositionen, mit denen Braham das Londoner Publikum in den ersten Jahren des Jahrhunderts erfreute. Der Schauplatz seiner ersten Triumphe war das Covent Garden Theatre, wo er in zusammengesetzten Opernunterhaltungen auftrat, wobei seine eigene Rolle fast immer von ihm selbst geschrieben wurde. Wenige Jahre nach Brahams *Debüt in London* reichten die Penny-Whistle-Melodien von Sir Henry Bishop aus, um ihn zum beliebtesten Komponisten seiner Zeit zu machen. Als Bishop 1810 Direktor in Covent Garden wurde, gab es in diesem Land noch keine der Institutionen, die eine wichtige Rolle im musikalischen Fortschritt des Jahrhunderts gespielt hatten. Zwar gab es das Fest der drei Chöre schon seit sehr langer Zeit regelmäßig. Aber es gab keine Philharmonische Gesellschaft, keine echte Oper, keine beliebten Kammermusikkonzerte am Samstag und Montag, keine Akademie oder Hochschule für Musik, kein Crystal Palace oder Hallé-Orchester. Die großen, von der Kathedrale unabhängigen Chorverbände waren noch nicht gegründet worden, und England war in musikalischen Angelegenheiten viel zu sehr vom Rest der Welt isoliert.

Es ist interessant zu beobachten, wie genau der Untergang Napoleons mit dem Beginn besserer Dinge in der englischen Musikwelt zusammenfällt. Die Schlacht um Leipzig fand 1813 statt, und früher im selben Jahr – als hätte man eine Vorahnung, dass eine Ära angebrochen sei, in der es möglich sein würde, die Künste des Friedens zu kultivieren – versammelte sich eine Gruppe von Musikern in London, um die Gründung einer Philharmonischen Gesellschaft zu besprechen. Das Ereignis ist von bemerkenswerter Bedeutung. Bis dahin hatte die Musik nur unter der Schirmherrschaft der weltlichen und geistlichen Lords geblüht; aber der *Soufflé* der Französischen Revolution war über die Welt hinweggezogen, und es war an der Zeit, die Musik – die die höfische Perücke und die höfischen Grazien abgelegt und in Beethoven den rein menschlichen Standpunkt erreicht hatte – auf eine breitere Basis zu stellen. Lassen Sie uns dem ehrenwerten Bischof seine Anerkennung zollen. Als wohlmeinender Mensch, wenn auch ein unbedeutender Komponist, half er bei der Gründung der London Philharmonic Society, der ersten Gesellschaft in Europa und der Welt, die bewusst zur Förderung der Musikkunst und zu keinem anderen Zweck gegründet wurde.

Wenn wir nun einen Blick auf die musikalische Aktivität in anderen Ländern werfen, stellen wir fest, dass sich die Aufmerksamkeit zwangsläufig zunächst auf die Heldenfigur Beethovens konzentrierte, der in diesem Jahr (1813) der Welt bereits seine Eroica, c-Moll-, Pastoral- und Siebte Symphonie geschenkt hatte. neben seinem Violinkonzert, den Razoumoffsky- Quartetten, den Waldstein- und Appassionata- Sonaten, seiner einzigen Oper „Fidelio" zusammen mit der dritten „Leonora"-Ouvertüre und vielen anderen Werken von überragendem Genie. Allerdings war die wahre Bedeutung Beethovens in der Menschheitsphilosophie im Allgemeinen noch ungeahnt, wenn auch einige wenige, meist in Wien ansässige, aufgeklärte Personen eine vage Ahnung davon hatten. Mozart war vor Beginn des Jahrhunderts gestorben und Haydn kurz danach, nachdem er die unvergleichliche Exzellenz dieser Wiener Schule (gegründet auf den Lehren von Fux' „Gradus ad Parnassum ") unter Beweis gestellt hatte, die Beethoven – einen gebürtigen Rheinländer – schon früh angezogen hatte. innerhalb seines verzauberten Kreises und hielt ihn dort ein Leben lang fest. Im ersten Jahr der Tätigkeit der London Philharmonic Society bildete die Musik dieser drei – Haydn, Mozart, Beethoven – den Grundpfeiler der Konzertprogramme . Im zweiten Jahr wurde die Eroica in England uraufgeführt. Bald folgten weitere Werke von höchster Bedeutung desselben Meisters, und 1817 wurde ein erfolgloser

Versuch unternommen, Beethoven dazu zu bewegen, selbst nach England zu kommen und eigene Kompositionen für die Gesellschaft zu dirigieren. Auf diese Weise wurde eine Verbindung zwischen diesem Land und der großen zentralen Strömung des Musiklebens und der Musik jener Zeit hergestellt.

Beethoven war der Koloss, der die Kluft zwischen den beiden großen Ländern Klassizismus und Romantik überbrückte. Unter den romantischen Komponisten war Weber – der Gründer der Deutschen Nationaloper – der älteste. Seine Musik erklang erstmals in den zwanziger Jahren in England, als die Oper „Oberon" unter seiner eigenen Leitung in Covent Garden aufgeführt wurde. Ein weiterer großer romantischer Komponist, der vor dem Ende des 18. Jahrhunderts geboren wurde, war Schubert – ein wunderbarer, aber äußerst unglücklicher Mann von Genie, der zu seinen Lebzeiten kaum Anerkennung finden sollte. Viel später wurde er von Sir George Grove entdeckt und in dieses Land eingeführt. Die eigentliche Keimzelle der Romantischen Schule war jedoch die Zeit von 1803 bis 1813, in der Berlioz, Mendelssohn, Chopin, Schumann, Liszt, Verdi und Wagner (alle außer Berlioz zwischen 1809 und 1813) geboren wurden. Es ist merkwürdig, dass alle Sterne, die das musikalische Firmament der Zeit nach Beethovens Tod dominieren sollten, innerhalb der kurzen Zeitspanne von zehn Jahren und alle bis auf einen innerhalb der Zeitspanne von fünf Jahren über den Horizont aufgestiegen sind. Jeder von ihnen, außer Schumann, kam früher oder später an unsere gastfreundlichen Küsten und spielte eine mehr oder weniger wichtige Rolle in diesem Prozess, durch den wir nach und nach gelernt haben, Lord Chesterfields Maxime, nichts damit zu tun zu haben, uns selbst zu spielen, zu verwerfen und stattdessen mehr zu legen und mehr, um seine andere Maxime zu beherzigen, Geiger dafür zu bezahlen, für uns zu spielen.

Noch wichtiger als diese Stippvisiten von Meisterkomponisten aus dem Ausland waren aufgrund ihres Einflusses auf die Geschmacksbildung die regelmäßigeren Besuche angesehener kontinentaler Interpreten, von denen einige tatsächlich nicht nur regelmäßig kamen, sondern kamen, um zu bleiben. Die bedeutendsten von ihnen waren Herr (später Sir Charles) Hallé, der 1857 die Manchester-Konzerte gründete, die noch heute seinen Namen tragen; Herr August Manns, der 1855 Dirigent am Crystal Palace wurde; und Dr. Richter, der seit 1877 unser regelmäßiger Besucher ist und jetzt, zum großen Verdienst des Hallé-Komitees und seiner Unterstützer, in unserer Mitte lebt. Kaum weniger wichtig unter solchen ausländischen Einflüssen, die zum Wohle der Musikkunst in diesem Land beitragen, ist das Geigenspiel von Dr. Joachim, der seit 1844 unser ständiger Besucher ist.

Wenn wir den Zeichen des erwachenden Musiklebens im zweiten und den folgenden Jahrzehnten des Jahrhunderts nachgehen, bemerken wir die

Gründung der Royal Academy of Music im Jahr 1823 und der Sacred Harmonic Society im Jahr 1832. Diese heute aufgelöste Gesellschaft wurde ursprünglich mit gegründet Idee, eine ältere Institution namens „Antient Concerts" zu ersetzen, die ins Wanken geraten war, weil sie zu sehr auf aristokratische Schirmherrschaft angewiesen war. Die Sacred Harmonic Society hat mit der Aufführung von Händels „Israel in Ägypten" „ Dettingen " gute Arbeit geleistet Te Deum" und andere Werke neben dem „Messias". Sie taten auch etwas, um Mozarts Kirchenmusik in London bekannt zu machen, wenn auch mit wenig Zuspruch seitens der Öffentlichkeit, und sie erwiesen der Kunst einen Dienst, indem sie auf vollständigen Aufführungen statt auf Vollaufführungen bestanden Ausschnitte und Leckerbissen aus Oratorien, die damals populär waren, also etwa zu Beginn der viktorianischen Ära, kamen die Glanzzeiten der italienischen Oper in London Grisi, Lablache und Rubini wurden zweifellos von den wenigen Privilegierten, die es sich leisten konnten, sie zu hören, als höchst berauschend empfunden. Es ist zweifelhaft, ob sie etwas zur Entwicklung des nationalen Geschmacks beigetragen haben, außer vielleicht, indem sie den Ehrgeiz von Sims Reeves befeuerten.

So wertvoll solche anregenden Einflüsse auch sein mögen – die Besuche von angesehenen Musikern, Sängern, Komponisten und Dirigenten sowie die Aufführung von Meisterwerken durch Musikvereine –, sie reichen nicht aus, um die Masse der Bevölkerung ohne systematische Bildungsbemühungen zu begeistern . Es wurde bereits auf die Gründung der Royal Academy of Music hingewiesen. Sechzig Jahre später wurde das Royal College gegründet, um die Bildungsmöglichkeiten besser an die Bedürfnisse der Zeit anzupassen. Unter den Arbeiten, die in der Zwischenzeit zur Verbesserung der musikalischen Ausbildung geleistet wurden, verdient die Arbeit von Herrn John Hullah besondere Erwähnung . ehrenvolle Erwähnung. Nachdem Mr. Hullah in Frankreich populäre Musikausbildung und insbesondere die Orphéon- Bewegung studiert hatte, begann er in Exeter Hall mit Musikunterricht für Schulmeister und begründete damit die enorme Entwicklung der Musikausbildung an englischen Grundschulen. Im Gegensatz zu Mr. Hullahs Prinzipien gründete Mr. John Curwen 1853 die Tonic Sol-fa Association, die seitdem ihre Zweigstellen in ganz England hat. Es soll eine Art Verbindung zwischen Notenschrift und kirchlichen Prinzipien, Tonic Sol-fa und Dissent geben. Eines Tages , so ist zu hoffen, wird die Geschichte des Chorgesangs in England mit der Sorgfalt geschrieben, die das Thema verdient. Er bleibt bis heute der wichtigste Beitrag dieses Landes zur modernen Musikkunst. Die theoretische Meisterschaft stammt von den Deutschen, das raffinierte und genaue Orchesterspiel von den Franzosen und der brillante Sologesang von den Italienern, aber es ist diesem Land vorbehalten, die Kunst des Chorgesangs zu perfektionieren. Gewisse Personen, die eher patriotisch als ehrlich sind, versuchen den Eindruck zu erwecken, die Engländer seien in allem die Besten, doch diese Behauptung in Bezug auf den Chorgesang bedarf einer genaueren Untersuchung.

Neben der absoluten Verachtung und Vernachlässigung der Musik, die wir zu Beginn dieses Jahrhunderts hinter uns ließen, war unser größtes Unglück die Tendenz, Komponisten vorzuziehen, die das Ende einer künstlerischen Entwicklung repräsentierten, während wir die trüben und formal unvollkommenen, aber inspirierenden Initiatoren ablehnten. So verehren wir in einem Zeitalter Händel – einen mächtigen musikalischen Architekten, der jedoch nie jemanden inspirieren konnte und konnte –, während wir Bach verabscheuen, den mächtigsten aller inspirierenden, anregenden und schulbildenden Einflüsse. In einem anderen Zeitalter machen wir einen ähnlichen Fehler in Bezug auf Mendelssohn und Schumann, und es ist sogar möglich, dieselbe unglückliche Tendenz heute in der öffentlichen Haltung gegenüber Richard Strauss bzw. Tschaikowski zu erkennen : Ersterer ein rauer Komponist voller Ideen und vielfältiger Vorschläge, der andere ein bemerkenswerter Maler der Töne, der jedoch in der Bandbreite seiner Ideen und Gefühle besonders eingeschränkt ist und darauf achtet, nie etwas vorzuschlagen, sondern nur zu versuchen, das mit symmetrischer Vollständigkeit wiederzugeben, was er kann. Es ist unmöglich, nicht zu bedauern, dass wir daher weiterhin Komponisten den Vorzug geben, die zu nichts führen, obwohl dies aufgrund der Prinzipien von Lord Chesterfield nicht anders zu erwarten wäre.

Was den außergewöhnlichen Mendelssohn- Geschmack des britischen Publikums angeht, das den versierten Schönwetterkomponisten hier auf eine viel höhere Stufe stellte, als er sie in seinem eigenen Land je innehatte, so gibt es bis heute eine wichtige Frage, die noch nicht geklärt wurde und wahrscheinlich auch nie geklärt werden wird. Dass Mendelssohn lange Zeit absurd überschätzt wurde, ist gewiss; die Frage ist jedoch: Hätten unsere Chöre und unser Publikum ohne Mendelssohn dann besseres Material angenommen oder hätten sie sich einfach weniger mit irgendeiner Art von Musik beschäftigt? Möglicherweise war die Mendelssohn-Begeisterung ein notwendiges Übel, das das nötige Beiwerk für eine musikalische Kindheitsphase lieferte. Sie ist jedoch mit viel Demütigung verbunden. Die Hauptströmung des musikalischen Lebens und der Energie seit Beethovens Zeit lag im Bereich der dramatischen Komposition, und von dieser Hauptströmung blieben wir für eine höchst unerträgliche Zeit ausgeschlossen. Der Fall wurde schmerzhaft und wurde nur durch so kluge Beobachtungen wie die des verstorbenen Herrn Hueffer beantwortet , dass „das britische Publikum die dramatische Bühne mag und ernste Musik mag, aber beides nicht in Kombination mag". Der wahre Verfechter der Wagner-Kunst in diesem Land war Dr. Richter, der durch die Aufführung von

Auszügen bei seinen Orchesterkonzerten allmählich die Ohren des Publikums öffnete und die Musik in ihre Herzen brachte. Bei dieser Aufgabe wurde er von Herrn Manns im Crystal Palace und von Sir Charles Hallé in der Umgebung von Manchester gut unterstützt . Daher die Tatsache, dass die beiden Impresarios, die in den achtziger Jahren in London Aufführungen des großen „Ring"-Dramas gaben, zwar schwere Verluste erlitten, Herr Schultz Curtius es in den neunziger Jahren aufführte und Erfolg hatte, und dass die Stimme der sinnlosen Verleumdung verstummt ist, außer im Fall von ein oder zwei unverbesserlichen alten Mandarinen, die sich nicht von der fixen Idee lösen können, dass das Leben in der Übereinstimmung eines Organismus mit der Umgebung seines Urgroßvaters besteht.

Der beste englische Kathedralkomponist war Samuel Sebastian Wesley, dessen Begeisterung für Bach, die der von Mendelssohn initiierten Bewegung vorausging, kaum genügend Anerkennung fand. Bald nach der Mitte des Jahrhunderts begann eine Gruppe britischer Komponisten mit einem breiteren Spektrum als dem rein kirchlichen Bereich aufzutreten. Sullivan, Mackenzie, Parry, Cowen und Stanford lernten ihre Kunst alle in Deutschland und kehrten in ihr Heimatland zurück, um sie zu praktizieren . Sie alle haben Oratorien geschrieben, aber ohne dauerhaften Erfolg, mit Ausnahme von Sullivans „Golden Legend". Dr. Cowens Skandinavische und Professor Stanfords Irische Symphonien haben etwas dazu beigetragen, die Wertschätzung der englischen Musik in anderen Ländern zu steigern. Aber die größte Errungenschaft der britischen Musik in den letzten fünfzig Jahren waren die Gilbert-Opern, in denen Sir Arthur Sullivan dem von WS Gilbert gelieferten Libretto ein perfektes musikalisches Gegenstück gab und so eine originelle Art komischer Oper entstand. Unter den jüngeren Komponisten machte sich Hamish M'Cunn mit seiner Ouvertüre „Land of the Mountain and the Flood" einen Namen, den er jedoch nicht bestätigen konnte. Coleridge-Taylor hatte mit seiner Musik „Hiawatha" sehr schnell Erfolg, ob dieser von dauerhafterer Art war, muss sich erst noch zeigen. Der bei weitem bemerkenswerteste britische Komponist, der sich in jüngster Zeit einen Namen gemacht hat, ist Dr. Edward Elgar. Otto Lessmann, Herausgeber der „Allgemeinen Musikzeitung " und der derzeit bedeutendste deutsche Musikkritiker, schrieb Folgendes (nachdem er im vergangenen Oktober in Birmingham „The Dream of Gerontius" gehört hatte): „Wenn ich mich nicht irre, ist der kommende Mann der englischen Musikwelt bereits erschienen, ein Künstler, der die Fesseln der konventionellen Form abgeschüttelt und seinen Geist und sein Herz jenen großen Gaben geöffnet hat, die die Meister des ausgehenden Jahrhunderts der Zukunft als Erbe hinterlassen haben — Edward Elgar, Komponist des einzigen großen religiösen Chorwerks, das beim Birmingham Festival uraufgeführt wurde, nämlich ,The Dream of Gerontius'."

Der Fortschritt war in den letzten 25 Jahren sehr viel schneller als in jeder anderen Periode des Jahrhunderts. Tatsächlich war die Revolution im öffentlichen Geschmack, die durch verbesserte Bildungschancen und den von der Wagner-Schule eingeführten künstlerischeren und ausdrucksvolleren Gesangs- und Spielstil bewirkt wurde, so wunderbar, dass sich die Musikkunst nun in einer völlig neuen Atmosphäre wiederfindet und Hoffnung aufkeimt. wahrscheinlich zu viel von der unmittelbaren Zukunft verlangen. Die große Lektion, die heute allen, die direkt oder indirekt mit musikalischen Angelegenheiten zu tun haben, klar gemacht werden muss, ist, dass Musik eine der schönen Künste ist und den Gesetzen der Kunst und keinen anderen unterliegt. Dies scheint ein schmerzlich offensichtliches Prinzip zu sein, wenn man es formuliert, aber wie selten handelt jemand danach! Wir finden eine ganze Reihe von Personen, die Musik als Sport betreiben, andere als Geschäft, wieder andere als milde Disziplin für Kinder – eine Art Drill, wieder andere als gelehrtes Fach, aber nur sehr wenige als Kunst. Das erste Ergebnis der Bewältigung dieser Lektion wäre das Abschütteln von festen Vorstellungen, wie zum Beispiel, dass jeder Komponist Orgel spielen und Kirchenmusik schreiben muss. Chopin hat nichts als Klavierstücke geschrieben, doch sein Ruhm ist unsterblich, und heute – fünfzig Jahre nach seinem Tod – hört man viel mehr von seiner Musik als je zuvor, während viele Komponisten, deren Werke umfangreiche Kompositionen für Chor und Orchester umfassen, völlig vergessen sind ihr eigenes Leben. Der wahre Künstler unterscheidet sich von anderen Männern vor allem durch seine Liebe zur Perfektion. Er findet heraus, was er tun kann, und gibt sich damit zufrieden, es zu tun, sei es eine große oder eine kleine Sache, sei es eine Sache oder viele.

KAPITEL XIII

DR. HANS RICHTER.(*20. Oktober 1897.*)

Die Genialität der musikalischen Interpretation ist ein Phänomen der Neuzeit. Beethoven markiert das Ende jener großen symphonischen Periode, die mit Haydn beginnt, und obwohl Joseph Haydn siebzig Jahre vor der Produktion von Beethovens größter Sinfonie das kleine Esterhazy-Orchester trainiert und versucht hatte, zufriedenstellende Aufführungen zu erzielen, waren die wichtigsten Orchester bis zum Ende von Beethovens Zeit für die besonderen Anlässe, bei denen eine Sinfonie aufgeführt werden sollte, normalerweise mit Amateuren besetzt. Es scheint sicher, dass die Vorstellung einer Aufführung, die tatsächlich den idealen Absichten eines Sinfoniekomponisten entspricht, den Musikern erst lange nach dem Tod und der Beerdigung des größten Sinfoniekomponisten als praktische Möglichkeit in den Sinn kam.

Beethoven und Sebastian Bach schrieben oft für die Zukunft – nicht einmal für die nächste Generation, sondern für die ferne Zukunft. Und Mendelssohn, der Sebastian Bach wiederentdeckte und so viel dazu beitrug, die Lethargie seiner musikalischen Zeitgenossen aufzurütteln und das Interesse an den großen Werken der Vergangenheit wiederzuerwecken – verkündete Mendelssohn nicht als allgemeines Prinzip für die Leitung von Dirigenten, dass sie sich vor langsamen *Tempi hüten* und alles in einem guten Tempo angehen sollten, damit die Fehler in der Phrasierung nicht zu offensichtlich würden?

Schon die Formulierung dieser Empfehlung zeigt, dass Mendelssohn sich der Fehler bewusst war, die das beste Orchesterspiel seiner Zeit trübten. Da er jedoch ein sanftmütiges, gelassenes Gemüt hatte, war er nicht der Mann, der Unmöglichkeiten erwartete – so nennt der gewöhnliche Musiker jede Anstrengung, die ein wenig von seiner üblichen Routine abweicht. Es war einem meisterhaften Geist vorbehalten, Unmöglichkeiten zu erwarten und sie zu erreichen.

Als die Werke Wagners Aufmerksamkeit zu erregen begannen, waren alle altmodischen Dirigenten Deutschlands, die „Zöpfe", wie Wagner sie immer wieder nannte, bestürzt. Sie meinten, das Leben sei nicht lebenswert, wenn sie sich mit solchen Partituren auseinandersetzen müssten, und die Musiker beklagten sich noch mehr, weil sie zahllose Passagen Wagners für unmöglich hielten.

Aber es geschah, wie durch eine besondere Vorsehung, dass neben Wagner auch einige Musiker, die sich nicht so leicht einschüchtern ließen, zu ihrer Lebensaufgabe heranreiften. Von Liszt und von Bülow kamen bald Beweise dafür, dass Wagners Musik nicht so unmöglich war, wie zunächst angenommen, obwohl sie eine andere Interpretationsmethode als die der „Zöpfe" erforderte. Im Jahr 1869 erschien Wagners Broschüre „Über das Dirigieren", nur drei Jahre nach seiner ersten Begegnung mit Hans Richter, und wie auch immer man über den Stil dieser Broschüre denken mag, es steht außer Frage, dass sie den Beginn einer neuen Ära in der Geschichte markiert der Orchestermusik. Außer Richter waren alle modernen Dirigenten von Weltruf – Bülow, Levi, Seidl, Weingartner und Richard Strauss – in derselben Schule zu finden. Sie lernten von Wagner, wie man Beethoven spielt, und ihre Methode hat die Musikwelt revolutioniert .

Nachdem Bülow nicht mehr existiert, ist der anerkannte Anführer und Meister von allen Hans Richter, das fleischgewordene Genie der musikalischen Interpretation.

Weit mehr als irgendetwas anderes, das man nennen könnte, ist Richters Einfluss und Beispiel die erstaunliche Verbesserung des Standards der Orchesteraufführungen auf der ganzen Welt zu verdanken, die das bemerkenswerteste Merkmal in der Musikgeschichte der letzten dreißig Jahre darstellt. Vor allem dank Richters unvergleichlicher Kombination aus künstlerischem Enthusiasmus, praktischer Meisterschaft und genialem gesunden Menschenverstand hören wir heute Dinge, die musikalische Propheten und weise Männer wie Beethoven hören wollten, aber nicht gehört hatten.

Hans Richter gehört zu einer deutschen Musikerfamilie. Er wurde 1843 in Raab in Ungarn geboren und trat nach einer guten musikalischen Ausbildung 1859 in das Konservatorium in Wien ein. Er wählte das Horn als sein Hauptinstrument, aber seine Begabung für das Spielen von Musikinstrumenten war so außerordentlich stark, dass er in... Im Laufe einiger Jahre erlangte er neben Klavier und Orgel die technische Beherrschung aller wichtigen Instrumente des Orchesters.

Eine seiner ersten Stellen war die des ersten Hornisten an der Kaiserlichen Oper in Wien. Nachdem er das Konservatorium verlassen hatte , setzte er seine Studien bei Sechter, dem berühmten Kontrapunktisten, fort, und als sich ihm die große Chance seines Lebens bot, ging er seine Aufgabe mit großartigen und vielleicht beispiellosen Mitteln in Bezug auf praktisches und theoretisches Wissen an. Die Gelegenheit kam 1866 – Wagner, der damals in der Schweiz lebte, suchte einen kompetenten Musiker, der ihm bei der Vorbereitung der Partitur der „Meistersinger" für den Druck helfen sollte.

Nach Wien, damals wie heute die Metropole der Musikwelt, schickte er die Bitte, einen solchen Musiker zu finden und zu ihm nach Triebschen bei Luzern zu schicken . Die Wahl fiel auf Richter, und so lernten sich die beiden großen Männer kennen, die sich in ihrer künstlerischen Kraft genau ergänzten. Richter nahm seinen Wohnsitz in Wagners Haus; der große Komponist, der ein napoleonisches Auge für Talente besaß, erkannte sofort die immensen Fähigkeiten seines jugendlichen Kollegen, und es entstand eine Allianz zwischen den beiden Männern, die erst mit Wagners Tod endete.

Probeaufführungen mit Orchestern, die aus Musikern aus Zürich und Luzern zusammengestellt wurden, überzeugten den Wagner-Kreis schnell von Richters Genie bei der Auswahl, Ausbildung und Leitung eines Orchesters, während die Vorbereitung der Partitur der „Meistersinger" zur vollsten Zufriedenheit des Komponisten verlief. Wer die Reinschrift von Richters Handschrift untersuchte, die auf der Musik- und Theaterausstellung von 1892 in Wien ausgestellt war, kann die wunderbare Sauberkeit sowie die technische Korrektheit und den guten Stil von Richters Manuskript bezeugen. Man sollte auch bedenken, dass die Partitur der „Meistersinger" zu dieser Zeit die bei weitem komplizierteste war, die es gab, und selbst heute noch wird sie an Komplexität nur vom „Tristan" übertroffen.

Doch nicht nur die Vorbereitung der Partitur beschäftigte Richter. Lange bevor Wagner den „Meistersinger" den letzten Schliff gab, hatte Richter die Solo- und Chorpartien nach München gebracht und dort die Sänger, die an der ersten Aufführung teilnehmen sollten, persönlich ausgebildet. Der Stil war so neu und für die damaligen Musiker so verwirrend, dass Richter auf Schritt und Tritt auf scheinbar unüberwindbare Hindernisse stieß. Dennoch wurde alles zu einem glänzenden Erfolg geführt, und die Uraufführung der „Meistersinger", die im Juni 1868 in München stattfand, war wirklich der erste große Triumph der Wagner-Sache. Obwohl Bülow am Dirigentenpult saß, steht außer Frage, dass die Arbeit des Herkules, die notwendig war, um das Werk zur ersten Aufführung zu bringen, größtenteils von Richter geleistet wurde.

Bei der sechsten Aufführung erkrankte der Vertreter von Kothner , und im letzten Moment sprang Richter in die Bresche, schlüpfte in das Kostüm von Kothner und sang und spielte die Rolle mit großem Erfolg. Kein Wunder, dass ein angesehener Kritiker gesagt hätte, Wagners „Meistersinger" seien Richter in Fleisch und Blut übergegangen.

Er bereitete die Partitur vor; er trainierte alle Sänger und Spieler für die Uraufführung; Er hat unzählige brillante Darstellungen des gesamten Werks dirigiert und bei einer Gelegenheit jedenfalls eine der Figuren dargestellt. Die Qualitäten, die Richter im Zusammenhang mit der Inszenierung der „Meistersinger" an den Tag legte, führten dazu, dass er gemeinsam mit Bülow als Intendant an die Königliche Oper München berufen wurde, und als Bülow im darauffolgenden Jahr zurücktrat, blieb Richter in dieser Position allein.

Die Ungeduld des bayerischen Königs, Wagners gewaltige „Nibelungen"-Trilogie aufzuführen, war der Grund für einen verfrühten Versuch, „Rheingold" aufzuführen, bevor die für dieses Werk erforderliche außerordentliche *Inszenierung* fertig war. Statt an einer unwürdigen Aufführung teilzunehmen, reichte Richter seinen Rücktritt ein und verließ den glänzenden Posten, auf den er erst vor kurzem berufen worden war. So früh zeigte Richter, aus welchem Holz er geschnitzt war. Er hatte absolut nichts anderes im Sinn. Er musste sich einfach nach einer Anstellung umsehen, und wir finden ihn als nächstes in Paris, wo er zusammen mit Pasdeloup arbeitete , der an einem Plan zur Aufführung von „Rienzi" am Théatre Lyrique beteiligt war. Der Plan verlief im Sande, aber die Verantwortlichen des Théatre de la Monnaie in Brüssel, die von Richters Ruhm gehört hatten, luden ihn ein, zu kommen und die erste Aufführung von „Lohengrin" in französischer Sprache zu beaufsichtigen, die sie vorbereiteten.

Mit „Lohengrin" in Brüssel war er nicht weniger erfolgreich als mit „Meistersinger" in München. Obwohl zunächst jeder die Musik „unmöglich" fand, gelang am 21. März 1870 eine großartige Aufführung. Als Beispiel für die Schwierigkeiten, mit denen Richter bei der Vorbereitung auf diese Aufführung zu kämpfen hatte, sei erwähnt, dass er feststellte, dass die Chorsänger im Theater nicht in der Lage waren, ihre Rollen wiederzugeben, und dass er sie wie Kinder Note für Note unterrichten musste. Doch in der öffentlichen Aufführung war von diesen Miseren nichts zu spüren, alles verlief mit Freiheit und Spontaneität, und seit der Uraufführung unter Richter ist „Lohengrin" ein fester Bestandteil des Brüsseler Repertoires.

Nachdem Richter seine Verpflichtungen in Brüssel erfüllt hatte, kehrte er nach Triebschen in der Nähe von Luzern zurück, wo er Wagner gerade dabei vorfand, sein kolossales Werk, den „Ring des Nibelungen", zu vollenden. Es scheint fast unglaublich, dass diese bemerkenswerten Männer neben ihrer gigantischen Arbeit , die sie leisteten, um eine beinahe neue Kunst zu erschaffen, zu dieser Zeit auch noch die Möglichkeit fanden, so viel Zeit dem Studium von Beethovens Streichquartetten zu widmen. Richter nahm regelmäßig an den Quartettspielen teil und betrachtet diese Stunden, in denen er von Wagner in die tiefsten Geheimnisse von Beethovens Kunst eingeweiht wurde, als eine seiner wertvollsten Erfahrungen. Im selben Jahr, 1870, vollendete Wagner sein „Siegfried-Idyll", eine schöne *Aubade , die er zu* Ehren des Geburtstags seines kleinen Sohnes schrieb . Richter war mit der Aufgabe betraut worden, in Luzern ein kleines Orchester zusammenzustellen und mit ihm das neue Werk zu proben. Am besagten Tag versammelten sich die Musiker auf den Stufen der Villa in Triebschen und führten das Stück unter Richters Leitung zur großen Freude des Hauses Wagner auf, in dessen Kreis das „Siegfried-Idyll" allgemein als „ Treppenmusik " bekannt ist .

Im folgenden Jahr nahm Richter eine Einladung nach Budapest an und blieb dort, bis er 1875 zum Dirigenten der kaiserlichen Oper in Wien ernannt wurde, ein Posten, den er bis heute (1897) innehat. So wurde die österreichische Hauptstadt zum zweiten Mal zu seiner Heimat und zum Zentrum seiner Tätigkeit, und tatsächlich wissen diejenigen, die ihn gut kennen, dass Richter trotz aller kosmopolitischen Erfahrungen „ ein echter Wiener"—ein echtes Kind Wiens.

Die nächste „ Arbeit des Herkules" war die Herausgabe von Wagners Trilogie, dem „Ring des „Nibelungen", mit dem das Bayreuther Theater 1876 eingeweiht wurde. Während der Proben saß Wagner auf der Bühne und dirigierte die Schauspieler, Richter stand am Dirigenten Schreibtisch.

Nachdem wir uns nun mit der Arbeit vertraut gemacht haben , haben wir jeden Maßstab für die Einschätzung der Aufgabe verloren, die Richter übernommen und erneut mit glänzendem Erfolg zum Abschluss gebracht hat.

Diese gewaltige Szene, die vier Abende in Anspruch nimmt, schien er im Griff zu haben. Richter machte bei allen, die bei den Eröffnungsfestspielen 1876 in Bayreuth aktiv oder nur als Zuschauer und Zuhörer dabei waren, einen derartigen Eindruck, dass sie ihn als neues Phänomen in der Welt der Kunst erkannten .

Man kann sagen, dass die Ära des modernen Orchesterdirigierens mit diesem Ereignis begann. Damals wurde allen klar, dass Dirigieren eine große Kunst ist, die es wert ist, unabhängig gepflegt zu werden. Das Publikum begann sich für den Stil verschiedener Dirigenten zu interessieren und ein gewisses Feingefühl für die Interpretationen der großen Meister zu zeigen. Die Ära der „Zöpfe" war zu Ende.

1877 kam Richter mit Wagner nach London und seit diesem Jahr sind die „Richterkonzerte" hierzulande eine feste Institution. In Wien, der Stadt seiner Wahl, ist er nicht nur Dirigent der Oper, sondern auch der Philharmonikerkonzerte und zuletzt der Musik in der Kaiserkapelle.

In den letzten Jahren hat Richter eine gewisse Abneigung gegen das Theater entwickelt, wo seine Arbeit mit kleinen Sorgen behaftet ist. Der Konzertsaal wird für ihn immer mehr zu seinem besonderen Betätigungsfeld. Über Richters Dirigentenkunst ließe sich ein umfangreiches Buch schreiben. Hier kann ich nur versuchen, einige seiner Qualitäten aufzuzählen: - Praktische Kenntnis der Technik aller wichtigeren Instrumente; Beherrschung der Musiktheorie in all ihren Zweigen; ein untrügliches rhythmisches Gespür; Urteilsvermögen und Einsicht in Bezug auf jeden möglichen Musikstil, die es ihm ermöglichen, für jeden Satz oder Abschnitt eines Satzes immer das richtige Tempo zu finden (das Wichtigste und Schwierigste für einen

Dirigenten); Beherrschung der von Wagner entdeckten Prinzipien in Bezug auf die Orchesterdynamik, wie die Notwendigkeit eines gleichmäßig anhaltenden Tons ohne Crescendo oder Diminuendo, als Grundlage für die Bedingungen, die das richtige Gleichgewicht von Streichern und Bläsern bestimmen, die Natur eines runden *Klaviervortrags* (die von erstklassigen Sängern gelernt werden muss), die Art und Weise, lange Crescendos und Diminuendos zu produzieren, sowie die Art und Weise, ein echtes *Klavier* und ein echtes *Forte zu produzieren* (Wagner hat darauf hingewiesen, dass altmodische Orchester nie etwas anderes als Mezzo-Forte spielten); Beherrschung des Phrasierungssystems Wagners, seine weitreichenden Untersuchungen im Hinblick auf *kantable* Passagen, seine Behandlung von *Fermate* , seine Unterscheidung zwischen dem naiven *Allegro* und dem poetischen *Allegro* ; Beherrschung und praktische Umsetzung aller anderen Ideen Wagners in Bezug auf musikalische Interpretation oder öffentliche Aufführungen, ein Thema, für das Wagner ein weitaus tieferes, fachkundigeres und fruchtbareres Interesse zeigte als jeder andere der großen Komponisten.

Schließlich unterscheidet sich Richter von den meisten anderen Dirigenten durch sein persönliches Verhalten am Dirigentenpult. Er ist frei von Possen; Jede Bewegung hat Bedeutung und jede Haltung hat Würde.

KAPITEL XIV.
--
NIETZSCHE.

Nietzsche und Wagner.

18. Juni 1896.

Die Geisteswelt des späten 19. Jahrhunderts hat keine bemerkenswertere und originellere und zugleich tragischere Figur vorzuweisen als den Autor dieser Essays. Er entstammte einer polnischen Adelsfamilie mit ursprünglich Nietzky Namen , die aus protestantischen Gründen Titel und Besitz aufgab und sich in Deutschland niederließ. Friedrich Nietzsche wurde 1844 geboren. Er erhielt eine klassische Ausbildung und wurde mit 28 Jahren Professor für klassische Philologie an der Universität Basel ; doch sein Leben lang blieb seine Liebe zur Kunst und insbesondere zur Musik eine ihn beherrschende Leidenschaft. Offenbar wurde sein musikalischer Instinkt zuerst durch die Werke Schumanns geweckt und diese jugendliche Begeisterung führte zu ernsthaften Musikstudien. Später wurde er der glühendste Wagnerianer und schließlich der erbittertste Gegner Wagners. Nietzsches früheste Schriften sind akademische Monographien über verschiedene klassische Themen, deren brillante Gelehrsamkeit ihm zu einer Anstellung in Basel verhalf . Die philosophischen Essays begannen gegen Ende seines dreißigsten Lebensjahres zu erscheinen, während seiner Professur in Basel . Es gibt auch Verse von Nietzsche, die eine echte poetische Begabung zeigen. Die Art und Weise von Nietzsches geistigem Erwachen ist der Beachtung wert – zuerst die Liebe zur Musik, die zu einem allgemeinen Interesse an der Kunst führte; dann die philologischen Studien, die er nach Meinung seiner Schwester Madame Förster-Nietzsche ursprünglich als Erleichterung von den fieberhaften Problemen der modernen Ästhetik unternahm und mit einem solchen Ziel verfolgte, dass er ein Meister der römischen und griechischen Gelehrsamkeit wurde. Seine Schriften offenbaren auch eine breite Kenntnis der hebräischen und indischen Literatur, neben einer gründlichen Vertrautheit mit allem, was im modernen Denken von höchster Bedeutung ist. Sein erster intellektueller Meister scheint Schopenhauer gewesen zu sein. Im Jahr 1889 wurde Nietzsche hoffnungslos verrückt. Es gibt nicht die geringste Spur von Geisteskrankheit in der früheren Familiengeschichte. Die Familien, aus denen er stammte, waren auf beiden Seiten von außergewöhnlicher Energie, Fähigkeit und Charakter. Es gibt auch zahlreiche Zeugnisse für die Einfachheit, Liebenswürdigkeit und den Charme seines persönlichen Charakters. Seine Freunde und Kollegen in Basel scheinen keine Ahnung von der explosiven Energie gehabt zu haben, die in seinen Schriften zum Ausdruck kommt. Sein Geschmack war zeitlebens reserviert und anspruchsvoll, und sein endgültiger Geisteszusammenbruch kann nur dem schieren Übermaß an fieberhafter Energie zugeschrieben werden, mit der er sein intellektuelles Leben führte, und den Auswirkungen der geistigen Isolation auf eine sensible und höchst arrogante Natur. Er liegt jetzt praktisch tot in Naumburg an der Saale in Sachsen, wo die Familie in den letzten fünfzig Jahren lebte.

Der vorliegende Band enthält Nietzsches neueste Aufsätze, die Veröffentlichungen des Jahres 1888. Der Untertitel der „Götzen-Dämmerung", nämlich „Wie man mit dem Hammer philosophiert ", trifft gleichermaßen auf den gesamten Band zu, der sich ausschließlich mit destruktiver Kritik beschäftigt. Die „Götzen", auf die Nietzsche hier den Hammer eines einzigartig umfassenden Bildersturms schwingt, sind die der modernen demokratischen Zivilisation . Herausgeber der Reihe ist Dr. Tille, Dozent für deutsche Sprache und Literatur an der Universität Glasgow und Autor von „Von Darwin bis Nietzsche", einem Buch, das in Deutschland einige Aufmerksamkeit erregt hat. Es wird keine Erklärung für die Motive gegeben, die dazu führten, Nietzsches neueste Werke für den ersten Band der englischen Ausgabe auszuwählen. Die Geschichte von Nietzsches Leben seit 1876 ist die Geschichte eines tragischen Kampfes. In diesem Jahr besuchte er die Bayreuther Festspiele, wenn auch in einem schwachen Gesundheitszustand. Der Eindruck war überwältigend, und fortan erschien ihm das Wagnersche Drama in einem neuen Licht. Er empfand eine Abscheu vor Wagner, aber die Wagnersche Kunst war so tief in seiner Zuneigung verwurzelt, dass mit seinem Glauben an Wagner alles andere, was ihm wichtig gewesen war, in den Wind geschlagen wurde; er wandte sich der Religion seiner Kindheit, der Philosophie seiner Jugend, dem Land seiner Geburt und der einzigen Sprache zu, die er wirklich kannte. Warum, so könnte man fragen, wird der „Fall Wagner", in dem der Bayreuther Meister als „Klapperschlange" auftritt, Lesern angeboten, die keinen Zugang zu dem früheren Aufsatz desselben Autors mit dem Titel „Wagner in Bayreuth" hatten, ein Ausdruck begeisterter Jüngerschaft und wahrscheinlich die einfühlsamste Würdigung Wagners, die jemals veröffentlicht wurde? Und in dem frühen Aufsatz über „Schopenhauer als Erzieher", einer der „Unpassenden Betrachtungen", zählt sich Nietzsche zu jenen Lesern Schopenhauers, die fast von Anfang an wissen, dass sie einem bestimmenden Einfluss begegnet sind; und tatsächlich ist Nietzsche so sehr von Schopenhauers Ideen durchdrungen, dass er die Schopenhauer-Terminologie selbst in seinen späteren Schriften nicht los wird, in denen Schopenhauer zu einem „alten Falschmünzer" geworden ist. Der Ausdruck „Wille zur Macht", eine offensichtliche Abwandlung von Schopenhauers „Wille zum Leben", kehrt selbst in Nietzsches neuesten Schriften immer wieder zurück und sollte in seinem geplanten Werk „Die Umwertung aller Werte" den Titel eines ganzen Buches bilden. Dasselbe frühe Werk enthält eine Passage, in der das Christentum als eines der reinsten Beispiele des Strebens nach Vollkommenheit bezeichnet wird, das in der Geschichte der Menschheit zu finden ist, während der „Antichrist", der letzte Aufsatz in dem uns vorliegenden Band, eine neue und furchterregendere Version des voltairischen „ Ecrasez " ist. l'Infâme ", eine wütende Verurteilung nicht nur des christlichen Dogmas, sondern auch und insbesondere der ethischen Prinzipien, die das Wesen des christlichen Systems für die moderne Welt bilden. All diese Widerrufe erscheinen also mit kaum einem Hinweis auf die vorhergehenden Glaubensbekenntnisse. Es wurde bestritten, dass die geistige Entwicklung Nietzsches im Jahr 1876 irgendeine Revolution oder einen Bruch der Kontinuität erlebte. Deutsche Schüler haben versucht, die Kontinuität dieser Entwicklung zu beweisen, und in der April-Nummer des "Savoy"-Magazins bemerkt Herr Havelock Ellis in Bezug auf Nietzsches polnische Abstammung, dass er "nicht Germane genug war, um für immer bei Wagner zu bleiben". Aber in jedem Fall ist Nietzsches Abfall von Wagner ein schmerzhaftes Thema. Wenn er Deutschland als das "flache Land" Europas satirisch darstellt , das Land der Hyperboreer und Anbeter Wodans , des Gottes des schlechten Wetters, wenn er die Deutschen beschuldigt, alles Nebulöse und Zweideutige zu lieben und alles zu hassen, Um Klarheit, Konsequenz und Logik zu bewahren, sollten wir uns daran erinnern, dass Nietzsche, obwohl er in Deutschland geboren war, kein Deutscher war. Aber mit Wagner war er durch persönliche Freundschaft und durch glühende künstlerische Bewunderung verbunden, so dass es keine ausreichende Entschuldigung für die entsetzliche Schmährede gibt, in der er Wagner selbst und alles, was mit der Wagnerschen Kunst zusammenhängt, lächerlich macht. Man kann kaum behaupten, er sei verrückt. In Nietzsches Wahnsinn steckt zu viel Methode. Außerdem ist er kein Vulgärling wie Nordau, der in einem schlammigen pathologischen Jargon über Themen doziert, die ihn überhaupt nicht verstehen. Nietzsche wusste, wovon er sprach; wäre er nicht zuerst der enthusiastischste von Wagners Schülern gewesen , hätte er nicht zu einem so furchterregenden Feind werden können. Obwohl wir uns vielleicht wünschen, dass er, als er einen neuen geistigen Standpunkt erreichte, sanfter mit seinen früheren Freunden umgegangen wäre, ist die Eigenschaft eines Schriftstellers, der aus reiner Konzentration auf die Wahrheit der Sache alle anderen Überlegungen außer Acht lässt, eine nicht zu unterschätzende Eigenschaft.

Dass Nordau Nietzsche in diesem Land hätte vorhersehen können, ist eine öffentliche Katastrophe. Das Gerede über Wagners Entartung und Dekadenz war somit in ein ermüdendes Geschwätz geraten, und jetzt, da die eigentliche Quelle der einzigen ernsthaften anti-Wagnerianischen Kritik zum Vorschein kommt, scheint die Aufgabe, die wichtige Seite dieser Kritik auszuschalten, fast aussichtslos. Einige der Hauptargumente gegen Wagners Werke können hier jedoch erwähnt werden – der Mangel an Leben im

Ganzen und das Übermaß an Leben in den kleinen Teilen, die innere Anarchie, die Not und Erstarrung, die sich mit Unruhe und Chaos abwechseln, das Wohnen auf der pathetischen Note, bis der Geschmack überwunden und der Widerstand besiegt wird, der hypnotische Charakter von Wagners Einfluss, seine muffigen hierarchischen Düfte, sein Reichtum an Farben und Halbtönen, seine Geheimnisse des verschwindenden Lichts, das uns für andere Musik verdirbt – das sind einige davon Merkmale dekadenter Kunst, auf denen der Fall gegen Wagner basiert, und es ist unmöglich, weder die Schärfe von Nietzsches Beobachtung noch den schädlichen Charakter seiner Anklage zu leugnen. Andererseits muss daran erinnert werden, dass die Erneuerung des Musikdramas unter Wagners Einfluss eine unbestreitbare Tatsache ist. Wagner rettete uns vor der Zeit, als die Opern von den bedeutendsten Komponisten der Zeit nach dem Geschmack des Pariser Jockey Clubs komponiert wurden. Wagner brachte Würde und Poesie zurück; Er brachte die Aufrichtigkeit zurück, er verlieh der Kunst, die er praktizierte , eine kraftvolle und weitreichende Vitalität . Der Enthusiasmus der Wagner-Wiedergeburt absorbierte fast alles, was das musikalische Talent der Zeit beherrschte; es betraf sogar die italienische Schule, die bisher eine völlig unabhängige Entwicklungslinie verfolgt hatte. Wenn wir also zugeben, dass Nietzsche oft im Detail Recht hat, so wie Voltaire hin und wieder Recht hat, wenn er „Hamlet“ bemängelt, sind wir geneigt, Nietzsches allgemeine Schlussfolgerung nicht weniger nachdrücklich abzulehnen als Voltaires Beschreibung von Shakespeare als betrunkenem Wilden. Die Wahrheit ist, dass der Verfall oder Niedergang eines Lebensprinzips oft bedeutet, dass die Energie eines anderen Prinzips erwacht. Nietzsche hatte sich in letzter Zeit zu einem Standpunkt entwickelt, von dem aus das Geheimnis der nordischen Poesie und die lebhaften, fantasievollen Details der gotischen Kunst unerträglich sind. Seine Bemerkungen über Wagners mangelnden Geschmack bei der Stimmung breiter Massen und seine übertriebene Lebhaftigkeit im kleinsten Detail wirken wie die Kritik eines antiken Architekten am Straßburger Dom; Seine Sicht auf das Wagner-Drama, das sich mit Problemen der Hysterie befasst und eine Galerie krankhafter Persönlichkeiten zur Schau stellt, gleicht einer Anklage eines römischen Patriziers gegen das gesamte „Corpus Poeticum “. „Nietzsche war sein ganzes Leben lang ein Fremder gegenüber Toleranz und Kompromissen, und gegen Ende wurde diese Eigentümlichkeit noch deutlicher. Sein sich verschlechternder Gesundheitszustand zog ihn in südliche Klimazonen, und er beschloss sofort, dass der Norden nicht mehr existieren sollte. Nachdem er einen gefunden hatte Als eine Art Erlösung unter den „ Halkyoniern “ ist er gezwungen, einen spirituellen Krieg gegen alle Hyperboreaner zu führen, insbesondere gegen Wagner, der als der typische Hyperboreaner gilt! „Ach, der alte Minotaurus!“ sagt Nietzsche ! Jedes Jahr werden Scharen der besten Jünglinge und Mädchen in sein

Labyrinth geführt, um dort verschlungen zu werden. Jedes Jahr ertönt in ganz Europa der Ruf: „Auf nach Kreta!" Auf nach Kreta!"‘ Es ist hochinteressant zu beobachten, wo Nietzsche ein Gegenmittel für den schmerzhaften Eindruck der Wagner-Kunst findet. Das einzige moderne Werk, das seinen späteren Geschmack vollkommen befriedigte, war Bizets „Carmen". „Diese Musik scheint mir perfekt zu sein, „sagt er; „es geht leichtfüßig, flink und mit Höflichkeit vor." Es ist reichhaltig und präzise. Sie baut auf, organisiert , vervollständigt und ist somit die Antithese zu jenem Polypen in der Musik, den Wagner unendliche Melodie nennt. Es hat die Subtilität einer Rasse, nicht die eines Individuums. Es ist frei von Grimassen und Betrug. „Ich werde ein besserer Mensch", sagt Nietzsche, „wenn dieser Bizet mich ermahnt." Solche Musik befreit den Geist. Es verleiht dem Denken Flügel. Mit Bizets Werk verabschiedet man sich vom feuchten Norden und dem ganzen Dampf des Wagner-Ideals hat wirklich lebendige Originalität, es hat wahre Einheit des Stils und die unfehlbare Perfektion, mit der der Komponist eine gewisse Stimmung eigensinniger Anmut eingefangen und widergespiegelt und die musikalische Symbolik des hellen, wilden und wankelmütigen Südens, der Leichtigkeit und des Feuers gemeistert hat Die logische Entwicklung und der rhythmische Charme der Musik prägen das Werk als unverkennbares Meisterwerk seiner Art. In seiner Freude, etwas zu finden, das seinem späteren Geschmack entsprach, vergaß er, dass Bizet nur eine Kleinigkeit war Ihm zufolge habe er einen „ Halcyonier " als Gegenstück zu Wagner, dem „Hyperboreaner", gefunden. Ein weiterer Einwand gegen die in der Einleitung vertretene Linie besteht darin, dass das isolierte Beharren auf Nietzsches „physiologischem" Standard den Eindruck eines Denkertyps erwecke, der unvorstellbar weit davon entfernt sei was er wirklich war. Mancher langweilige und schwerfällige Materialist, wie der Autor von „Kraft und Stoff", hat die Universalität des physiologischen Standards behauptet; während das Besondere an Nietzsches ethischen Ideen sicherlich etwas ganz anderes ist. Ist es nicht die dreiste Leugnung , dass irgendein ethisches System für alle Klassen der Menschheit gültig sei ? zunehmende Verbreitung der Sklavenmoral gegenüber der Herrenmoral. Ist es nicht die Akzeptanz des Kastensystems als einfache Anerkennung einer universellen und unveränderlichen Tatsache des Lebens, die Nietzsche sowohl von den englischen Moralisten als auch von allen anderen europäischen Schriftstellern überhaupt unterscheidet? Vielleicht war Dr. Tille nicht bereit, seine Leser zu beunruhigen, und weil er sich an ein Publikum wandte, das die Frage der menschlichen Gleichheit als vor hundert Jahren endgültig geklärt ansah, vermied er es bewusst, Meinungen zu äußern, die nach orientalischem Despotismus riechen . Aber da jede Zeile von Nietzsches Schriften von solchen Meinungen beseelt ist, ist es unmöglich, sich überhaupt mit dem Thema zu befassen, ohne die Ideen eines demokratischen Zeitalters zu schockieren. Man sollte bedenken, dass

Nietzsche ein verspäteter Spross der stolzesten, turbulentesten und rücksichtslosesten tyrannischsten Aristokratie war, die es je gab. Mit verzweifelter Wut erlebte er sowohl den Siegeszug der Vulgarität im modernen Europa, der seine alte und edle Rasse ruiniert hatte, als auch das, was er als fortschreitende Abwertung der hochentwickelten Eigenschaften der menschlichen Natur unter dem Einfluss sozialistischer Ideen ansah. Auch wenn es nirgends ausdrücklich erwähnt wird, ist der Gedanke an sein Volk, das wegen seiner Unfähigkeit, sich dem modernen Geist anzupassen, enterbt wurde, nie aus seinem Bewusstsein verschwunden, und er nutzt seine unvergleichliche literarische Kraft, um den Männern einer industriellen und genossenschaftlichen Zivilisation zu sagen , was der letzte echte Aristokraten denkt an sie. Mit zunehmendem Alter wurde Nietzsche immer weniger deutsch und immer polnischer, bis wir nach dem Bruch mit Wagner und Schopenhauer feststellen, dass er offen alles Deutsche persifliert . Tatsächlich ist er „zum Typus zurückgekehrt" und tritt ab 1876 als feudaler Aristokrat im Exil auf.

In seiner allgemeinen Kultur war Nietzsche sehr unenglisch. Die Fragen der Ästhetik wurden in diesem Land nie als etwas anderes als eine Angelegenheit von Dilettanten behandelt — bestenfalls als eine Art von Bagatelle; für Nietzsche hingegen waren sie eine Frage von Leben und Tod. Und wenn es für kultivierte Engländer eine Gewissensfrage ist, sich für grafische und bildende Kunst zu interessieren, haben wir die Musik dennoch praktisch aus unserem Kulturschema ausgeschlossen. Wir sind vielleicht ein wenig über Lord Chesterfields Ansicht hinausgekommen, dass Musik eine Beschäftigung ist, die zu nichts anderem als Zeitverschwendung und schlechter Gesellschaft führt, und ein englischer Adliger von heute würde wahrscheinlich zögern, wie Lord Chesterfield es tat, festzulegen, dass den legitimen Ansprüchen der Musik auf die Aufmerksamkeit eines kultivierten Menschen dadurch entsprochen wird, dass man einem Geiger gelegentlich einen Penny gibt. Doch in den Tiefen seines Bewusstseins neigt der typische Engländer immer noch dazu, die Streitigkeiten der Musikwelt so zu betrachten, wie Byron die Kontroverse zwischen Händel und Buononcini betrachtete:

‚Twixt Tweedledum und Tweedledee' sein sollte ."

Abgesehen vielleicht von ein oder zwei Fällen aus jüngster Zeit, wie Dr. Parry und Mr. Hadow, hatten unsere Licht- und Führungsmänner nichts Wichtiges über Musik zu sagen, während für Nietzsche, einen Gelehrten und Kritiker von herausragendem Ruf, die Musik das Wichtigste war eine Kunst besaß in der modernen Welt echte Vitalität, und die Fragen der musikalischen Ästhetik waren alles andere als eine Angelegenheit von Dilettanten; Es waren die Fragen, die mit einer enormen Macht zum Guten oder Bösen verbunden waren.

Von allen fantastischen Vorstellungen Nietzsches hat die berühmte „blonde Bestie" die seltsamsten Ergebnisse hervorgebracht, eine Art Schreckgespenst, das erfunden wurde, um die Sozialisten zu ärgern und einzuschüchtern. Der Satiriker drückt zunächst seine Verachtung gegenüber Hirtentieren und seine Bewunderung für „schöne, einsame Raubtiere" aus. Schafe und Rinder, erinnert er die Sozialisten, seien von Natur aus gesellig, aber Löwen hätten nie den Herdentrieb entwickelt. Als nächstes entwickelt er die Theorie der Analogie zwischen großen Eroberern und gewöhnlichen Kriminellen – dieselbe Theorie, die angeblich als Scherz, aber in Wirklichkeit mit großer Ernsthaftigkeit in Fieldings „Jonathan Wild" dargelegt wird. Diese Theorie genießt hohes Ansehen unter den Sozialisten, die sie für nützlich halten, um große Eroberer und Kriegsführer anzugreifen , so dass Nietzsche, wenn er sie gegen den Sozialismus wendet, mit einem zweischneidigen Schwert zuschlägt. Schließlich beschwört er ein furchterregendes Bild von räuberischer und skrupelloser Energie herauf , eine Kombination aus Napoleon und feudalem Aristokraten. Das ist das „blonde Biest", das nach dem Programm der Nietzschschen Apokalypse den geschwächten Menschen der modernen Welt verschlingen soll. Es ist eine der glücklichsten Inspirationen Nietzsches und hat bereits eine Literatur hervorgerufen. Erst kürzlich erschien in Deutschland ein Buch, das die Prinzipien des „blonden Biests" mit voller Ernsthaftigkeit aufnahm und zur sofortigen praktischen Umsetzung empfahl. Man könnte fast meinen, dass Nietzsche ein solches Ergebnis mit heimlicher Genugtuung über die Idee seiner posthumen Rache am „Flachland" vorhersah. Auch in der englischen Presse gibt es Anzeichen dafür, dass die populäre Vorstellung im Begriff ist, Nietzsche als einen Schriftsteller zu betrachten, der promiskuitives Raufboldtum empfiehlt. War Darwin nicht viele Jahre lang als der absurde Exzentriker bekannt, der behauptete, der Mensch stamme vom Affen ab? Es ist jedoch ratsam, diejenigen zu warnen, die sich nicht so sehr mit psychischen Problemen beschäftigen, die Tradition schätzen und eine hoffnungsvolle Sicht auf das Leben haben, dass sie Nietzsche besser in Ruhe lassen sollten. Sein Einfluss ist insgesamt düster, beunruhigend und zutiefst beunruhigend, obwohl er in Bezug auf die kritische Literatur des Kontinents zweifellos eines der großen Originale ist, eine der wenigen „Stimmen", die viele Echos finden.

Nietzsche auf Englisch.

4. August 1899.

Die Veröffentlichung einer vollständigen englischen Übersetzung der Werke Nietzsches ist ein Unterfangen, das den herzlichen Dank aller Liebhaber tiefgründiger Gedanken und eines feinen literarischen Stils verdient. Es ist nicht übertrieben zu sagen, dass kein deutscher Schriftsteller seit Goethes Tod, vielleicht mit Ausnahme von Schopenhauer, die beiden Merkmale der

Originalität des Stoffes und des Charmes und der Schärfe des Ausdrucks in gleichem Maße wie Nietzsche vereint hat. Und von keinem modernen Schriftsteller außer George Meredith kann man sagen, dass er auch nur annähernd die Fähigkeit Nietzsches besitzt, seinen Leser, egal ob er ein bewundernder oder ein protestierender Leser ist, dazu zu zwingen, selbst über die grundlegenden Probleme des Lebens nachzudenken Benehmen. Es ist unwahrscheinlich, dass Nietzsches Philosophie mit ihrem intensiven Hass auf das Christentum und den modernen Humanismus große Bekehrungen unter uns hervorrufen wird, wenn sie uns jedoch dazu zwingen kann, uns ehrlich und klar zu fragen, was die nicht anerkannten Ideale unserer Zivilisation sind und ob sie es sind Sind sie doch rational zu begründen fähig, so wird er dem Denken einen unendlich größeren Dienst erwiesen haben als jeder Sekten- oder Schulgründer.

Wenn man den Wert eines Buches an seiner Suggestivität misst und nicht daran, inwieweit seine Thesen als Ganzes akzeptiert werden können, wird Nietzsches eigene Beschreibung seines „Also sprach Zarathustra" als das tiefgründigste deutsche Werk kaum übertrieben erscheinen. In Ermangelung des großen Werks über die „Umwertung aller Werte", das durch die unheilbare Krankheit des Philosophen so kläglich abgebrochen wurde, muss „Zarathustra" wahrscheinlich als das Hauptdokument des neuen Moralkodex akzeptiert werden, dessen Urheber Nietzsche war bekanntester und beredtester Prediger.

Mit dem halbhistorischen Kampfpropheten Irans hat Nietzsches Held freilich nur sehr wenig gemeinsam. Unter dem Deckmantel einer Geschichte ohne bestimmte Szene oder Datum liefert er Ihnen eine Abhandlung über das moralische Leben, wie es sein könnte, wenn die Menschen die Ausrottung der Untauglichen und die Ausbreitung einer Rasse körperlich und geistig überlegener Wesen als das erste betrachten würden und letzte menschliche Pflicht. Natürlich muss es in einem solchen Bild immer viele subjektive Merkmale geben, und vieles, was für Zarathustra charakteristisch ist, sein extremer Individualismus, seine Liebe zur Einsamkeit und einsamen Orten, sein Hass auf ein komplexes und teures Leben, ist einfach ein Spiegelbild dessen eigenartiger persönlicher Geschmack seines Schöpfers. Wäre Nietzsche selbst nicht frei von gewöhnlichen sozialen und häuslichen Bindungen gewesen, wäre der individualistische und asoziale Zug in seinen Lehren wahrscheinlich weitaus weniger ausgeprägt gewesen, als er ist. Wenn man aber solche persönlichen Eigenheiten berücksichtigt, bleibt die Tatsache bestehen, dass Nietzsche die wichtigsten sozialen Fragen kühner als jeder andere Schriftsteller unserer Zeit aufgeworfen hat; die Frage, ob die ethischen und politischen Ideale des Christentums, der Demokratie, des universellen Wohlwollens die einer gesunden oder die einer radikal kranken Menschheit sind. Keine zukünftige Bestätigung unserer aktuellen Idee kann als wertvoll angesehen werden, wenn sie sich nicht ernsthafter als die professionelle Moralphilosophie bisher mit dem Angriff Zarathustras auseinandersetzt. In den kleineren Schriften, die die beiden anderen Bände der bereits veröffentlichten Übersetzung füllen, ist Nietzsche weniger konstruktiv und eher rein ikonoklastisch. Der „Antichrist" unterzieht die etablierte Religion Europas und den darauf basierenden Moralkodex einer immer suggestiven, oft tiefgründigen, manchmal auch nur wütenden und verkehrten Kritik. Der Angriff auf Wagner, in dem Nietzsche einst einen Meister gesucht hatte, ist eng mit dem wütenden Angriff auf christliche Ideale verbunden. Über Wagner hat der Musiker Nietzsche viele harte und kluge Dinge zu sagen, aber der Wagner, gegen den sich die Hauptlast seiner Polemik richtet, ist Wagner, der Psychologe, der Pessimist, der Prediger der Keuschheit und Resignation – mit einem Wort, wie Nietzsche es versteht er, der Dekadente. Das Christentum, so Nietzsche, habe die Dekadenz zur Religion gemacht, Schopenhauer zur Philosophie, Wagner zur ästhetischen Theorie. Daher die ständige Polemik gegen alle drei, die in allen Schriften Nietzsches wiederkehrt. Die „Genealogie der Moral" widmet sich der Darlegung einer Lieblingstheorie Nietzsches, dass es schon immer zwei gegensätzliche moralische Wertekodizes gegeben habe, den der „Herren" und den der „Sklaven". „Meister" schätzen über alles andere Eigenschaften, die von einem Übermaß an persönlicher Kraft, Stärke, Schönheit, Reichtum und langem Leben zeugen; „Sklaven" legen höchsten Wert auf Eigenschaften, die die Knechtschaft erträglicher machen und letztlich Rache am „Herren" ermöglichen. Ausgehend von dieser Grundannahme zeigt Nietzsche wunderbare Einsichten in seiner Untersuchung der Entstehung von Begriffen wie „Schuld", „Sünde" und „schlechtes Gewissen".

---

[1] Dieser Vorschlag wurde bei den Aufführungen im Covent Garden im Jahr 1905 aufgegriffen.— ED.

[2] Vergleiche De Quinceys berühmten Essay über Judas Iskariot.— ED.

[3] „Meiner Ansicht nach steht einem Mann von Welt eine Vorliebe für Bildhauerei und Malerei ebenso gut, wie einem Mann von Welt eine Vorliebe für Geige und Dudelsack unpassend ist."

www.ingramcontent.com/pod-product-compliance
Lightning Source LLC
LaVergne TN
LVHW042102190726
843493LV00006B/1333